形势与政策

主审 钱吉奎
主编 杨晓慧

东南大学出版社
SOUTHEAST UNIVERSITY PRESS
·南京·

图书在版编目(CIP)数据

形势与政策/杨晓慧主编. —南京：东南大学出版社，2021.8
ISBN 978-7-5641-9628-8

Ⅰ.①形… Ⅱ.①杨… Ⅲ.①时事政策教育-高等职业教育-教材 Ⅳ.①G641.41

中国版本图书馆 CIP 数据核字(2021)第 163763 号

形势与政策
Xingshi Yu Zhengce

出版发行：东南大学出版社
社　　址：南京市四牌楼 2 号　邮编：210096
出 版 人：江建中
网　　址：http://www.seupress.com
经　　销：全国各地新华书店
印　　刷：南京京新印刷有限公司
开　　本：700 mm×1000 mm　1/16
印　　张：13
字　　数：226 千字
版　　次：2021 年 8 月第 1 版
印　　次：2021 年 8 月第 1 次印刷
书　　号：ISBN 978-7-5641-9628-8
定　　价：29.80 元

本社图书若有印装质量问题，请直接与营销部联系。电话（传真）：025-83791830

前　言

2021年7月1日,一个十分重大而庄严的日子。在世界关切的目光中,我们喜迎中国共产党百年华诞。100年前,从上海石库门到嘉兴南湖,惊心动魄却又"似乎什么也没有发生,连报纸上也没有一点报道"。100年后,中国共产党带领全球人口最多的国家,写下由弱到强的人间史诗,并在世纪疫情和百年变局交织之时携手各国应对挑战,推动历史车轮向着光明的目标前进。百年风雨,多少悲壮,多少豪迈,多少光荣。百年庆典,是光辉成就的一个节点,更是继往开来的一个起点。向着第二个百年奋斗目标进发,中国共产党正在引领中华民族伟大复兴进入不可逆转的历史进程。

2021年,党史学习教育正如火如荼。在走心走实走深的学习中,我们领悟背后一以贯之的"理",中国共产党为什么"能"、马克思主义为什么"行"、中国特色社会主义为什么"好";我们坚定对马克思主义的信仰,对中国特色社会主义和共产主义的信念,对实现中华民族伟大复兴中国梦的信心;我们从红色精神谱系中立心铸魂,从英雄人物和时代楷模身上体悟道德风范;我们更要学以致用,把学习成效转化为工作动力和成效。历史雄辩地证明:社会主义没有辜负中国,中国没有辜负社会主义;中国共产党将继续带领中国人民在人类的伟大时间历史中创造中华民族的伟大历史时间!

放眼世界,我们面对的是百年未有之大变局。世界多极化、经济全球化处于深刻变化之中,新冠肺炎疫情起伏反复,世界经济脆弱复苏,一些地方战乱和冲突仍在持续,隔阂和对立仍在加深。同时,和平与发展仍然是时代主题,维护多边主义,加强团结合作,共同应对挑战的呼声更加强烈。"中国已经可以平视这个世界了",但中华民族的血液中没有侵略他人、称王称霸的基因,我们永远坚持:世界要公道,不要霸道;人类只有和衷共济、和合共生这一条出路。我们将继续站在历史正确的一边,站在人类进步的一边,为推动构建人类命运共同体、建设更加美好的世界作出新的更大贡献！

　　为更好地开展"形势与政策"课教学，我们组织骨干教师编写了本教材。在编写过程中，以习近平新时代中国特色社会主义思想为指导，执行教育部《高校"形势与政策"课教学要点》等文件要求，注重政治性、思想性、时效性、针对性等，期待助力提升教学效果。

　　本书由南京铁道职业技术学院党委书记钱吉奎主审，杨晓慧主编。具体编写分工如下：杨晓慧编写专题一，程傲雪编写专题二，姜敏编写专题三，赵煜编写专题四，黄曦禾编写专题五。本书在编写过程中，得到了同行同事的大力支持，引用借鉴了国内许多学者专家的研究成果，谨此致谢。由于水平有限，不足之处在所难免，敬请批评指正。

本书编写组

2021 年 8 月

目 录

专题一　百年大党风华正茂　伟大建党精神永放光芒

第一节　当惊世界殊——回望壮阔的世纪征程 ······ 001
　　一、为人民谋幸福：让向往成为日常 ······ 001
　　二、为民族谋复兴：让梦想照进现实 ······ 007
　　三、为世界谋大同：让诺言化身行动 ······ 011

第二节　百年正青春——读懂成功的基因密码 ······ 013
　　一、使命型政党的担当 ······ 013
　　二、马克思主义的科学引领 ······ 016
　　三、自我革命的伟大工程 ······ 019

第三节　乘势奔未来——弘扬伟大的建党精神 ······ 022
　　一、建党伟业：从石库门到南湖 ······ 023
　　二、精神之源：伟大建党精神 ······ 024
　　三、强国有我：弘扬伟大建党精神 ······ 027

专题二　贯彻十九届五中全会精神　奋力迈进"十四五"

第一节　擘画宏伟蓝图　掀开发展新篇章 ······ 030
　　一、战略规划：谋全局定目标 ······ 031
　　二、蓝图绘就：共赴美好生活 ······ 039

第二节　落实"三新一高"　迈进建设新征程 ······ 042
　　一、立足新发展阶段，进军"第二个百年" ······ 042
　　二、贯彻新发展理念，扎实推动共同富裕 ······ 044
　　三、构建新发展格局，立足"双循环战略" ······ 049

四、推动高质量发展，确保发展行稳致远 …………………………… 052

　第三节　坚定必胜信心　奋力夺取新胜利 ………………………………… 056

　　一、制度护航：党的领导制度优势 …………………………………… 056

　　二、精神力量：前进道路的思想动力 ………………………………… 058

　　三、机遇优势：发展重要战略机遇期 ………………………………… 060

专题三　全面推进乡村振兴　助推民族复兴伟业

　第一节　愚公移山：脱贫攻坚换了人间 …………………………………… 063

　　一、人民至上，打赢脱贫攻坚战 ……………………………………… 063

　　二、脱贫摘帽，彰显党的领导 ………………………………………… 067

　　三、任重道远，破局乡村振兴 ………………………………………… 072

　第二节　燎原星火：乡村振兴筑梦中国 …………………………………… 076

　　一、乡土中国，根之所在 ……………………………………………… 076

　　二、民族要复兴，乡村必振兴 ………………………………………… 081

　　三、全面推进，乡村振兴 ……………………………………………… 085

　第三节　到农村去：广阔天地大有作为 …………………………………… 088

　　一、乡村振兴扬帆起航　把握机遇时不我待 ………………………… 089

　　二、青春绽放热土　助力乡村振兴 …………………………………… 091

专题四　丰富"一国两制"发展新实践　助力实现中华民族伟大复兴

　第一节　坚定不移贯彻"一国两制"方针　共同维护香港繁荣稳定 …… 094

　　一、正本清源，香港开启"一国两制"新征程 ……………………… 095

　　二、融荣与共，香港续写发展新篇章 ………………………………… 103

　第二节　坚定不移走"一国两制"成功道路　再续澳门发展奇迹 ……… 109

　　一、"一国两制"为澳门繁荣稳定保驾护航 ………………………… 109

　　二、讲好"澳门故事"，推动"一国两制"行稳致远 ……………… 115

　第三节　推动两岸关系和平发展，坚定推进祖国统一进程 ……………… 118

　　一、坚定信心，推进两岸关系克难前行 ……………………………… 119

　　二、乘势而上，深化两岸融合发展 …………………………………… 123

专题五　立足百年未有之大变局　开创大国外交新局面

第一节　揆情审势　认清百年未有之大变局 …… 131
一、力量之变：东升西降 …… 131
二、格局之变：从单极到多极 …… 136
三、社会主义发展之变：从遭遇曲折到焕发生机 …… 138

第二节　"亲诚惠容"推进周边外交新发展 …… 139
一、中俄关系：阔步向前 …… 140
二、中国与东盟关系：提质升级 …… 143
三、中韩关系：稳中有进 …… 145
四、中巴关系：持续深化 …… 147
五、中印关系：波动发展 …… 150
六、中日关系：变中维稳 …… 152

第三节　大道同行　构建人类命运共同体 …… 154
一、应对挑战：共促和平发展 …… 154
二、把握机遇：助力民族复兴 …… 157

附录一　在庆祝中国共产党成立 100 周年大会上的讲话 …… 159

附录二　中共中央关于制定国民经济和社会发展第十四个五年规划和二〇三五年远景目标的建议 …… 168

参考文献 …… 190

专题一

百年大党风华正茂
伟大建党精神永放光芒

在黑暗中诞生,在苦难中成长,在挫折中奋起,在奋斗中壮大,历经百年风雨,中国共产党从小到大、由弱到强,从建党时50多名党员,发展成了今天已经拥有9 500多万名党员、在14亿多人口的大国长期执政的党。让山河破碎的中国走向强盛,让备受屈辱的民族走近世界舞台中央,面向未来,中国共产党立志于中华民族千秋伟业,百年恰是风华正茂!

第一节 当惊世界殊——回望壮阔的世纪征程

马克思曾指出,"一个人口几乎占人类三分之一的大帝国,不顾时势,安于现状,人为地隔绝于世并因此竭力以天朝尽善尽美的幻想自欺。这样一个帝国注定要在一场殊死的决斗中被打垮"。100年前,中华民族呈现在世界面前的是一派衰败凋零的景象。今天,中华民族向世界展现的是一派欣欣向荣的气象,正以不可阻挡的步伐迈向伟大复兴。

一、为人民谋幸福:让向往成为日常

习近平总书记指出,我们党的百年历史,就是一部践行党的初心使命的历史,就是一部党与人民心连心、同呼吸、共命运的历史。中国共产党一经诞生,就立志"救民于水火、解民于倒悬",就把"人民"二字铭刻在心,把坚持人民利益高于一切鲜明地写在自己的旗帜上,领导人民将对幸福生活的向往逐渐变成生活的日常。

（一）伟大光荣：全面建成小康

"民亦劳止，汔可小康。"2 000多年前的《诗经》，表达了人民追求美好生活的朴素愿望和美好愿景。"安得广厦千万间，大庇天下寒士俱欢颜"，1 000多年前的《茅屋为秋风所破歌》道出了诗圣杜甫对美好生活的憧憬。"家给人足，四海之内无一夫不获其所"，100多年前的《同盟会宣言》寄托了革命先行者孙中山的夙愿。"吾国何时可稻产自丰、谷产自足，不忧饥馑？""吾国何时可行义务之初级教育、兴十万之中级学堂、育百万之高级学子？""吾国何时可参与寰宇诸强国之角逐？"……90多年前的《十问未来之中国》饱含了当年国人的苦难与屈辱、希冀与梦想。但在封建制度下，这只是一个镜花水月的空想；在国家蒙辱、人民蒙难、文明蒙尘的半殖民地半封建社会，人民更是饥寒交迫、民不聊生。2021年7月1日，在庆祝中国共产党成立100周年大会上，习近平总书记代表党和人民庄严宣告："我们实现了第一个百年奋斗目标，在中华大地上全面建成了小康社会，历史性地解决了绝对贫困问题，正在意气风发向着全面建成社会主义现代化强国的第二个百年奋斗目标迈进。这是中华民族的伟大光荣！这是中国人民的伟大光荣！这是中国共产党的伟大光荣！"

让我们从数据变化中看美好生活。1920年，上海纱厂工人的工资每天0.27~0.30元，每月合7.3~8.1元，而根据租界"工商部局"调查，同期上海工人的生活费仅夫妻二人每月就需16元。根据对北京近郊的调查，1923年一般农户年收入93.1元，衣食杂项开支达135元，尚亏欠41.9元。1949年，我国粮食总产量11 318.40万吨，人均粮食产量不足420斤；棉花总产量44.5万吨，人均棉花产量不足2斤。1949年，我国居民人均可支配收入仅为49.7元，城镇、农村居民家庭恩格尔系数分别高达80%、90%左右。1949年，我国医疗卫生机构数仅有3 670个，卫生技术人员数仅有50.5万人，医疗卫生机构床位数仅有8.5万张；人均预期寿命只有35岁；人口平均文化程度仅有1年，成人文盲率高达80%。1978年，我国粮食总产量达到30 476.50万吨，人均粮食产量超过600斤；棉花产量达到216.70万吨，人均棉花产量超过4斤；人均可支配收入171.2元，城镇、农村居民家庭恩格尔系数分别下降到57.5%、67.7%。1978年，我国医疗卫生机构数达到16.97万个，卫生技术人员数达到246.40万人，医疗卫生机构床位数达到204.2万张；人均预期寿命达到68岁；青壮年文盲率迅速下降到 18.5%。2020 年，我国粮食总产量 66 949.20 万吨，人均粮食产量超过 900 斤；棉花产量 591 万吨，人均棉花产量超过 8 斤；全国居民人均可支配收入达到 32 189 元，比 1949 年名义增长 640 多倍；城镇、农村居民家庭恩格尔系数分别降至 29.2%、32.7%。我国建成了世界上规模最大的社会保障体系，基本医疗保险覆盖超过 13 亿人，基本养老保险覆盖近 10 亿人。2020 年，医疗卫生机构数是 1949 年的 278.7 倍，卫生技术人员数是 1949 年的 21.1 倍，医疗卫生机构床位数是 1949 年的 107.2 倍。2019 年，我国人均预期寿命达到 77.3 岁，是 1949 年的两倍多，已接近发达国家水平。2020 年，文盲人口占总人口的比例下降至 2.67%，15 岁及以上人口平均受教育年限提高至 9.91 年，高中教育全面普及。截至 2020 年底，我国固定宽带家庭普及率已达到 96%，移动宽带用户普及率达到 108%。特别是，7.7 亿农村贫困人口全部脱贫，我们历史性地解决了困扰中华民族几千年的绝对贫困问题，创造了彪炳世界发展史的减贫奇迹。[①]

让我们从历史巨变中看美好生活。湖南汝城县沙洲村，80 多年前，"半条被子"的感人故事就发生在这里。80 多年后，沙洲村在党的领导下，从一个处处黄泥路、旧瓦房，闭塞落后的小山村晋升为全国知名的红色旅游景区，2018 年实现整村脱贫，全村人均可支配收入从 2014 年的 4 356 元增长到 2020 年的 15 000 元，村里人气旺了，村民收入高了，人们脸上的笑容多了。"转折之城"贵州遵义，由于山高谷深、交通不便，产业发展受限，长期受到贫困的羁绊。2020 年 3 月，遵义在贵州率先实现整体脱贫，累计减少农村贫困人口 151.38 万人。据统计，近 5 年来，遵义地区生产总值年均增长 9.8%，城乡居民人均可支配收入年均分别增长 8.3% 和 9.7%。地处宁夏西海固地区的六盘山是当年红军长征胜利翻越的最后一座高山，西海固曾被左宗棠称为"苦瘠甲天下"之地，1972 年被联合国粮食开发署确定为最不适宜人类生存的地区之一。2020 年 11 月 16 日，宁夏回族自治区政府宣布，固原市西吉县退出贫困县序列。这标志着素有"苦瘠甲天下"之称的宁夏西海固地区全部"摘帽"，从此告别绝对贫困。一代又一代西海固人渴望撕掉贫困标签的夙愿，如今得以实现。

让我们从生活的日常中看美好生活。从加荤菜"改善生活"到"四菜一

---

① 《求是》杂志评论员. 在历史纵深处看全面小康伟大成就［EB/OL］. 求是网，2021-07-15.

汤",再到今天越来越讲究的"餐桌上的美学",老百姓正在吃出健康、吃出品位、吃出文化。款式从清一色到花样百变,面料从人工化纤到纯天然,从大众消费到高端定制,老百姓穿出了时尚潮流美,也穿出了小康生活美。告别泥泞路、出行不再难,老百姓的"出行半径"越拉越长,速度更快、效率更高、反应更智能,也更能满足多层次、多样化、个性化的出行需求。"世界那么大、我想去看看",旅游已成为中国人美好生活和精神文化需求的重要组成部分。2021年4月,央视财经新媒体联合《中国美好生活大调查》发布中国青年消费大数据。数据显示,在2021年的消费预期中,旅游、保健养生和教育培训位列18～25岁年轻人消费榜单的前三名,有超过三分之一的"95后"表示好想出门看世界,整体有追求,愿意为寻求更多机会而持续提升自己,重视学历提升和职业技能。

时事链接

外媒积极评价中国全面建成小康社会

埃及《祖国回声报》撰文指出,中国全面建成小康社会,历史性地解决了绝对贫困问题,这一消息令人鼓舞。报道说,一个世纪以来,中国共产党领导中国人民创造了一个个人间奇迹,使新中国从积贫积弱走向强大富庶。"没有中国共产党的正确领导,就没有今天繁荣发展的中国。"摩洛哥《东方报》称,中国共产党喜迎百年华诞是中国人民的大事,也是世界性的大事。全面建成小康社会彰显了这个百年大党带领中国人民顽强拼搏、不懈奋斗的历程。今天,中国创造了使数亿人摆脱贫困的发展奇迹,"中国人民必将迎来更加美好的未来"。墨西哥《金融家报》援引了"中国人民站起来了,中华民族任人宰割、饱受欺凌的时代一去不复返了""只有社会主义才能救中国,只有社会主义才能发展中国"等习近平主席在庆祝中国共产党成立100周年大会上的重要讲话内容。报道说,取得消除贫困、全面建成小康社会等辉煌成就,标志着"中国阔步走在繁荣发展的道路上"。

——摘自《外媒积极评价中国全面建成小康社会》,国务院新闻办公室网站,2021年7月13日

(二)逐梦未来:奔向共同富裕

习近平总书记在全国脱贫攻坚总结表彰大会上的讲话中指出,脱贫攻坚战

的全面胜利，标志着我们党在团结带领人民创造美好生活、实现共同富裕的道路上迈出了坚实的一大步。同时，脱贫摘帽不是终点，而是新生活、新奋斗的起点。解决发展不平衡不充分问题、缩小城乡区域发展差距、实现人的全面发展和全体人民共同富裕仍然任重道远。党的十九届五中全会审议通过的《中共中央关于制定国民经济和社会发展第十四个五年规划和二〇三五年远景目标的建议》中，首次提出把全体人民共同富裕取得更为明显的实质性进展作为远景目标。按照党中央的战略安排，中国要在全面建成小康社会的基础上再奋斗15年，到2035年基本实现社会主义现代化，到本世纪中叶把我国建成富强民主文明和谐美丽的社会主义现代化强国。更具体地来说，推动经济社会发展，归根结底是要实现全体人民共同富裕，在就业、收入分配、教育、社保、医疗、住房、养老、扶幼等方面再创"发展奇迹"，让广大人民群众获得感、幸福感、安全感更加充实、更有保障、更可持续。

我国贫富差距最突出的是在城乡之间，要实现共同富裕，首先要解决的就是城乡区域发展不平衡的问题。进入新时代以来，党中央尤其重视"三农"问题，党的十九大首次提出乡村振兴战略，中央农村工作会议按照"两个一百年"奋斗目标制定了实施乡村振兴战略"三步走"的时间线，到2035年迈出第二步，即乡村振兴取得决定性进步，农业农村现代化基本实现。2021年2月，《中共中央国务院关于全面推进乡村振兴加快农业农村现代化的意见》，即2021年中央一号文件发布，明确提出要促进农业高质高效、乡村宜居宜业、农民富裕富足，为全面建设社会主义现代化国家开好局、起好步提供有力支撑。

2021年3月，《中华人民共和国国民经济和社会发展第十四个五年规划和2035年远景目标纲要》全文发布，提出"支持深圳建设中国特色社会主义先行示范区、浦东打造社会主义现代化建设引领区、浙江高质量发展建设共同富裕示范区"。这被喻为深圳、浙江、浦东三个优等生的新时代"命题作文"。2021年6月10日，《中共中央国务院关于支持浙江高质量发展建设共同富裕示范区的意见》（简称《意见》）发布。《意见》中明确了浙江示范区建设的四个战略定位：高质量发展高品质生活先行区、城乡区域协调发展引领区、收入分配制度改革试验区、文明和谐美丽家园展示区。《意见》紧扣推动共同富裕和促进人的全面发展，明确了六大方面的重大举措：一是提高发展质量效益，夯实共同富裕的物质基础；二是深化收入分配制度改革，多渠道增加城乡居民收入；三是缩小城乡区域发展差距，实现公共服务优质共享；四是打造新时代文化高地，丰富人民精神文化生活；五是践行绿水青山就是金山银山理念，打造美丽宜居的生活环境；六是坚持和发展新时代"枫桥经验"，构建舒心安心放心的社会环境。

习近平总书记在庆祝中国共产党成立 100 周年大会上指出，新的征程上要"推动人的全面发展、全体人民共同富裕取得更为明显的实质性进展"。这是中国共产党向全国人民作出的新的庄严承诺。在党的坚强领导下，我们将向共同富裕目标不断迈进。

知识链接

枫桥经验

作为中国基层社会治理的一面旗帜，"枫桥经验"形成于社会主义建设时期，发展于改革开放时期，创新于中国特色社会主义新时代。1963 年 11 月 20 日，毛泽东在公安部递呈的全国人大二届四次会议书面发言稿上批示："要各地仿效，经过试点，推广去做。"22 日，他在与有关负责同志口头谈话时指出，"枫桥经验"回答了两个问题：一是群众为什么懂得要这样做；二是证明依靠群众办事是个好办法。从诸暨的经验看，群众起来之后，做得并不比你们差，并不比你们弱，你们不要忘记动员群众，群众工作做好了，还可以减少反革命案件，减少刑事案件。1964 年 1 月，中共中央发出了《关于依靠群众力量，加强人民民主专政，把绝大多数"四类分子"改造成新人的指示》，把"枫桥经验"推向全国。2003 年，时任浙江省委书记的习近平同志指示，要充分珍惜"枫桥经验"，大力推广"枫桥经验"，不断创新"枫桥经验"。从此"枫桥经验"开始向更高水平治理转型。发动和依靠群众是"枫桥经验"的精髓所在、灵魂所在。2019 年以来，"枫桥经验"陆续被写入《中国共产党农村基层组织工作条例》《为人民谋福利：新中国人权事业发展 70 年》白皮书，特别是首次以中共中央全会审议通过的形式写入十九届四中全会《决定》，代表着"枫桥经验"已经成为坚持和完善中国特色社会主义制度，推进国家治理体系和治理能力现代化的有机组成部分。根据新时代主要矛盾的变化，"枫桥经验"不断创新工作理念、方法和载体：在治理理念上，从侧重社会稳定为主，转为社会全面进步，推进基层社会治理现代化；在治理主体上，从一元治理转为多元治理，形成了共建共治共享的社会治理格局；在治理方式上，从传统治理转为数字治理，从被动治理转为主动治理,从事后治理转为事先预防,形成了系统治理、依法治理、综合治理、源头治理的现代治理体系。

——来源:《新民晚报》,2021年3月17日

二、为民族谋复兴:让梦想照进现实

1902年,梁启超发表了《新中国未来记》,设想用60年时间建立富强新中国所要经历的六个阶段,畅想了"雄飞时代"。1904年,蔡元培先生写出了他平生唯一的一部小说《新年梦》,梦想了一幅60年后中国强盛、世界大同的人间乐土景象。1910年,32岁的上海青年中医陆士谔写出了代表那个时代强国梦的大成之作——《新中国》。一百年前燃烧在人们心中的希望之火,正在中华大地上逐渐成为现实。一百年来,中国共产党团结带领中国人民进行的一切奋斗、一切牺牲、一切创造,归结起来就是一个主题:实现中华民族伟大复兴。

(一)创造了四个"伟大成就"

中国共产党团结带领中国人民,浴血奋战、百折不挠,创造了新民主主义革命的伟大成就。经过北伐战争、土地革命战争、抗日战争、解放战争,以武装的革命反对武装的反革命,推翻帝国主义、封建主义、官僚资本主义三座大山,建立了人民当家作主的中华人民共和国,实现了民族独立、人民解放。新民主主义革命的胜利,彻底结束了旧中国半殖民地半封建社会的历史,彻底结束了旧中国一盘散沙的局面,彻底废除了列强强加给中国的不平等条约和帝国主义在中国的一切特权,为实现中华民族伟大复兴创造了根本社会条件。中国共产党和中国人民以英勇顽强的奋斗向世界庄严宣告,中国人民站起来了,中华民族任人宰割、饱受欺凌的时代一去不复返了!

中国共产党团结带领中国人民,自力更生、发愤图强,创造了社会主义革命和建设的伟大成就。进行社会主义革命,消灭在中国延续几千年的封建剥削压迫制度,确立社会主义基本制度,推进社会主义建设,战胜帝国主义、霸权主义的颠覆破坏和武装挑衅,实现了中华民族有史以来最为广泛而深刻的社会变革,实现了一穷二白、人口众多的东方大国大步迈进社会主义社会的伟大飞跃,为实现中华民族伟大复兴奠定了根本政治前提和制度基础。中国共产党和

中国人民以英勇顽强的奋斗向世界庄严宣告,中国人民不但善于破坏一个旧世界,也善于建设一个新世界,只有社会主义才能救中国,只有社会主义才能发展中国!

中国共产党团结带领中国人民,解放思想、锐意进取,创造了改革开放和社会主义现代化建设的伟大成就。我们实现新中国成立以来党的历史上具有深远意义的伟大转折,确立党在社会主义初级阶段的基本路线,坚定不移推进改革开放,战胜来自各方面的风险挑战,开创、坚持、捍卫、发展中国特色社会主义,实现了从高度集中的计划经济体制到充满活力的社会主义市场经济体制、从封闭半封闭到全方位开放的历史性转变,实现了从生产力相对落后的状况到经济总量跃居世界第二的历史性突破,实现了人民生活从温饱不足到总体小康、奔向全面小康的历史性跨越,为实现中华民族伟大复兴提供了充满新的活力的体制保证和快速发展的物质条件。中国共产党和中国人民以英勇顽强的奋斗向世界庄严宣告,改革开放是决定当代中国前途命运的关键一招,中国大踏步赶上了时代!

中国共产党团结带领中国人民,自信自强、守正创新,统揽伟大斗争、伟大工程、伟大事业、伟大梦想,创造了新时代中国特色社会主义的伟大成就。党的十八大以来,中国特色社会主义进入新时代,我们坚持和加强党的全面领导,统筹推进"五位一体"总体布局、协调推进"四个全面"战略布局,坚持和完善中国特色社会主义制度、推进国家治理体系和治理能力现代化,坚持依规治党、形成比较完善的党内法规体系,战胜一系列重大风险挑战,实现第一个百年奋斗目标,明确实现第二个百年奋斗目标的战略安排,党和国家事业取得历史性成就、发生历史性变革,为实现中华民族伟大复兴提供了更为完善的制度保证、更为坚实的物质基础、更为主动的精神力量。

(二)迎来了从站起来、富起来到强起来的伟大飞跃

落后就要挨打,鸦片战争后的百年,对于积贫积弱、受人欺凌的中华民族,是"长夜难明赤县天,百年魔怪舞翩跹"的苦难。自1840年起至1949年新中国成立止,外国侵略者强加给中国人民的不平等条约共计1 182个;自鸦片战争到清政府垮台的70年中,中国仅赔偿一项连本带利总数达16亿两白银,平均每年负担对外赔款2 285.7万两。一幅列强争食的《时局图》就是写照,"多屈辱啊!

多耻辱啊！那时的中国是待宰的肥羊"。中国共产党团结带领中国人民取得新民主主义革命的胜利，建立起新中国，实现中国人民"站起来"的伟大飞跃。北京的东交民巷，自 1901 年丧权辱国的《辛丑条约》把这里划为外国人耀武扬威的治外法权之地，中国人再也不能自由进出这块属于自己的土地。1949 年 2 月 3 日，中国人民解放军在北平举行盛大入城仪式。毛泽东主席命令，入城部队必须经过东交民巷。在坦克、装甲车隆隆的马达声中，全世界都读懂了这划时代的意义："外国人在中国土地上为所欲为的时代一去不复返了！"1949 年 9 月 21 日至 30 日，中国人民政治协商会议第一届全体会议在北平（今北京）举行。毛泽东在开幕词中向全世界庄严宣告："我们有一个共同的感觉，这就是我们的工作将写在人类的历史上，它将表明：占人类总数四分之一的中国人从此站立起来了。"新中国成立后，抗美援朝战争"打得一拳开，免得百拳来"，帝国主义列强在东方一个海岸上架起几门大炮，就能霸占一方土地的历史一去不复返了！"站起来"就是洗刷百年耻辱，实现民族独立与人民解放，实现人民当家作主。"站起来"是中国共产党团结带领中国人民进行艰苦卓绝的斗争、建立新中国而实现的伟大使命。①

贫穷就要挨饿。1921 年，我国钢产量只有 7.68 万吨，全国公路不足 1 万公里，全国铁路通车里程 1.13 万公里。新中国成立初期，中国经济总量占世界的比重不足 5%，人均国民收入仅为美国的 1/20；钢产量只有 15.8 万吨，仅为美国的 1/448。1949 年，我国公路里程为 8.08 万公里，铁路营业里程为 2.18 万公里。1950 年，在列入统计的世界 141 个国家中，只有 10 个国家的人均国内生产总值低于中国。中国共产党持续聚焦发展，让亿万人民无虞于温饱；心系民生冷暖，历史性地消除绝对贫困，带领人民朝着共同富裕的目标不断迈进。我国国内生产总值从 1952 年的 679.1 亿元跃升至 2020 年的 101.6 万亿元，实际增长约 189 倍。从 1979 年到 2020 年，国内生产总值年均增长 9.2%，远高于同期世界经济 2.7% 左右的增速水平。2020 年，我国经济占世界经济总量的比重超过 17%，稳居世界第二大经济体；人均国内生产总值连续两年超过 1 万美元，高于中等收入国家平均水平。我国拥有 41 个工业大类、207 个中类、666 个小类，

---

① 陈远章."站起来"的历史溯源——关于站起来富起来强起来的思考（一）[EB/OL]. 中国共产党新闻网，2017-11-03.

成为全世界唯一拥有联合国产业分类中全部工业门类的国家。2020年，我国粗钢产量达到106 476.70万吨，是1949年的6 000多倍；原煤产量达到39.0亿吨，是1949年的100多倍；发电量达到77 791亿千瓦小时，是1949年的1 800多倍；汽车产量达到2 532.5万辆，是1978年的170倍。我国在铁路、公路、港口、航空、电力、电信等领域构筑了现代基础设施网络。2020年，高铁营运总里程达到3.8万公里，高速公路里程达到16.1万公里，5G终端连接数已超过2亿，均居世界第一。①

失语就要挨骂。党的十八大以来，以习近平同志为核心的党中央以巨大的政治勇气和强烈的责任担当，推动党和国家事业发生历史性变革，中国特色社会主义进入新时代。中国经济实力、科技实力、综合国力和人民生活水平跃上了新的大台阶，成为世界第二大经济体、第一大工业国、第一大货物贸易国、第一大外汇储备国。中国共产党带领人民迎来了从站起来、富起来到强起来历史性跨越的新阶段。面对"百年未有之大变局"，当前国际格局和国际体系正在发生深刻调整，全球治理体系正在发生深刻变革，国际力量对比正在发生近代以来最具革命性的变化。而与此同时，中国正前所未有地靠近世界舞台中心，前所未有地接近实现中华民族伟大复兴的目标，前所未有地具有实现这个目标的能力和信心，中华民族伟大复兴正展现出前所未有的光明前景。随着当前世界大变局的加速深刻演变，全球动荡源和风险点增多，我们面对的压力在增大，我国外部环境更趋复杂严峻，维护我国核心利益和发展利益面临更复杂的挑战。提高国家文化软实力十分重要，要努力提高国际话语权，加强国际传播能力建设，精心构建对外话语体系，发挥好新兴媒体作用，增强对外话语的创造力、感召力、公信力，讲好中国故事，传播好中国声音，阐释好中国特色。

时事链接

"中国已经可以平视这个世界了"，令人感慨万千！

"70后、80后、90后、00后，他们走出去看世界之前，中国已经可以平视这个世界了，也不像我们当年那么'土'了……"习近平总书记在两会期间的一席话，引起了无数国人的共鸣，令人感慨万千。当下的中国，年轻人正以自

---

① 《求是》杂志评论员. 在历史纵深处看全面小康伟大成就［EB/OL］. 求是网，2021-07-15.

信的目光看待这个世界。一方面，这当然缘于新中国取得的非凡进步。中国早已跃升为世界第二大经济体，人均 GDP 已连续第二年超过 1 万美元，绝对贫困被彻底消除，在诸多科技领域也开始崭露头角。在如此成就面前，中国人有何理由不自豪？从深层次来讲，中国七十余年来之所以能叫日月换新天，在根本上还是要归功于中国制度的优越性。在新冠疫情面前，这一点得到前所未有的凸显。中国疫情防控取得重大战略成果，在全球主要经济体中唯一实现经济正增长；但与此同时，新冠疫情却几乎成了西方世界的"切尔诺贝利时刻"，经济严重滑坡的同时，普通民众的健康权和生命权都难以保障。当"中国之治"与"西方之乱"形成鲜明对比，中国人又有何理由不自信？

中国文化向来主张各美其美，美人之美，美美与共，天下大同。国与国平等的观念，早已深入中国人的历史记忆当中。当中国人不再需要仰视世界时，也不会颐指气使地俯视世界，而是选择平视这个世界！

——来源：参考消息网，2021 年 3 月 7 日

三、为世界谋大同：让诺言化身行动

1956 年毛泽东在《纪念孙中山先生》一文中指出："中国应当对于人类有较大的贡献。"20 世纪 80 年代，邓小平展望 21 世纪的中国："国家总的力量就大了，可以为人类做更多的事情……"进入新时代，习近平总书记信心满怀："我国日益走近世界舞台中央，有能力也有责任在全球事务中发挥更大作用……"

"中国共产党是世界上最大的政党，大就要有大的样子。"为世界谋大同不仅是中国共产党的庄严宣示，也是世界最大发展中国家执政党脚踏实地的行动。从提出和平共处五项原则，到将坚持和平发展道路写入宪法、载入党章；从把对外开放作为中国的一项基本国策，到加入几乎所有政府间国际组织和 500 多项国际公约；从提出推动建设新型国际关系、构建人类命运共同体，到弘扬和平、发展、公平、正义、民主、自由的全人类共同价值；从携手各方共建"一带一路"，到积极参与全球治理体系改革和建设……中国以实际行动为世界和平与发展作出重要贡献。

"大国要有大国的样子，要展现更多责任担当。"中国承担着对世界和平与发展的更大责任、对人类文明与进步的更大担当。从"把自己的事情办好"，到

成为世界经济增长的主要稳定器、动力源,再到"一带一路""构建人类命运共同体"被写进联合国决议,这片土地之上的艰辛探索、辉煌巨变与宝贵经验,兑现了"中国应当对于人类有较大的贡献"的诺言。中国将继续做世界和平的建设者、全球发展的贡献者、国际秩序的维护者,为增进人类共同福祉、构建人类命运共同体作出更大贡献。

时事链接

多国人士热议中国共产党与世界政党领导人峰会

中国共产党与世界政党领导人峰会7月6日举行,峰会围绕"为人民谋幸福:政党的责任"主题进行深入交流,达成广泛共识。英国共产党总书记罗伯特·格里菲思说,这次峰会再次向世界展示了中国共产党的成就、信心与决心,激励各国政党携手为人民谋幸福,共同迎接未来挑战。他称赞中国共产党"在多边交往、协调合作、和平发展领域树立了典范"。柬埔寨奉辛比克党总书记昂松博说,这次峰会非常重要和及时,为全球各政党搭建起交流、分享、沟通的平台,将对促进国际合作、和平与发展起到重要作用。巴勒斯坦民族解放运动(法塔赫)中央委员、阿拉伯关系和中国事务部部长阿巴斯·扎基说,中国共产党成功的秘诀在于以人民为中心,中国为形成开放、包容、稳定的全球治理体系作出了巨大贡献。博茨瓦纳执政党民主党总书记巴洛皮表示,中国共产党的百年征程和辉煌成就拓展了广大发展中国家走向现代化的路径,为人类进步事业提供了新的选择、机遇和希望。博民主党愿继续学习借鉴中国共产党治国理政经验,共同为推动人类进步事业贡献政党力量。约旦共产党总书记法拉杰说,这次峰会对世界具有重要意义。中国共产党团结带领中国人民向着第二个百年奋斗目标迈进,也将为建设全人类更美好的未来发挥更大作用。巴拿马执政党民主革命党总书记冈萨雷斯说,中国共产党在100年间所取得的巨大成就,足以成为世界其他国家政党的楷模。印尼专业集团党总主席艾尔朗加说,中国共产党领导世界上人口最多的国家取得巨大发展成就,非常了不起。中国共产党坚持为人民谋幸福,践行包容性发展,值得印尼专业集团党学习。

——来源:摘自《加强政党交流互鉴 共创更加美好未来——多国人士热议中国共产党与世界政党领导人峰会》,新华社,2021年7月10日

第二节　百年正青春——读懂成功的基因密码

在中国共产党的坚强领导下，梁启超在兵荒马乱中畅想的"雄飞时代"，李大钊在沉沉黑夜中向往的"青春之国家"，方志敏在敌人监狱中憧憬的"可爱的中国"，正展现出欣欣向荣的景象。"中国共产党无疑是过去100年中最成功的政党"，这是英国学者马丁·雅克比较之后的感慨。英国《卫报》发社论称，"当时也没人能想到，仅仅30年内，它将领导这个国家；一个世纪后，它将成长为领导世界1/5人口和第二大经济体的强大政党，并撼动着超级大国美国的信心"。百年何以正青春？我们需要读懂中国共产党，读懂成功背后的基因密码。

一、使命型政党的担当

马克思、恩格斯在《共产党宣言》中系统阐释了无产阶级政党的根本属性及其内在规定性，指明了马克思主义政党的内涵特质是肩负不同时期的特定历史使命。"使命型政党是指其产生及发展是为了承担人类社会发展规律所赋予其的特定历史使命的政党。"[①] 沿用"革命党""执政党""领导党"，政党类型的考察和辨析，无法深刻认识中国共产党的身份定位。中国共产党是因使命而诞生的政党。

（一）"三为一体"的使命结构

"无产阶级的运动是绝大多数人的，为绝大多数人谋利益的独立的运动。"中国共产党的使命是一个"三为一体"的结构，即为人民谋幸福、为民族谋复兴、为世界谋大同。

中国共产党人笃信：江山就是人民，人民就是江山。2021年6月8日下午，正在青海考察的习近平总书记来到海北藏族自治州刚察县沙柳河镇果洛藏贡麻村，走进牧民索南才让家中，屋里屋外仔细察看，并同一家人围坐在客厅聊家常。索南才让激动地说，牧民生活好，全靠党的政策好，衷心感谢

[①] 韩冬雪，胡晓迪. 论中国共产党领导地位形成的历史逻辑——基于使命型政党特质与中国现代化进程的分析 [J]. 湖南大学学报（社会科学版），2020，34（3）：1-8.

共产党，衷心感谢总书记。总书记感慨："中国共产党成立一百年了，我们这个党能够发展壮大起来不容易，夺取政权不容易，建设新中国不容易。为什么老百姓衷心拥护中国共产党？因为我们党始终全心全意为人民服务、为各民族谋幸福。"

1921年，中国共产党一经成立，就肩负起实现中华民族伟大复兴的历史使命，中华民族在绝境中迎来新的生机。中国共产党的100年，是开创历史、奠定基业、开辟未来的100年。中国共产党在新民主主义革命时期完成救国大业，开天辟地；在社会主义革命和建设时期完成兴国大业，改天换地；在改革开放和社会主义现代化建设新时期推进富国大业，翻天覆地；在中国特色社会主义新时代推进并将在本世纪中叶实现强国大业，惊天动地。习近平总书记指出："我们党领导的革命、建设、改革伟大实践，是一个接续奋斗的历史过程，是一项救国、兴国、强国，进而实现中华民族伟大复兴的完整事业。"

中国共产党不能是狭隘的民族主义者，它必须关怀全人类的前途命运，自觉担当世界责任。天安门城楼上有两句标语，一句是"中华人民共和国万岁"，另一句是"世界人民大团结万岁"，诠释着"中国共产党是为中国人民谋幸福的党，也是为人类进步事业而奋斗的党"。"大道不孤，天下一家。经历了一年来的风雨，我们比任何时候都更加深切体会到人类命运共同体的意义。"二〇二一年新年贺词中，习近平总书记指出疫情防控任重道远，重申解答"时代之问"的中国方案：推动构建人类命运共同体。"人类是一个整体，地球是一个家园。面对共同挑战，任何人任何国家都无法独善其身，人类只有和衷共济、和合共生这一条出路。政党作为推动人类进步的重要力量，要锚定正确的前进方向，担起为人民谋幸福、为人类谋进步的历史责任。"2021年7月6日，在中国共产党与世界政党领导人峰会上，习近平总书记再次强调。

（二）"三性结合"的使命践履

崇高性。毛泽东同志指出："我们的事业是正义的。正义的事业是任何敌人也攻不破的。"中国共产党人的事业之所以是正义的事业，就在于这一事业是为人民谋幸福、为民族谋复兴、为世界谋大同的事业，占据了真理和道义的制高点。马克思主义使命型政党具有天生的"无私血统"和"使命基因"，能够"顺应时代发展潮流、把握人类进步大势、顺应人民共同期待，把自身发展同国家、民族、人类的发展紧密结合在一起"①。中国共产党始终代表最广大人民根本利益，与人民休戚与共、生死相依，没有任何自己特殊的利益，从来不代表任何利益集团、任何权势团体、任何特权阶层的利益。中国共产党始终把推动中国历史进步与推动人类历史进步紧密结合起来。在表达祝贺中国共产党百年华诞的同时，世界多国政党政府领导人和友好人士认为中国共产党是"人类建设均衡国际秩序、文明和平共处的重要力量"，人类命运共同体理念"为建设自由、公正、美好的世界带来了希望"。

时代性。马克思主义经典作家指出："人们自己创造自己的历史，但是他们并不是随心所欲地创造，并不是在他们自己选定的条件下创造，而是在直接碰到的、既定的、从过去承继下来的条件下创造。"② 无论时代和社会历史条件怎样变化，中国共产党人的初心永远不变。在各个历史阶段，社会主要矛盾不同，面临的任务和时代课题不同，共产党人对初心使命的坚守也被赋予不同的时代内容。中国共产党坚持实事求是，准确把握世情、国情、党情。依据变化中的客观实际制定正确的路线、政策和策略，不断创造一个又一个奇迹。与时代同步伐，关注和回答时代和实践提出的重大课题，是马克思主义永葆生机活力的奥妙所在，是中国共产党带领人民创造奇迹的制胜法宝。今天，我们站在"两个一百年"奋斗目标的历史交汇点上，中国共产党深刻认识我国社会主要矛盾变化带来的新特征新要求，深刻认识错综复杂的国际环境带来的新矛盾新挑战，在危机中育先机、于变局中开新局，一步一个脚印把伟大事业推向前进。

灵活性。马克思主义使命型政党担负的使命既有一定的内在规定性，也要合乎形势变化发展的规律性。中国共产党善于适时借助顺利的形势，顺势而为，调整具体的策略，推动使命的完成；善于及时洞悉不利的形势，扭转劣势，校正使命航船的方向；善于准确把握复杂局势，作出科学判断，增强使命的道义性。③

---

① 习近平. 携手建设更加美好的世界——在中国共产党与世界政党高层对话会上的主旨讲话[M]. 北京：人民出版社，2017：7.
② 马克思恩格斯选集：第1卷[M]. 北京：人民出版社，2012：669.
③ 陈井安，赵小波. 使命型政党：价值取向、使命践履与历史经验[J]. 中国特色社会主义研究，2019（1）：92-98.

> **时事链接**

骄傲！中国人首次进入自己的空间站

据中国载人航天工程办公室消息，在神舟十二号载人飞船与天和核心舱成功实现自主快速交会对接后，航天员乘组从返回舱进入轨道舱。按程序完成各项准备后，先后开启节点舱舱门、核心舱舱门，北京时间6月17日18时48分，航天员聂海胜、刘伯明、汤洪波先后进入天和核心舱，标志着中国人首次进入自己的空间站。后续，航天员乘组将按计划开展相关工作。

——来源：央视新闻网，2021年6月17日

"贴地飞行"！时速600公里中国磁悬浮列车下线，外国网友惊呆！

7月20日，由中国中车承担研制、具有完全自主知识产权的我国时速600公里高速磁浮交通系统在山东青岛成功下线。据官方介绍，这是世界首套设计时速达600公里的高速磁浮交通系统，也是当前可实现的速度最快的地面交通工具。而这套时速600公里高速磁浮交通系统成功下线，还标志着我国掌握了高速磁浮成套技术和工程化能力，是我国在高速磁浮领域取得的重大创新突破。在微博平台上，"时速600公里""中国速度"等字眼刷屏。不少中国网友激动不已、称赞连连。在国外，"中国速度"也惊呆不少人，众多网友在Youtube、推特评上丝毫不吝夸赞之词。

——来源：环球网，2021年7月20日

二、马克思主义的科学引领

中国共产党为什么"能"，中国特色社会主义为什么"好"，归根到底是因为马克思主义"行"。理论就是武器，思想就是力量。马克思主义为什么"行"？为什么在中国"行"？百年党史告诉我们，关键是两条：一是马克思主义本身具有无比的科学性、真理性；二是中国共产党在百年历程中矢志不渝推进马克思主义中国化。

（一）马克思主义深刻改变了中国

在纪念马克思200周年诞辰大会上，习近平总书记深刻总结了马克思主义的理论特征，即科学性、人民性、实践性和开放性。马克思创建了唯物史观和

剩余价值学说，揭示了人类社会发展的一般规律，揭示了资本主义运行的特殊规律，为人类指明了从必然王国向自由王国飞跃的途径，为人民指明了实现自由和解放的道路。马克思主义第一次站在人民的立场探求人类自由解放的道路，以科学的理论为最终建立一个没有压迫、没有剥削、人人平等、人人自由的理想社会指明了方向。马克思主义不是书斋里的学问，而是为了改变人民历史命运而创立的，是在人民求解放的实践中形成的，也是在人民求解放的实践中丰富和发展的，为人民认识世界、改造世界提供了强大精神力量。马克思主义理论不是教条，而是行动指南，必须随着实践的变化而发展。一部马克思主义发展史就是马克思、恩格斯以及他们的后继者们不断根据时代、实践、认识发展而发展的历史，是不断吸收人类历史上一切优秀思想文化成果丰富自己的历史。

一本《共产党宣言》，毛泽东同志看了不下一百遍，周恩来同志视之为"贴身伙伴"，朱德同志临终前仍在重读，邓小平同志喻之为"入门老师"……为什么？因为里面有思想的武器、真理的力量。在风雨如晦的旧中国，仁人志士苦苦探寻救亡图存的出路，在各种"主义"、各种"方案"尝试过后"诸路皆走不通"的困境中，十月革命一声炮响给中国送来了马克思列宁主义，也正是马克思主义在中国的广泛传播催生了中国共产党，马克思主义使我们党拥有了科学的世界观和方法论，拥有了认识世界、改造世界的强大思想武器。在主持十八届中央政治局第四十三次集体学习时，习近平总书记指出，在人类思想史上，就科学性、真理性、影响力、传播面而言，没有一种思想理论能达到马克思主义的高度，也没有一种学说能像马克思主义那样对世界产生了如此巨大的影响。这体现了马克思主义的巨大真理威力和强大生命力，表明马克思主义对人类认识世界、改造世界、推动社会进步仍然具有不可替代的作用。

2020年10月，教皇方济各表示，新冠疫情大流行证明了市场资本主义的"神奇理论"已经失败，世界需要一种新的政治形式以促进对话、团结，并且不惜一切代价阻止战争。2021年6月，美国工人世界党网站刊发了《呼吸机上的资本主义》一书的书评，认为该文集记录了资本主义的终极衰落，揭露了资本主义制度的残忍和不公；卡塔尔半岛电视台网站则以"新冠肺炎疫情预示资本主义的终结吗"为题发表文章指出，"如果说14世纪的大瘟疫引发了后封建时代的想象，那么，这一次疫情有可能触发'后资本主义时代'的想象"。与之形成鲜明对比的是，社会主义制度在疫情面前交了一份优秀答卷，马克思主义的科学性和真理性得到充分检验。

（二）中国极大丰富了马克思主义

印度共产党（马克思主义）的领导人曾经说：印共是1920年成立的，比中国共产党还要早一年，但是革命至今没有成功、没有取得政权，主要原因是始终没有产生印度化的马克思主义，而中国共产党产生了中国化的马克思主义。一百年来，我们党坚持解放思想和实事求是相统一、培元固本和守正创新相统一，不断开辟马克思主义新境界，产生了毛泽东思想、邓小平理论、"三个代表"重要思想、科学发展观，产生了习近平新时代中国特色社会主义思想，为党和人民事业发展提供了科学理论指导。特别是党的十八大以来，以习近平同志为核心的党中央勇于推进实践基础上的理论创新，全面系统回答了新时代坚持和发展什么样的中国特色社会主义、怎样坚持和发展中国特色社会主义这个重大时代课题，创立了习近平新时代中国特色社会主义思想，实现了马克思主义中国化的又一次伟大飞跃。

把马克思主义普遍真理和中国实际相结合，是中国共产党成功的根本经验。马克思主义中国化的问题，实质上就是哲学的"一般性"与"特殊性"，即共性与个性的辩证关系问题。毛泽东明确指出："马克思主义的'本本'是要学习的，但是必须同我国的实际情况相结合。"邓小平强调："马克思主义理论从来不是教条，而是行动的指南。它要求人们根据它的基本原则和基本方法，不断结合变化着的实际，探索解决新问题的答案，从而也发展马克思主义理论本身。"习近平指出，"马克思主义是随着时代、实践、科学发展而不断发展的开放的理论体系，它并没有结束真理，而是开辟了通向真理的道路"。

百年大江奔流，在中华民族伟大复兴的关键时期，在当今世界动荡变革的历史变局之中，中国共产党人凭着历史的积淀、理想的坚守、开拓的勇毅，紧紧围绕新时代坚持和发展什么样的中国特色社会主义、怎样坚持和发展中国特色社会主义，推进实践的新革命、思想的新长征，结出了饱含中国精神、时代精华的硕果——习近平新时代中国特色社会主义思想。"中国共产党领导是中国特色社会主义最本质的特征""坚持以人民为中心的发展思想""推动全体人民共同富裕取得更为明显的实质性进展""充分发挥市场在资源配置中的决定性作用，更好发挥政府作用""坚持创新、协调、绿色、开放、共享的发展理念"

"绿水青山就是金山银山""推动构建人类命运共同体"……这些富有创见的思想、观点和论断,对马克思主义作出了原创性、时代性贡献,开拓了中国特色社会主义的新境界。新时代中国共产党人赋予马克思主义以鲜明的中国特色、民族特色、时代特色,使人们对共产党执政规律、社会主义建设规律、人类社会发展规律的认识达到了一个新的历史高度,使科学社会主义释放出具有强大说服力、感召力的真理光芒![1]

三、自我革命的伟大工程

勇于自我革命是中国共产党区别于其他政党的显著标志。英国学者马丁·雅克认为,"以极其活跃的方式进行自我更新",是"为什么中共可以一直执政"的一个重要答案。

(一)青春秘诀:勇于自我革命

"革命之所以必需,不仅是因为没有任何其他的办法能够推翻统治阶级,而且还因为推翻统治阶级的那个阶级,只有在革命中才能抛掉自己身上一切陈旧的肮脏东西,才能胜任重建社会的工作。"[2] 习近平明确提出:"在进行社会革命的同时不断进行自我革命,是我们党区别于其他政党最显著的标志,也是我们党不断从胜利走向新的胜利的关键所在。"[3] 建党百年史,也是百年党建史。百年党史,有六次最具历史意义的自我革命。第一次是 1927 年八七会议。这是党在早期探索中国革命遭受挫折危急关头的一次自我革命。会议通过的《中国共产党中央执行委员会告全党党员书》中指出:我们党公开承认并纠正错误,不含混不隐瞒,这并不是示弱,而正是证明中国共产主义运动的力量。会议制定的继续进行革命斗争的正确方针,使全党重新鼓起同国民党反动派斗争的勇气,开启了中国共产党独自担当起领导中国革命艰巨使命的伟大征程。第二次是 1935 年遵义会议。这是在极端危急关头实现党的历史伟大转折的一次自我革命。1935 年 1 月 15 日至 17 日,中央政治局在贵州遵义召开扩大会议,批评博古、李德在军事指导上的错误。毛泽东的发言不仅对他们在军事指导上的错误进行

---

[1] 中国没有辜负社会主义[N]. 人民日报,2021-06-08 (01).
[2] 马克思恩格斯选集:第 1 卷[M]. 北京:人民出版社,2012:171.
[3] 习近平关于"不忘初心、牢记使命"论述摘编[M]. 北京:中央文献出版社,党建读物出版社,2019:175.

了深刻分析，而且阐述了中国革命战争的战略战术问题和此后在军事上应该采取的方针。从此，党就在以毛泽东同志为核心的第一代中央领导集体正确领导下，带领中国革命走向胜利。第三次是延安整风运动。它既是一次全党范围的马克思主义的思想教育运动，也是破除党内把马克思主义教条化、把共产国际和苏联经验神圣化错误倾向的思想解放运动。它的直接成果，就是既为制定《关于若干历史问题的决议》、确立毛泽东思想为党的指导思想奠定了理论基础，也为夺取抗日战争的胜利和新民主主义革命在全国的胜利奠定了政治基础。第四次是新中国成立初期践行"两个务必"思想的整风整党运动。在党的七届二中全会谋划筹建新中国时，毛泽东提出务必继续地保持谦虚、谨慎、不骄、不躁的作风，务必继续地保持艰苦奋斗的作风的思想，作为执政警钟。新中国成立后，党中央践行"两个务必"思想，1950年下半年开始，整风运动全面展开；1951年春开展整党运动，为党在全国执政的新的历史条件下坚持共产党员先进性进行教育；这年底，党中央又决定将正在开展的"三反"运动与整党结合，严肃批判与处理部分党员干部存在的贪污、浪费、受贿等腐化堕落行为。其中最引人注目的是从严处理了号称共和国反腐第一案的刘青山、张子善事件，开启了从严治党、清廉治国的良好风气。这是中国共产党在全国执政后首次刀刃向内的自我革命。第五次是粉碎"四人帮"的胜利和党的十一届三中全会开始的全面拨乱反正。1978年底召开的党的十一届三中全会是新中国成立以来我党历史上具有深远意义的伟大转折。全会开始实现从"两个凡是"到解放思想、实事求是，从以阶级斗争为纲到以经济建设为中心，从僵化半僵化、封闭半封闭到对外开放的历史性转变。全会还充分肯定必须完整地准确地掌握毛泽东思想的科学体系，开始全面地认真地纠正"文化大革命"中及其以前的"左"倾错误，审查和解决了一批重大冤假错案和一些重要领导人的功过是非问题。这标志着我们党重新确立马克思主义的思想路线、政治路线和组织路线。1981年通过的《关于建国以来党的若干历史问题的决议》，又标志着我们党实现了指导思想的拨乱反正。这个决议指出：我们党敢于正视和纠正自己的错误，有决心有能力防止重犯过去那样严重的错误。第六次是党的十八大以来开启的全面从严治党新征程。这是中国特色社会主义进入新时代的伟大自我革命。以习近平同志为核心的党中央提出全面从严治党战略，以雷霆万钧之势开展反腐败斗争，标本兼治，坚持"打虎""拍蝇""猎狐"无禁区、全覆盖、零容忍。党中央严肃查处了从中央到地方一批腐败变质的领导干部和重大案件，反腐败斗争取得压倒性胜利。①

（二）伟大工程：全面从严治党永远在路上

1939年10月，毛泽东在《〈共产党人〉发刊词》中即把"建设一个全国范围的、广大群众性的、思想上政治上组织上完全巩固的布尔什维克化的中国共产党"，称之为"伟大的工程"。改革开放新时期，中国共产党为把党建设成为中国特色社会主义事业的坚强领导核心，开创并不断推进了党的建设"新的伟大工程"。党的十九大报告首次指出"四个伟大"："伟大斗争，伟大工程，伟大事业，伟大梦想"，系统阐述了"新时代中国共产党的历史使命"，并强调指出："其中起决定性作用的是党的建设新的伟大工程"。

党的十八大以来，"坚持思想建党和制度治党紧密结合"被写入《关于新形势下党内政治生活的若干准则》，《中国共产党党内法规和规范性文件备案审查规定》《中国共产党纪律处分条例》《中国共产党廉洁自律准则》《中国共产党党内监督条例》《中国共产党问责条例》《关于实行党风廉政建设责任制的规定》《党委（党组）意识形态工作责任制实施办法》《中国共产党党内法规执行责任制规定（试行）》等先后制定或修订，扎紧织密了管党治党的制度笼子。紧紧围绕"两个维护"强化政治监督，完善全面从严治党制度，加强党的领导和监督，深化政治巡视，完善党和国家监督体系，全面加强党的纪律建设，深化运用"四种形态"。一体推进不敢腐、不能腐、不想腐，坚决查处不收敛不收手的腐败分子，聚焦政治问题和经济问题交织的腐败案件。以党的政治建设为统领，全面推进党的政治建设、思想建设、组织建设、作风建设、纪律建设，把制度建设贯穿其中，使我们党成为一个始终走在时代前列、人民衷心拥护、勇于自我革命、经得起各种风浪考验、朝气蓬勃的马克思主义执政党。习近平总书记强调："我们党作为百年大党，要永葆先进性和纯洁性、永葆生机活力，必须一刻不停推进党风廉政建设和反腐败斗争。"开局"十四五"、开启新征程，深入贯彻全面从严治党方针，把党的伟大自我革命进行到底。

---

① 从百年党史看自我革命［EB/OL］.中国网，2021-04-06.

> **知识链接**

中共中央扩大会议通告
——坚决清洗贪污腐化分子
（一九二六年八月四日）

在这革命潮流仍在高涨的时候，许多投机腐败的坏分子，均会跑在革命的队伍中来，一个革命的党若是容留这些分子在内，必定会使他的党陷于腐化，不特不能执行革命的工作，且将为群众所厌弃。所以应该很坚决的洗清这些不良分子，和这些不良倾向奋斗，才能坚固我们的营垒，才能树立党在群众中的威望。

一年以来，我们的党乘着革命的高潮，有突飞的发展，这自然是一件可喜的现象。但同时投机腐败分子之混入，也恐是一件难免的事，尤其在比较接近政权的地方或政治、军事工作较发展的地方，更易有此现象。不过因为我党指导机关的力量很强，所以这些投机分子尚不能动摇我党的政策，只是在个人生活上表现极坏的倾向，给党以很恶劣的影响，最显著的事实，就是贪污的行为，往往在经济问题上发生吞款、揩油的情弊。这不仅丧失革命者的道德，且亦为普通社会道德所不容。此种分子近来各地均有发现，大会为此决议特别训令各级党部，迅速审查所属同志，如有此类行为者，务须不容情的洗刷出党，不可令留存党中，使党腐化，且败坏党在群众中的威望。望各级党部于接此信后，立即执行，并将结果具报中局，是为至要。

——来源：《中国共产党首份反腐文件：1926年诞生 措辞很严厉》，新华网，2016年6月26日

第三节　乘势奔未来——弘扬伟大的建党精神

"一百年前，中国共产党的先驱们创建了中国共产党，形成了坚持真理、坚守理想，践行初心、担当使命，不怕牺牲、英勇斗争，对党忠诚、不负人民的伟大建党精神，这是中国共产党的精神之源。"在庆祝中国共产党成立100周年大会上，习近平总书记精辟概括了伟大建党精神的深刻内涵，深刻揭示了中国共产党人创造人间奇迹的精神密码。

一、建党伟业：从石库门到南湖

"真理的味道有点甜"。1920年早春的一天，浙江义乌分水塘村一间简陋的柴房里，一声"你吃粽子要加红糖水，吃了吗"惊动了正在奋笔疾书的一位小伙子。听到母亲相询，小伙子应道："吃了吃了，甜极了！"母亲入房一看，粽子是吃了，可边上的那碗红糖水看着一滴未少，倒是小伙子的唇上嘴边，沾着不少黑墨水。母亲瞬间明白了：儿子这是把墨水错当成红糖水给就着吃了！小伙子却毫不自知，仍对母亲一个劲儿地说着："可甜了，可甜了。"小伙子的名字叫陈望道，他废寝忘食两个月，第一次完整译出了《共产党宣言》。1920年8月，《共产党宣言》最早中译本在上海问世，封面上最醒目的书名，有一个醒目的错误：因排字工人的疏忽，"共产党宣言"被误印成"共党产宣言"，这为后人鉴别《共产党宣言》最初版本提供了依据，也从一个侧面反映出中共早期组织的艰苦和简陋。首印1 000册即刻售罄，到1926年重印再版达17次之多。

"明目张胆成立一个中国共产党"。1920年7月初，蔡和森在蒙达尼主持召开了赴法勤工俭学的新民学会会员会议，他在会上说："我以为现在就要做组织俄式共产党的准备。我们的同志可以到工厂去做工，联络工人；可以去留俄勤工俭学，以俄为大本营，培植人才；我们新民学会的会友可以与少年中国学会、工学励进会的朋友开一联合讨论会。我将拟一种明确的提议书，注重'无产阶级专政'与'国际色彩'，在这基础上组织共产党。"9月，蔡和森给毛泽东的信中更明确地提出，在各项准备工作之后，"明目张胆正式成立一个中国共产党"。12月，毛泽东在写给蔡和森的信件当中说："我看俄国式的革命，是无可如何的山穷水尽诸路皆走不通了的一个变计，并不是有更好的方法弃而不采，单要采这个恐怖的方法。"1921年1月，毛泽东复信蔡和森，对其提出的"明目张胆正式成立一个中国共产党"的主张，表示："你这一封信见地极当，我没有一个字不赞成。"

"令人不安的消息"。1921年3月到6月，从欧洲的海牙、维也纳到东方的新加坡、中国香港乃至东京，有两个"令人不安"的消息频繁地在各国外交和警察机关间传递着，一个消息是：一名"赤色分子"将前往远东进行直接的布尔什维克的宣传；另一个消息是：在上海的一些中国"激进分子"正在密谋召开一次大会。

"全国共产主义者之招"。1921年6月,湘江之畔,28岁的毛泽东接到一份"开会通知",其中要求各地共产党早期组织各派代表两人,尽快到上海开会。发出这份"开会通知"的,是上海共产党早期组织,这是中国的第一个共产党组织,于1920年8月在上海老渔阳里2号(今南昌路100弄2号)成立,陈独秀为书记。毛泽东兴奋不已,立即与何叔衡谋划秘密启程。"午后六时,叔衡往上海,偕行者润之,赴全国〇〇〇〇〇之招。"与何叔衡在《湖南通俗报》共事的谢觉哉在日记里这样写道。谢觉哉后来解释:这5个圆圈,是为了避免反动派搜查而特意写下,切切而又郑重地代指"共产主义者"。发端于上海石库门的"全国共产主义者之招",如惊雷、似闪电,划破漫漫长夜。

"开天辟地的大事变"。1921年7月23日,星期六,平静而又不平凡的一天。在夜幕中,十几位穿着各异的人在朦胧的夜色中,陆续从后门走进上海法租界望志路106号,中国共产党第一次全国代表大会召开。以马克思主义为指导思想、以共产主义为奋斗目标的政党——中国共产党诞生了。因陌生人闯入,会议从上海石库门紧急转移到浙江嘉兴南湖,在红船上通过了中国共产党第一个纲领。这场会议,尽管当时"似乎什么也没有发生,连报纸上也没有一点报道",却成为"开天辟地的大事变"。13位代表,平均年龄只有28岁,8人有大学学历,其中4人留学日本、3人就读于北京大学,而在当时,全国能接受现代教育的人口不到1%。在中国革命的暴风骤雨中,共产党人如大浪淘沙般接受血与火的考验。王尽美、邓恩铭、何叔衡、陈潭秋为革命英勇献身。李达、李汉俊,虽然一度脱党,但依然坚守自己的信仰。陈公博、周佛海最终沦为汉奸,张国焘成为党可耻的叛徒。包惠僧和刘仁静因故脱党,都活到耄耋之年,目睹了中国共产党领导的改革开放。13人中,只有毛泽东、董必武一路携手走上天安门城楼,迎来新中国的诞生,领导社会主义革命和建设奋斗到最后一刻。①

二、精神之源:伟大建党精神

伟大建党精神,犹如一块基石,支撑起100年来党的事业发展进步的巍巍大厦,成为中国共产党与生俱来的红色基因、不同于其他任何政党的精神标识。

---

① 百炼成钢(第五集):从石库门到南湖[EB/OL]. 中国共产党员网,2021-04-03.

（一）伟大建党精神的内涵

中国共产党建党求什么——坚持真理、坚守理想。坚定理想信念，坚守共产党人精神追求，始终是共产党人安身立命的根本。"对马克思主义的信仰，对社会主义和共产主义的信念，是共产党人的政治灵魂，是共产党人经受任何考验的精神支柱"。"一个政党有了远大理想和崇高追求，就会坚强有力，无坚不摧，无往不胜，就能经受一次次挫折而又一次次奋起"。自晚清以来，太平天国运动、洋务运动、戊戌变法、义和团运动、清末新政等都未能取得成功；辛亥革命之后，君主立宪制、帝制复辟、议会制、多党制、总统制等各种形式，各种政治势力及其代表人物纷纷登场，也都没能找到正确答案。在反复比较中选择，在世界大潮里追寻，在中华大地上扎根，马克思主义之所以成为中国共产党人的"真经"，就在于它的科学性和真理性在中国得到了充分检验；中国共产党之所以叫共产党，就是因为从成立之日起就把共产主义确立为远大理想。

中国共产党立党为什么——践行初心、担当使命。"为中国人民谋幸福，为中华民族谋复兴，是中国共产党人的初心和使命，是激励一代代中国共产党人前赴后继、英勇奋斗的根本动力"。"党的初心和使命是党的性质宗旨、理想信念、奋斗目标的集中体现，激励着我们党永远坚守，砥砺着我们党坚毅前行"。1925年12月5日，毛泽东同志在为《政治周报》创刊号撰写的发刊理由中指出："为什么要革命？为了使中华民族得到解放，为了实现人民的统治，为了使人民得到经济的幸福。"中国共产党人的选择，"决非为一衣一食之自为计，而在四万万同胞之均有衣有食也""亦非自安自足以自乐，而在四万万同胞之均能享安乐也"。百年党史，既是一部感天动地的史诗，也是一首矢志践行初心使命的赞歌。

中国共产党兴党凭什么——不怕牺牲、英勇斗争。"为了救国救民，不怕任何艰难险阻，不惜付出一切牺牲"。"在应对各种困难挑战中，我们党锤炼了不畏强敌、不惧风险、敢于斗争、勇于胜利的风骨和品质。这是我们党最鲜明的特质和特点"。习近平总书记指出："世界上没有哪个党像我们这样，遭遇过如此多的艰难险阻，经历过如此多的生死考验，付出过如此多的惨烈牺牲。"据不完全统计，从1921年至1949年，全国牺牲的有名可查的革命烈士就达370多万人，无名烈士更是难以计数。在新时代脱贫攻坚伟大斗争中，1 800多名同志将生命定格在了这一特殊战场上,其中绝大多数是共产党员。一百年来,一代又一代中国共产党人不怕牺牲、英勇斗争,因为他们深知,自己投身的是民族复兴的千秋伟业,肩负的是人民幸福的万钧重担。

中国共产党强党靠什么——对党忠诚、不负人民。"我们党一路走来,经历了无数艰险和磨难,但任何困难都没有压垮我们,任何敌人都没能打倒我们,靠的就是千千万万党员的忠诚"。"江山就是人民、人民就是江山,打江山、守江山,守的是人民的心"。对党忠诚,是共产党人首要的政治品质。正是有了这种忠诚,千千万万党员在大是大非面前旗帜鲜明,在各种诱惑面前立场坚定,在风浪考验面前无所畏惧,使全党淬炼成"一块坚硬的钢铁"。习近平总书记深刻指出:"如果没有对党忠诚作为政治上的'定海神针',就很可能在各种考验面前败下阵来。"回顾百年党史,无数革命先烈抛头颅洒热血,但也有一些投机革命和意志薄弱的人,成了令人不齿的叛徒。尤其令人痛惜的是,许多优秀党员的牺牲是由于叛徒出卖造成的。体会到这些教训有多惨痛,才能理解对党忠诚有多重要。"对党忠诚、不负人民",中国共产党人的忠诚,源于纪律的要求,更因为信仰的塑造。翻开中国共产党章程——"党除了工人阶级和最广大人民群众的利益,没有自己特殊的利益。党在任何时候都把群众利益放在第一位";聆听习近平总书记重要讲话——"中国共产党始终代表最广大人民根本利益,与人民休戚与共、生死相依,没有任何自己特殊的利益,从来不代表任何利益集团、任何权势团体、任何特权阶层的利益。"①

(二)灿烂夺目的精神谱系

一百年来,一代代中国共产党人,以信仰充实生命,以担当淬火成钢,不仅成就了伟大的事业,也成就了"精神最富有的政党",构建起了绚烂夺目的精神谱系——以伟大建党精神为源头,井冈山精神、苏区精神、长征精神、延安精神、抗战精神、抗美援朝精神、兵团精神、雷锋精神、焦裕禄精神、大庆精神、"两弹一星"精神、特区精神、女排精神、抗洪精神、抗击"非典"精神、抗震救灾精神、载人航天精神、劳模精神、劳动精神、工匠精神、科学家精神、抗疫精神、脱贫攻坚精神……这一系列伟大精神,跨越时空、历久弥新,集中体现了党的坚定信念、根本宗旨、优良作风,凝聚着中国共产党人艰苦奋斗、

---

① 任仲平. 恢宏史诗的力量之源——论弘扬伟大建党精神[EB/OL]. 人民网,2021-07-20.

牺牲奉献、开拓进取的伟大品格，深深融入我们党、国家、民族、人民的血脉之中，为我们立党兴党强党提供了丰厚滋养。这一系列伟大精神，蕴含着我们"从哪里来、到哪里去"的精神密码，过去是、现在是、将来仍然是我们党的宝贵精神财富。

> **知识链接**
>
> **抗疫精神和脱贫攻坚精神**
>
> 在全国抗击新冠肺炎疫情表彰大会上，习近平总书记从5个方面概括了伟大抗疫精神，"在这场同严重疫情的殊死较量中，中国人民和中华民族以敢于斗争、敢于胜利的大无畏气概，铸就了生命至上、举国同心、舍生忘死、尊重科学、命运与共的伟大抗疫精神。"
>
> 在全国脱贫攻坚总结表彰大会上，习近平总书记发表重要讲话指出，"脱贫攻坚伟大斗争，锻造形成了'上下同心、尽锐出战、精准务实、开拓创新、攻坚克难、不负人民'的脱贫攻坚精神。"
>
> ——来源：人民网，2020年9月8日，2021年2月28日

三、强国有我：弘扬伟大建党精神

在庆祝中国共产党成立100周年大会上，习近平总书记强调："一百年来，在中国共产党的旗帜下，一代代中国青年把青春奋斗融入党和人民事业，成为实现中华民族伟大复兴的先锋力量。"天安门广场上，共青团员和少先队员代表集体致献词，致敬党的百年奋斗历程，发出"请党放心、强国有我"的时代强音，生动展现了新时代青少年把青春理想融入党和人民事业、以实现中华民族伟大复兴为己任的时代抱负，让人充分感受到青少年一代对党和人民事业的无限热爱与忠诚。

（一）中国共产党的青春气质

中国共产党的创始人之一李大钊同志说过："青年者，人生之王，人生之春，人生之华也。青年之字典，无'困难'之字，青年之口头，无'障碍'之语；惟知跃进，惟知雄飞，惟知本其自由之精神，奇僻之思想，锐敏之直觉，活泼之生命，以创造环境，征服历史。"青春的这些突出特性，使得青年往往与

革命理论、革命政党、革命运动,在根子上紧密相连、在灵魂上息息相通。历史上,马克思主义理论、马克思主义政党的诞生,总是与青年、青年运动有着深深的不解之缘。在中国,从1915年开始的新文化运动到1919年五四运动,先进的青年知识分子对于推动思想解放、推动中华民族觉醒,对于促进马克思主义在中国的传播、促进马克思主义同中国工人运动的结合,起到了"急先锋"的作用。

青春最富有抱负,中国共产党是理想远大、信念坚定的党。青春最无畏失去,中国共产党是立党为公、执政为民的党。青春最勇往直前,中国共产党是不惧险阻、敢于斗争的党。青春最敢于尝试,中国共产党是与时俱进、勇于创新的党。青春最需要反思,中国共产党是自我革命、修正错误的党。

(二)弘扬建党精神 努力成为先锋力量

一百年前,一群新青年高举马克思主义思想火炬,在风雨如晦的中国苦苦探寻民族复兴的前途。一百年来,在中国共产党的旗帜下,一代代中国青年把青春奋斗融入党和人民事业,成为实现中华民族伟大复兴的先锋力量。

努力成为先锋力量,做有志气的青年人。心中有梦想,脚下才会有力量。青年最大的资本就是敢于做梦、勇于追梦。许多青春的面庞身影,在百年奋斗牺牲的漫漫征途中永远定格:35岁的杨靖宇、33岁的王伟、31岁的赵一曼、30岁的黄文秀、29岁的江姐、26岁的邱少云、22岁的雷锋、21岁的黄继光、20岁的李向群、15岁的刘胡兰……后来,更多的青年英杰亦慷慨踏歌,以奋斗报效祖国:航天报国的嫦娥团队、神舟团队平均年龄是33岁,北斗团队平均年龄为35岁。在4.2万多名驰援湖北的医护人员中,有1.2万多名是"90后",其中相当一部分还是"95后"甚至"00后"……青年人要做新时代中国特色社会主义思想的坚定信仰者和忠实践行者,自觉把个人理想同中华民族伟大复兴的中国梦结合起来,沿着正确人生方向去努力奋斗,在新征程舞台上敢作为、有作为。

努力成为先锋力量,做有骨气的青年人。人无刚骨,安身不牢。青年一代正处于人生的"拔节孕穗期",更需要苦其心志、劳其筋骨,曾益其所不能。青年人当有攻坚克难不弯腰的骨气,在百年党史中学习革命先辈铮铮傲骨,学习一系列伟大精神构建起的精神谱系,铸就淡泊名利、对党忠诚的风骨,以"敢叫日月换新天"的气概，逢山开路，遇水架桥，自觉投身于实现中华民族伟大复兴的事业中去，永葆百年大党的革命气节。2021年7月26日，在女子100米蝶泳决赛中，中国选手张雨霏以0.05秒的微弱劣势屈居亚军，她说："我可以输，但我决不轻易认输。"7月29日上午，在女子200米蝶泳比赛中，张雨霏以2分03秒86夺冠，将女子100米蝶泳摘银遗憾一扫而空。在乒乓球女子单打半决赛中，中国选手孙颖莎VS日本选手伊藤美诚第二局中，在3比9落后时连追8分霸气逆转，最后以4比0完胜对手，在赛后接受央视采访时，她用两个字形容这场比赛的感受：过瘾！我们清晰看到了"强国有我"的担当和奋勇拼搏的志气。

努力成为先锋力量，做有底气的青年人。青年强则国强，青年兴则国兴。我们当前正处于最好的发展时期，也面临前所未有的挑战。新时代青年的底气来自党，来自祖国，来自人民，更来自自己，要通过努力学习，提升本领，不辱使命，不负重托。坚持把学习作为一种责任、一种追求、一种生活方式，紧跟时代步伐，不断自我肯定、自我完善、自我提高，真正在工作中、在岗位上练就过硬本领，用埋头苦干的行动创造实实在在的成绩。

思考题

1. 中国共产党何以风华正茂？
2. 新时代青年如何弘扬建党精神？

专题二

贯彻十九届五中全会精神
奋力迈进"十四五"

党的十九届五中全会强调坚持党的全面领导、坚持以人民为中心、坚持新发展理念、坚持深化改革开放、坚持系统观念,深刻把握了中国特色社会主义建设的规律,深刻把握了社会主要矛盾变化的规律,深刻把握了世界发展进步的规律,充分体现出对未来发展的前瞻性思考、全局性谋划。"十四五"规划和2035远景规划诠释了中国制度和中国之治的独特魅力,要求我们必须更加主动地认识和把握规律,抓住主要矛盾,增强工作的前瞻性、系统性、科学性,创造性地回答好下一步如何走的时代命题。

第一节 擘画宏伟蓝图 掀开发展新篇章

"所当乘者势也,不可失者时也"。大变局带来大挑战,也蕴含大机遇。身处大变局,我们需要继续保持战略定力,抓住历史性机遇、妥善应对风险挑战,坚定不移朝着中华民族伟大复兴的目标阔步前进,这是我们面临的时代课题。"十四五"规划在深入分析我国发展环境面临的深刻复杂变化、综合考虑国内外发展趋势和我国发展条件的基础上,对"十四五"时期我国经济社会发展作出系统谋划和战略部署,对2035年基本实现社会主义现代化的远景目标进行了清晰展望。坚持立足国内和全球视野相统筹,坚持问题导向和目标导向相统一,坚持中长期目标和短期目标相贯通,坚持全面规划和突出重点相协调。并把短期、中期、长期发展目标衔接、协调、统一起来,提出了一批具有标志性的重大战略,有效增强战略一致性,有利于明确前进方向,凝聚社会共识,持续推进重要领域的改革进程。

一、战略规划：谋全局定目标

新中国成立以来，我国共实施了 13 个五年计划或规划，是世界上中长期发展规划最多、效果也最好的国家。当前的"十四五"规划和 2035 远景目标的出台，充分体现了以习近平同志为核心的党中央谋划未来的远见卓识和继往开来的历史担当，既把中国发展摆到世界变局中去，又要在世界格局演变中科学谋划自身发展，让中国发展与世界形成良性互动，在发展自身的同时也造福世界。可以说，"十四五"规划正是因势而谋、应势而动、顺势而为的产物，科学制定了新时代的宏伟蓝图和战略部署，能推动我们更好地把握住新时代这一新的历史方位，更好地满足人民日益增长的美好生活需要，不断提升中国的国际竞争力和影响力。

（一）经济发展新成效

十九届五中全会首先明确了"十四五"期间的基本任务，即经济社会发展取得新成就。我国需要在目前已达到当代上中等收入国家发展水平的基础上，进一步达到高收入国家的标准，实现对中等收入发展阶段的历史跨越。经过 40 余年的改革开放，中国已经深度融入世界经济体系。全球化红利的分享助推了中国的发展，中国的强劲增长也贡献了全球 GDP 增量的 1/3 以上。从经济体量上看，中国已跻身全球大国之列，2021 年上半年中国国内生产总值 532 167 亿元，同比增长 12.7%。"十四五"期间是我国进入世界舞台中央的关键期，也是我国参与塑造全球新格局的战略机遇期。面对复杂的外部环境，我们必须加快发展更高层次的开放型经济，主动参与国际经贸规则制定，推动经济全球化朝着更加开放、包容、普惠、平衡、共赢的方向发展，为推动建设开放型世界经济体系贡献中国的智慧和力量。这既是顺应大势拓展我国自身发展空间的需要，也是主动作为。需要实现两大阶段目标，一是到 2035 年实现现代化进程第一阶段目标，基本实现现代化，经济发展达到中等发达国家水平；二是到 2050 年前后实现现代化进程第二阶段目标，建成社会主义现代化强国。在这种发展阶段性的定性判断前提下，蕴含经济发展的量的演进逻辑：一是在"十四五"期间，我国人均 GDP 水平按不变价格要达到 1.5 万美元左右，这就需要保持 6% 左右的年均增长率；二是到 2035 年达到中等发达国家水平（平均水平），作为参照，到 2035 年我国基本实现现代化时，人均 GDP 水平按不变价格应从现阶段 1.1 万美元左右提升至或接近 3 万美元左右的水平。这要求在未来 15 年的时间里，我国 GDP 总量至少要增长一倍或人均国民收入翻一番，换算为经济年增长率平均要达到 4.8% 以上。①

构建高水平社会主义市场经济体制，需要加快建设人民满意的服务型政府，推动有效市场和有为政府更好结合。这就要求充分发挥市场在资源配置中的决定性作用，完善宏观经济治理体系，建设高标准市场体系，激发各类市场主体活力。同时，加快法治政府与有为政府建设，转变政府职能，全面推进依法行政。如何建设高标准市场经济体制，推动有效市场和有为政府更好结合，其核心是依法科学划定市场调节与政府作用的界限。② 政府行为要做到公平立法、公开执法、公正司法，政府资金要集中到最具公共性、基础性、民生保障性的领域，政府领导行为、执法行为与执行行为都要建立在法治、公开、廉洁的基础之上。这就要求我们解决法治政府建设、有为政府建设有待完善的问题，有效约束和监督政府权力运行。

时事链接

权威快报｜"十四五"开局之年经济半年报亮相！

（国家统计局 15 日发布数据）

初步核算，2021 年上半年中国国内生产总值 532 167 亿元，同比增长 12.7%，两年平均增长 5.3%。其中，二季度同比增长 7.9%，两年平均增长 5.5%。这份"十四五"开局第一个半年报显示，历经疫情"大考"的中国经济，正在复苏路上逐季转好、稳健前行，显示出强大韧性和旺盛活力。立足新发展阶段、贯彻新发展理念、构建新发展格局，在全面建成小康社会基础上，踏上实现第二个百年奋斗目标的新征程。来之不易的开局起步，离不开亿万人民的艰苦奋斗。2021 年"下半场"已经开始，外部环境依然复杂严峻，国内经济持续复苏，基础仍需巩固。答好开局下半场"考卷"，需要 14 亿你我迎难而

---

① 刘伟，顾海良，洪银兴，等. 学习党的十九届五中全会精神笔谈 [J]. 经济学动态，2021（1）：3-26.
② 李玲，江宇. 有为政府、有效市场、有机社会——中国道路与国家治理现代化 [J]. 经济导刊，2014（4）：15-22.

上、接续奋斗，在高质量发展的航道上，一程接一程，向着民族复兴的胜利彼岸勇往直前。

——来源：新华网，2021 年 7 月 15 日

（二）改革开放新步伐

"十四五"时期，我们要进一步解放思想、解放和发展社会生产力、解放和增强社会活力，在更高起点、更高层次、更高目标上全面深化改革，充分发挥改革的突破作用和先导作用，坚定不移推进改革。站在两个一百年奋斗目标的历史交汇点，我们更要抓住"改革"这个解放和发展社会生产力的关键。以持续改革不断激发发展新活力，以全面深化改革实现新突破。40 多年的成功实践告诉我们，改革开放是决定当代中国命运的关键抉择，是中国共产党在新的历史时期最鲜明的旗帜，也是坚持和发展中国特色社会主义的必由之路。[1] 从开启新时期到迈入新世纪，从站到新起点到进入新时代，大胆试、勇敢改，干出了一片新的天地，一系列重大改革接茬推进，各种惠民、便民、利民举措持续实施，改革开放已成为当代中国的显著特征。

习近平总书记指出："我们共产党人干革命、搞建设、抓改革，从来都是为了解决中国的现实问题。可以说，改革是有问题倒逼而产生，又在不断解决问题中得以深化。"随着我国迈入新发展阶段，改革也面临新的任务，必须拿出更大的勇气，更多的举措破除深层次体制机制障碍。"[2]"十四五"规划展现了中国继续推行改革开放的决心，也是在外部环境恶化情况下的主动"突围"之策。在全面深化改革上，更加注重改革的系统性、整体性、协同性，提高改革综合效能。经济体制改革是全面深化改革的重点，核心问题是处理好政府和市场关系，充分发挥市场在资源配置中的决定性作用推动要素市场化配置。不断完善市场化法治化国际化营商环境，进一步健全公平竞争制度，促进产权有效激励、要素自由流动、价格反应灵活、竞争公平有序、企业优胜劣汰的进一步实现。在全面扩大开放上，我国要实施更大范围、更宽领域、更深层次对外开放。推动建设更高水平开放型经济新体制，优化对外开放的空间布局。包括加快自贸

---

[1] 胡祖才. 以深化改革开放增强发展动力活力 [N]. 人民日报，2021-01-05.
[2] 习近平. 着眼长远把握大势开门问策集思广益研究新情况作出新规划 [J]. 支部建设，2020 (26): 4-5.

试验区、自由港等对外开放高地建设。大幅放宽市场准入,依法平等保护各类企业和企业家合法权益。并在更多领域允许外资控股或独资经营等,依法打击各类破坏营商环境犯罪、侵害企业合法权益的职务犯罪等。进一步推动贸易和投资自由化、便利化,营造国际一流营商环境。加快建设与国际高标准贸易和投资通行规则相互衔接的市场规则制度体系,健全外商投资准入前国民待遇加负面清单管理等制度。这些新内容意味着扩大开放重心的变化,即从之前商品和要素流动型开放,向规则、标准等制度型的开放转变,更加突出规则、规制、管理、标准等制度层面的开放。①

(三) 社会文明程度新提高

文明是现代化国家的显著标志。推动社会文明程度不断得到新提高、达到新高度,是全面建设社会主义现代化国家的重要目标和重要保证,也是推进社会主义文化强国建设的重大任务。党的十八大以来,习近平总书记对加强社会主义精神文明建设提出一系列新思想新观点新要求,明确指出:"只有物质文明建设和精神文明建设都搞好,国家物质力量和精神力量都增强,全国各族人民物质生活和精神生活都改善,中国特色社会主义事业才能顺利向前推进。"习近平总书记的系列重要论述,丰富和发展了我们党关于社会主义精神文明建设的科学理论,为加强新时代精神文明建设、提高社会文明程度提供了根本遵循。

在以习近平同志为核心的党中央坚强领导下,新时代精神文明建设贯穿于统筹推进"五位一体"总体布局、协调推进"四个全面"战略布局之中。聚焦推动党的创新理论深入人心这个首要任务,围绕培育和践行社会主义核心价值观这个主题主线。深化中国特色社会主义和中国梦宣传教育,加强社会公德、职业道德、家庭美德和个人品德建设,开展群众性精神文明创建和新时代文明实践,不断提高人民思想觉悟、道德水准和文明素养。在同新冠肺炎疫情的殊死较量中,大力弘扬生命至上、举国同心、舍生忘死、尊重科学、命运与共的伟大抗疫精神,有针对性地开展精神文明教育和志愿服务,彰显了中国精神、中国力量、中国担当。当前,我们实现了第一个百年奋斗目标,在中华大地上

---

① 张强,肖金成,陶一桃,等."学习贯彻党的十九届五中全会精神"笔谈(续前)[J]. 河北经贸大学学报,2021,42 (02):1-11.

全面建成了小康社会，这同党心军心民心的大凝聚是分不开的，同国民素质和社会文明程度的普遍提升是分不开的，同精神文明建设的持续推进是分不开的。

党的十九届五中全会通过的《中共中央关于制定国民经济和社会发展第十四个五年规划和二〇三五年远景目标的建议》（简称《建议》）立足"两个一百年"奋斗目标历史交汇点，把握立足新发展阶段、贯彻新发展理念、构建新发展格局的要求，对提高社会文明程度提出新目标新任务。应当看到，越是接近实现中华民族伟大复兴的目标，越要清醒认识到"船到中流浪更急，人到半山路更陡"，越要重视精神的力量、思想的感召、价值的引领、文化的滋养，引导全体人民以坚定的信心、统一的意志战胜前进道路上的风险挑战。应当看到，人民生活达到全面小康之后，对于丰富而有品位的文化需求更加旺盛，对于优美环境、优良秩序、优质服务的期待更为迫切，必须以文明建设成果不断增强人民群众获得感、幸福感、安全感。应当看到，世界百年未有之大变局加速演进，世界进入动荡变革期，意识形态领域斗争更趋激烈，我们必须以坚定的文化自信建设高度的社会主义精神文明。面向未来，我们要奋力夺取的全面建设社会主义现代化国家新胜利，是物质文明和精神文明相协调的现代化的新胜利。这就要求我们培育和践行社会主义核心价值观，加强理想信念教育，弘扬中华优秀传统文化，增强人们的精神力量，促进物的不断丰富和人的全面发展。

（四）生态文明新进步

"生态兴则文明兴，生态衰则文明衰。"中国共产党成立一百年的历史，就是一部以人民为中心的中国实践史，生态文明是其中的重要篇章。应完善生态文明领域统筹协调机制，构建生态文明体系，建设人与自然和谐共生的现代化。从工业文明到生态文明，中国共产党始终坚持以人民为中心，满足人民不同阶段的需求和对美好生活的向往，引领全国人民谱写人与自然和谐发展的绿色新篇章。党的十七大首次将生态文明写入党代会报告，党的十八大首次将生态文明写入党章，党的十九大形成了生态文明的强化篇——"美丽中国"。在"十四五"时期，要坚持绿水青山就是金山银山理念，切实推动绿色发展；坚持尊重自然、顺应自然、保护自然，坚持节约优先、保护优先、自然恢复为主，守住自然生态安全边界。到2035年，中国将基本实现社会主义现代化，生态环境根本好转，美丽中国目标基本实现；到本世纪中叶，建成富强民主文明和谐美丽的社会主义现代化强国,生态文明将全面提升。

迈入新时代,生态文明建设作为统筹推进"五位一体"总体布局的重要内容,形成一系列新理念新思想新战略,习近平生态文明思想成为指导全国各族人民生活和生产的指南。2020年,习近平总书记提出"力争于2030年前实现碳达峰、2060年前实现碳中和"的奋斗目标,中华民族的生态文明之路开启新征程,向世界提供"中国理念""中国方案"。

首先,建立健全绿色低碳循环发展经济体系。"十四五"期间,要加快推动发展方式绿色转型,全方位全过程推行绿色规划、绿色设计、绿色投资、绿色建设、绿色生产、绿色流通、绿色生活和绿色消费,使发展建立在高效利用资源、严格保护生态环境、有效控制温室气体排放的基础上。通过建立健全绿色低碳循环发展的生产体系、流通体系、消费体系、基础设施绿色升级、绿色技术创新体系和法律法规政策体系,完善和建立生态产品价值实现机制,促进经济社会发展全面绿色转型。同时,把降碳摆在更加优先的位置,对减污降碳协同增效一体谋划、一体部署、一体推进、一体考核。制定实施2030年前碳排放达峰的行动方案,确保2030年前实现二氧化碳排放达峰。从严从紧从实控制高能耗高污染项目上马。严格控制工业、建筑、交通等领域二氧化碳排放,加大甲烷、氢氟碳化物等其他温室气体控制力度。研究制定碳税政策,推进全国碳市场建设。继续加强气候变化影响和风险评估,提升城乡建设、农业生产、基础设施适应气候变化能力。统筹气候变化与生态环境保护工作,建设性参与和引领应对气候变化国际合作。

其次,深入打好污染防治攻坚战。"十四五"时期,对生态环境改善的要求更高,污染防治攻坚战要延伸深度、拓展广度。要坚持方向不变、力度不减,创新和探索污染防治攻坚战新思路和新举措,在关键领域、关键指标上实现新突破。更加突出精准治污、科学治污、依法治污、系统治污。在大气方面,强化多污染物协同控制和区域协同治理,加强细颗粒物和臭氧协同控制,基本消除重污染天气。在水体方面,统筹水资源、水生态、水环境治理,基本消除城市黑臭水体。在土壤方面,加强白色污染治理和危险废物医疗废物收集处理。在环境风险方面,紧紧盯住危险废物、尾矿库、化学品等领域,重视新污染物治理。在生态保护方面,统筹山水林田湖草沙的系统修复和治理,强化生态监管,坚决守住自然生态安全边界。

最后,要建设并完善生态文明治理体系。"十四五"时期要着力建立完善与新发展格局相适应的生态文明治理体系。在生态文明体制改革顶层设计总体完成基础上,重点是建立地上地下、陆海统筹的生态环境治理制度,构建源头预防、过程控制、损害赔偿、责任追究的生态环境保护体系,构建党委领导、政府主导、企业主体、司法保障、公众参与的现代环境治理体系。持续推进生态环境治理能力,重点在监测监管执法能力、环境市场化投入机制、全民绿色行动等方面取得突破。秉持人类命运共同体理念,积极引领全球生态文明建设,共建清洁美丽世界。

(五) 民生福祉新水平

民生是人民幸福之基、社会和谐之本。习近平强调:"我们必须坚持发展为了人民、发展依靠人民、发展成果由人民共享,作出更有效的制度安排,使全体人民朝着共同富裕方向稳步前进,绝不能出现'富者累巨万,而贫者食糟糠'的现象。"①增进民生福祉是我们党坚持立党为公、执政为民的本质要求。《建议》将"民生福祉达到新水平"作为"十四五"时期我国经济社会发展的主要目标之一。实现这一经济社会发展目标,必须坚持以人民为中心的发展思想,进一步解决人民群众最关心最直接最现实的利益问题,推动高质量发展、创造高品质生活,不断实现人民对美好生活的向往。

在"十四五"时期,适应我国社会主要矛盾的新变化,顺应人民对美好生活的新期待,需要继续聚焦社会民生关键领域,谋民生之利,解民生之忧,不断提高保障和改善民生水平。继续巩固脱贫攻坚成果,健全防止返贫动态监测和帮扶机制,对易返贫致贫人口实施常态化监测,重点监测收入水平变化和"两不愁三保障"巩固情况,继续精准施策。对脱贫地区继续实施产业帮扶,补上技术、设施、营销等短板,促进产业提档升级。强化易地搬迁后续扶持,多渠道促进就业,加强配套基础设施和公共服务,搞好社会管理,确保搬迁群众稳得住、有就业、逐步能致富。对现有帮扶政策逐项分类优化调整,合理把握调整节奏、力度、时限,逐步实现由集中资源支持脱贫攻坚向全面推进乡村振兴平稳过渡。继续缩小城乡、区域发展和收入差距,扩大中等收入群体,推动人民生活水平跃上新台阶。实现更加充分更高质量就业,建设高质量教育体系,

---

① 中共中央文献研究室.十八大以来重要文献选编(中)[M].北京:中央文献出版社,2016:827.

健全多层次社会保障体系，提高人民健康水平等。不断加大社会治理资源投入，持续增强社会治理能力。加快"放管服"改革的推进和完善，使上级"放得下"，基层"接得住"，真正夯实基层组织的治理基础。提升基层组织的治理能力，使其能够适应社会治理现代化的迫切要求。要坚持社会治理的群众路线和公众参与，使村民成为社会治理的主力军。发挥人民群众的聪明才智，营造公众参与的氛围，创造公众参与的条件，吸引更多人参与社会治理事业，才能使社会治理持续创新并行稳致远。

（六）国家治理效能新提升

国家治理是关系党和国家事业兴旺发达、国家长治久安、人民幸福安康的重大问题。就国家治理效能来说，社会治理特别是基层治理水平是一个重要方面，不断提高防范化解重大风险的能力，有效应对各类突发事件，才能确保人民群众享有更多更实在的获得感、幸福感、安全感。基层治理是国家治理体系和治理能力现代化的重要基础。改革和创新基层治理模式、提升基层治理水平应做到以下两点：一方面，加快从传统管理到现代治理的理念转变，发挥科技创新作为非制度因素的重要作用；另一方面，继续推动治理权力下放，坚持在政府领导和科技支撑的前提下，打造以多元、服务、协作为核心的基层治理系统，加强基层治理的行动部门与行动主体之间的相互联系和相互协作。利用新兴技术打造高效精准的基层服务治理网络，为日益增长的社会需求提供新思路。

推动全面依法治国迈向更高水平，使我国国家管理、社会事务办理、关系人民利益问题的处理在社会主义法治规范内运行，特别是更好贯彻习近平总书记关于法治和德治有机结合、相辅相成的要求，形成法治和德治并举、相得益彰的社会治理模式，为我国社会长治久安、和谐稳定提供保障。国家治理体系和治理能力的现代化，不仅能够使我国社会主义政治建设迈向更高水平，也能够为我国经济社会各方面的发展进步提供稳定、可靠的制度前提，这也是我国实现2035年远景目标的重要保障。在"十四五"时期，完善职责明确、依法行政的政府治理体系，就要在推进政府治理集成化改革的基础上加快法治政府建设。要推进政府治理集成化改革，综合推进政府治理主体、政府治理法治、政府治理制度与政府治理职责体系的改革。要在优化政府组织结构、推进事业单位改革与群团组织改革、培育社会组织的基础上,改革完善政府治理主体体系;要从一体推进法治国家、法治政府、法治社会建设以及完善行政立法、健全法制保障、加强法治监督等方面入手,改革完善政府治理法治体系;要从完善行政领导制度、健全决策科学化民主化制度、优化行政执行制度、强化行政监管制度等方面入手,改革完善政府治理制度体系;要从正确处理政府与市场关系、优化政府职能体系、强化政府问责体系与绩效管理体系等工作入手,改革完善政府治理职责体系。

二、蓝图绘就:共赴美好生活

"十四五"时期,适应我国社会主要矛盾的新变化,顺应人民对美好生活的新期待,需要继续聚焦社会民生关键领域,谋民生之利,解民生之忧,不断提高保障和改善民生水平,不断提升人民的幸福感、未来感和安全感。

(一)"幸福感":绘就更注重民生福祉的蓝图

坚持以人民为中心的基本原则,为人的全面发展投资、为人的共享发展投资、为人的生活品质投资,从而更好形成强大国内市场、扩大国民内需与有效消费,推动构建新发展格局。要坚持以人民为中心的社会治理理念,并用人民群众满意不满意、答应不答应作为衡量社会治理效能的主要依据。从多元共建、有效共治、社会共享三方面发力,筑牢人民至上理念,向着美好生活砥砺前行。"十四五"时期,要加大对美好生活的塑造力度,增进人民的幸福感。美好生活是人民至上理念和人的全面发展思想的集中体现,要大力开展美好生活教育,完善共建共治共享的社会治理制度,推动各级领导干部树牢根植人民、依靠人民、造福人民的权力观、政绩观、事业观,引导广大人民群众为美好生活共同奋斗,最重要的是要抓民生建设,赢得民心。"十四五"时期,首先要坚持以稳就业、保民生为优先目标。必须把发展作为党执政兴国的第一要务,大力促进经济发展,稳住经济的基本盘,把经济蛋糕做大做强。同时,在实践中缩小财富占有和收入分配方面的差距,加强社会服务体系建设,培育自尊自信、理性平和、积极向上的社会心态,不断提升人民群众的获得感、幸福感和安全感。[①]

[①] 龚维斌,赵秋雁,尉建文."十四五"时期社会治理:抓重点领域强薄弱环节[N].光明日报,2020-10-26.

其次，提升以党建引领力，凝聚多元力量共建幸福生活。"十四五"时期，坚持党的全面领导，提升党建工作质量，优化党员队伍结构，培养造就一支信念坚定、为民服务、勤政务实、勇于担当的党员干部队伍，更加注重引导广大人民群众的主人翁意识，调动人民参与社会治理的积极性，继续探索符合中国国情的中国特色社会治理制度体系，充分发挥多元主体的协同合作效应，尤其要注重维护社会公平正义，完善各类社会公平保障体系，增进城乡一体化发展和公共服务均等化，全面增强城市发展可持续性和韧性，实施乡村振兴战略、坚持农业农村优先发展。加快推进市域社会治理现代化，注重防范化解重大风险隐患，及时回应人民群众的诉求期待。①

（二）"未来感"：绘就更注重科技创新的蓝图

在"十四五"期间，我国将大力推进科技进步、技术创新，并打造鼓励、促进创新所必需的体制、制度与政策基础。未来五年，我国将更加重视各方面的科技进步，特别是抓住第四次工业革命机遇，在推动以智能制造为代表的信息化与工业化融合，在关系我国若干领域核心技术的开发与应用，在新材料、新能源、新技术的应用等方面，不仅要努力发挥科技人员的积极性、主动性、创造性，还要发挥社会主义制度集中力量办大事的优势，对某些重大技术组织集中攻关。从"十四五"时期起，我国将进入基本实现社会主义现代化的新阶段。这一新阶段是我国社会主义初级阶段中的较高阶段，意味着我国生产力水平实现新跨越；是我国将基本实现新型工业化和信息化，进入以知识化、智慧化为主要特征的智能工业化阶段。

社会主义初级阶段是一个长达百年的现代化过程，由小康阶段、全面小康阶段、基本现代化阶段、现代化强国阶段、后现代化强国阶段（即向社会主义中级阶段过渡的阶段）等几个不断进步的阶段组成。在基本现代化阶段，我国将跨越"中等收入陷阱"，于"十四五"末期成为高收入国家，于2035年迈入发达国家门槛水平，成为中等发达国家。预计2035年我国基本建成信息化社会与智能化社会，这就要求完善国家数字经济法律制度机制与法律环境，规范数字经济中的法律关系与各主体责任，完善国家管理的公共数字云平台，建立统一的数字信任环境；国家治理方式也要从理性官僚制走向整体治理与智慧治理，

---

① 曾巧. 创新基层治理让每个社会细胞都健康活跃[N]. 学习日报，2020-12-02.

建设协同政府、整体政府与智慧政府。① 因此，我国要在新一轮全球产业结构高级化的过程中抢占制高点，整体价值链迈入中高端，从跟跑型创新型国家发展为领跑型创新型国家。

（三）"安全感"：绘就更注重安全发展的蓝图

《建议》中把"统筹发展和安全"提高到未来五年发展指导思想重要内容的高度，提出"把安全发展贯穿国家发展各领域和全过程"，"实现更高质量、更有效率、更加公平、更可持续、更为安全的发展"，"实现发展规模、速度、质量、结构、效益、安全相统一"。把发展和安全作为两件大事进行强调，体现了如何发展、怎样发展的思想深化，体现了鲜明的问题意识和时代性。统筹发展和安全、建设更高水平的平安中国，是十九大以来中国共产党治国理政重大原则的逻辑深化和实践展开，是新时代坚持和发展中国特色社会主义的基本方略，对于在复杂环境下更好推进我国经济社会发展具有重大指导意义。

在"十四五"时期和今后一段时期，要把对安全与发展关系的认识提升至新高度，办好发展和安全两件大事，不断谱写"两大奇迹"新篇章。《建议》把国家总体安全观向经济、社会等各个领域进行了具体化、升华和重新定位，确立了综合安全观。习近平总书记深刻洞察世情、国情、民情、党情变化，强调要坚决贯彻总体国家安全观，既聚焦重点，又统揽全局，在全面防控风险挑战的同时，重点防控那些可能迟滞或中断中华民族伟大复兴进程的全局性风险。这充分反映出党中央对抵御各类重大风险挑战重要性、迫切性、长期性的深刻认识，凸显了中国争取未来发展主动权的决心。处于全方位开放的发展阶段，越是开放越要重视安全，统筹好发展和安全两件大事，增强自身竞争能力、开放监管能力、风险防控能力。因此，要严格落实国家安全各项制度和要求，抓紧建立健全国家经济安全审查机制，依法合规地"留有后手"，保障国家经济安全。特别是金融业对外开放，应坚守底线，有理、有利、有节地开展跨境监管合作；全方位加强互联互通运行监测和风险防控，保障金融市场平稳运行，切实维护国家金融安全和网络大数据安全等核心利益；对于"资本项目下的可自由兑换"和"有管理的浮动汇率"的改革要继续推进，但有必要依据我国的实

---

① 李军鹏. 面向2035年的国家治理体系和治理能力现代化远景战略[J]. 中国行政管理，2020（11）：47-51，150.

际情况有一定保留，实现金融风险可控。

第二节 落实"三新一高" 迈进建设新征程

一、立足新发展阶段，进军"第二个百年"

"十四五"时期我国将进入新发展阶段，这是中华民族伟大复兴历史进程的大跨越。进入新发展阶段，意味着我国全面建成小康社会、实现第一个百年奋斗目标之后，乘势而上开启全面建设社会主义现代化国家新征程。

（一）历史与现实：历史性跨越的新阶段

一个时代有一个时代的问题，一个阶段有一个阶段的任务。"明者因时而变，知者随事而制。"及时对所处发展阶段做出分析判断，确定阶段性的目标任务，是我们党治国理政的重要经验，也是中国共产党的政治智慧。

基于历史方位，"十四五"规划服务于新时代新的发展需要。党的十九大报告指出："经过长期努力，中国特色社会主义进入了新时代，这是我国发展新的历史方位。"新时代到来的标志主要体现在以下几方面：一是中国特色社会主义进入新的发展阶段，无论是发展理念、方式，还是发展环境、条件，都有重大转变，发展水平和要求也变得更高；二是我国社会主要矛盾发生了重大历史性变化，已经由人民日益增长的物质文化需要同落后的社会生产之间的矛盾，转化为人民日益增长的美好生活需要和不平衡不充分的发展之间的矛盾；三是我国在国际上的地位有了显著提高，已经不再是国际秩序的被动接受者，而是积极的参与者、建设者，甚至是引领者。

进入新发展阶段，必须坚持质量第一、效益优先，切实转变发展方式，加快建设现代化产业体系，促进经济结构优化升级，让高质量发展成为新时代新阶段的主旋律。关键核心技术既是制约高质量发展的最大瓶颈，也是我们的最大隐患。新发展阶段是"日益接近质的飞跃的量的积累和发展变化的过程"[①]。

---

① 习近平.深入学习坚决贯彻党的十九届五中全会精神 确保全面建设社会主义现代化国家开好局[N].人民日报，2021-01-12.

也就是说，新发展阶段是接近质的飞跃的量变过程，而不是质变本身，需要落实诸多举措促成量变到质变。① 坚持创新在我国现代化建设全局中的核心地位，把科技自立自强作为国家发展的战略支撑；坚持走中国特色自主创新发展道路，面向世界科技前沿、面向经济主战场、面向国家重大需求、面向人民生命健康，打好关键核心技术攻坚战，以科技创新催生新发展动能、增强国家核心竞争力。

（二）国内与国际：胸怀两个大局

"十四五"时期，我国面临着世界百年未有之大变局和国内社会主要矛盾的变化。就国际而言：随着全球范围开放进程的推进，中国与世界更加密切地联系在一起，在享受全球化共享发展成果的同时，不可避免存在着新工业革命、逆全球化潮流、民粹主义、全球治理困局、中美经贸冲突加剧等变化，特别是美国的蓄意打压，使得过去中美关系这个对外关系的"压舱石"出现问题，外部环境趋于恶化。就国内而言：一方面，社会主要矛盾转化给高质量发展提出新要求；另一方面，新常态下经济增速的趋缓，周期性因素和长期体制性、结构性问题的积累，构成了"十四五"期间的主要发展风险。同时，任何一个领域、一个方面的问题，都有可能带来全局性的影响，进而引发系统性关联，改革进入前所未有的"深水区""攻坚期"，遇到的很多问题都是中长期的，必须从持久战的角度认识国内国际形势的应对策略，做好长期的思想准备和工作准备。

为回应外部环境恶化、国内风险积累以及人民对美好生活的新诉求，"十四五"时期经济社会发展的战略重点应致力于"创新、开放、分配、法治"，一方面提升国家核心竞争力，另一方面推动国家治理现代化。从经济基础与上层建筑两方面实现新时代的高质量发展，为我国未来发展赢得更长的战略机遇，为迈向全面现代化开好局。

（三）理论与实践：书写伟大的发展奇迹

人民群众是历史的创造者，是社会真正的主人，是他们创造并不断开创了历史。人民至上、生命至上，是中国共产党人的根本政治立场、价值立场的鲜明体现，是推动经济社会发展的出发点和落脚点，是我们必须始终遵循的基本发展规律。历史与现实都告诉我们，必须坚持中国共产党的集中统一领导，尤

---

① 李景治. 准确把握"新发展阶段"的历史方位和科学内涵[J]. 学术界，2021（5）：5-13.

其是在推动经济社会发展,在面临国内外环境复杂严峻的考验时,"只要毫不动摇坚持和加强党的全面领导,不断增强党的政治领导力、思想引领力、群众组织力、社会号召力,永远保持党同人民群众的血肉联系,我们就一定能形成强大合力,从容应对各种复杂局面和风险挑战"①。"十四五"规划在编制过程中,坚持问计于民,通过线上调查和线下调研等多种途径了解社情民意,坚持人民至上的理念,有利于充分发挥人民群众的聪明才智,将风险挑战消灭化解在最初环节。党和人们始终在一起迎接挑战,攻坚克难。新冠肺炎疫情暴发以来,中国人民以前所未有的团结精神展现出了强大的力量,很多人冲锋陷阵、向险而行,尤其是党员干部积极主动响应上级号召,做身先士卒的好表率。② 大多数普通人以默默坚守的方式为抗疫出力,众多党员以"我是党员我先上"的勇气成为社会防疫的最强音。

二、贯彻新发展理念,扎实推动共同富裕

新发展理念作用于经济、政治、文化、社会和生态文明五大建设"总布局",是解决和处理好社会主要矛盾的"总布局""指挥棒"。发展理念是发展行动的先导。习近平总书记强调:"新时代新阶段的发展必须贯彻新发展理念,必须是高质量发展。"③ 新发展理念明确了我国现代化建设的指导原则,坚持了问题导向,回应了社会关切,深刻回答了新时代中国实现什么样的发展、怎样实现发展这个重大问题,是我们党对经济社会发展规律认识的深化,是马克思主义政治经济学的最新理论成果,是我国在新发展阶段谋划和推动发展的根本遵循与行动指南,也是用好重要战略机遇期,在发展中赢得优势、赢得主动的重要法宝。新时代新阶段的发展,必须是能够很好满足人民日益增长的美好生活需要的发展,是体现新发展理念的发展,是创新成为第一动力、协调成为内生特点、绿色成为普遍形态、开放成为必由之路、共享成为根本目的的发展。新发展理念的五个方面及其整体作用过程,统一于"五位一体"的总体布局之中,成就于中国特色社会主义现代化国家建设和中华民族伟大复兴的历史

---

① 习近平. 在全国抗击新冠肺炎疫情表彰大会上的讲话[N]. 人民日报,2020-09-09.
② 吕红波,马代绍俊. 开启现代化国家新征程[M]. 北京:人民日报出版社,2021:296.
③ 习近平. 关于《中共中央关于制定国民经济和社会发展第十四个五年规划和二〇三五年远景目标的建议》的说明[N]. 人民日报,2020-11-04.

进程之中。

（一）坚持创新发展：引领发展的第一动力

"创新"重在立足科技创新、依托创新驱动、依靠创新人才、占据创新高地，形成更为完善的创新体制。我国坚决贯彻新发展理念，把创新置于新发展理念的首位和国家发展全局的核心位置，发布《国家创新驱动发展战略纲要》，加快实施创新驱动发展战略、科教兴国战略、人才强国战略。不断加大创新投入，深化创新改革，激发发展动力。把握好"面向世界科技前沿、面向经济主战场、面向国家重大需求、面向人民生命健康"这一战略方向，加快建设一批支撑高水平创新的基础设施和平台，完善基础研究投入逐年增长制度；完善创新引领的产业体系、竞争有序的市场体系、促进公平的收入分配体系、充分发挥市场决定性作用的经济体系，推动农业、制造业、服务业高质量发展；加快实现人的创造创新能力现代化，长期重视并加大基础研究投入。加快中国特色现代大学制度建设，扩大高校办学自主权，建立创新能力评估基础上的绩效拨款制度。改革科技管理制度，深化创新收益分配制度改革，制定实行以增加知识价值为导向的分配政策相关细则，推行科研课题经费包干制，提高间接费用和人员费用比例。倡导创新文化，创造优质人才环境与创新创业环境，打造有创造力的社会。完善面向 2035 年基本现代化的新型基础设施体系，完善数字化科技创新和智能化数字基础设施。目前，我国的科技创新取得重大突破，专利拥有量突破百万件，载人航天、探月工程、超级计算、量子通信等一批具有标志性意义的重大科技成果涌现。科技创新能力得到显著提升，科技创新格局发生历史性转变，科技发展由以"跟跑"为主迈入"跟跑、并跑、领跑"并存的新阶段，我国成为具有重要国际影响力的科技大国。创新主体由科研工作者向大众转变，大众创业、万众创新蔚然成风。科技创新与"双创"融合共进，汇聚起创新发展的磅礴力量。新旧动力有序转换，创新驱动后劲增强。新市场主体不断涌现，新要素、新产业、新模式蓬勃生长，创新对经济社会发展的支撑和引领作用日益凸显。[①]

---

① 李春华. 完整准确全面贯彻新发展理念［J］. 人民论坛，2021（7）：28-32.

> **时事链接**

神舟十二号载人飞船发射圆满成功

据中国载人航天工程办公室消息，北京时间2021年6月17日9时22分，搭载神舟十二号载人飞船的长征二号F遥十二运载火箭，在酒泉卫星发射中心准时点火发射，约573秒后，神舟十二号载人飞船与火箭成功分离，进入预定轨道，顺利将聂海胜、刘伯明、汤洪波3名航天员送入太空，飞行乘组状态良好，发射取得圆满成功。这是我国载人航天工程立项实施以来的第19次飞行任务，也是空间站阶段的首次载人飞行任务。飞船入轨后，将按照预定程序，与天和核心舱进行自主快速交会对接。组合体飞行期间，航天员将进驻天和核心舱，完成为期3个月的在轨驻留，开展机械臂操作、出舱活动等工作，验证航天员长期在轨驻留、再生生保等一系列关键技术。

目前，天和核心舱与天舟二号的组合体运行在约390 km的近圆对接轨道，状态良好，满足与神舟十二号交会对接的任务要求和航天员进驻条件。

——来源：人民网，2021年6月17日

（二）坚持协调发展：持续健康发展的内在要求

"协调"主要解决的是发展不平衡问题，着力实现区域之间、城乡之间、五大文明建设之间的统筹规划、协调发展，拓宽发展空间、深化持续发展，全面增强发展的可持续性。推进协调发展，经济结构持续优化。在新发展理念的引领下，协同发展不断释放新活力，供给侧结构性改革深入推进，新的产业结构与区域经济结构初步形成，发展质量和效益不断提升。工业产能利用率回升，行业供求矛盾缓解，经营状况好转，为制造业高质量发展奠定了基础。制造业稳步迈向价值链中高端，劳动力和资金向高技术产业和装备制造业等先进制造业转移的步伐加快。战略性新兴产业集聚壮大，新动能持续逆势增长。新产业、新业态、新商业模式的"三新经济"发展势头旺盛，对经济平稳运行发挥了重要作用。服务业主导和消费拉动经济增长的趋势日益显现，信息传输、软件和信息技术服务业保持较快增长。数字经济蓬勃发展，线上购物、直播带货、外卖等新消费模式表现抢眼，在线办公、在线教育、远程问诊等新消费需求持续旺盛。高铁、公路、桥梁、港口、机场等基础设施建设快速推进，高速公路、高速铁路里程位居世界第一。区域发展协调性增强，"一带一路"建设、京津冀协同发展、长江经济带发展成效显著。我国发展不平衡的问题正逐步得到解决。

（三）坚持绿色发展：永续发展的必要条件

"绿色"注重解决的是人与自然的和谐共生问题，旨在推动形成绿色发展方式和生活方式，坚持绿色富国、绿色惠民。在新发展理念的引领下，我国大力推进生态文明建设，"绿水青山就是金山银山"理念深入人心，生态文明建设成效显著，尤其体现着全党全国人民贯彻绿色发展理念的自觉性和主动性显著增强。我国积极建设生态文明，投入力度前所未有，全面加强生态环境整治，污染防治力度空前加大，环境状况得到明显改善，节能减排成效显著，资源利用率大幅提升；重大生态保护和修复工程进展顺利，森林覆盖率持续提高；积极应对气候变化国际合作，成为全球生态文明建设的重要参与者、贡献者、引领者。

推动绿色发展，对于推动美丽中国建设、实现中华民族伟大复兴的中国梦，具有十分重要的历史意义和现实意义。因此，需要加快形成生态文明制度体系，健全自然资源资产产权制度，健全国土空间规划体系，落实资源有偿使用制度，推动绿色生产和消费，倒逼技术水平低、产品附加值低、污染耗能高的企业转型，完善绿色发展考核指标体系，在推动高质量发展中逐步改善生态环境，切实践行绿水青山就是金山银山的理念。[①] 坚持绿色发展，让生态竞争力不断增强，重点解决当前生态文明建设领域存在的突出问题，解决好人民群众反映强烈的环境问题，通过绿色发展为人民守住绿水、青山和蓝天，形成人与自然和谐发展的现代化建设新格局。

（四）坚持开放发展：国家繁荣发展的必由之路

"开放"意在拓展对外开放视界，开创对外开放新局面，让经济开发程度不断提升，形成深度融合、互利合作的开放格局。习近平总书记强调："越是面对挑战，我们越是要遵循历史前进逻辑、顺应时代发展潮流、呼应人民群众期待，在更加开放的条件下实现更高质量的发展。"[②] 当前，我国全方位、多层次、宽领域的开放格局基本形成，持续扩大对外开放，"一带一路"建设不断走深、走

---

① 张军扩，龙海波. 把发展理念贯穿发展全过程、各领域［N］. 人民日报，2020-10-14.
② 习近平. 在浦东开发开放30周年庆祝大会上的讲话［N］. 人民日报，2020-11-13.

实,对外贸易、对外投资、外汇储备位居世界前列,外贸发展稳中提质,货物贸易进出口总值位居世界第一。我国积极、深入参与全球治理进程,《中华人民共和国外商投资法》成为我国对标国际,建设更高水平开放型经济的重大制度性成果,在全球经济制度建设中不断贡献中国智慧、中国方略。要大力提高对外开放的质量和发展的内外联动性,不断促进物质、能量、人员、信息等双向流动,注重发展内外联动,形成中国与世界深度融合的互利合作格局。

时事链接

中老铁路为"一带一路"贡献铁的力量

从中国铁路昆明局集团获悉,中老铁路中国段玉溪至磨憨铁路进入静态验收阶段,这标志着主体工程建设基本完成,距离今年底开通运营更近了一步。

中老铁路作为共建"一带一路"倡议的战略对接项目,设计全长1 000多公里,中国段正线全长508.53公里。自2016年12月开工建设以来,上万名铁路建设者用坚毅、实干、笃定、创新的品格,克服诸多难题于6月初实现了全线167座隧道的全部贯通,为中老铁路的如期通车奠定了坚实基础,这既是中国铁路基建实力和奋斗精神的双重展现,同时也是中国铁路落实"交通强国 铁路先行"使命担当的具体体现。

——来源:高铁网,2021年7月18日

(五)坚持共享发展:中国特色社会主义的本质要求

"共享"注重解决社会公平正义问题,让广大人民群众共享改革发展成果,不断改善人民生活,保持社会大局稳定。在"十四五"时期,我国要改善人民生活品质,让人民群众的获得感不断增强。习近平指出:"我们要着力提升发展质量和效益,更好满足人民多方面日益增长的需要,更好促进人的全面发展、全体人民共同富裕。"[1] 健全基本公共服务体系,发展更加公平更有质量的教育,实现更高质量就业,全面推进健康中国建设,建立更加公平更可持续的社会保障制度,努力缩小收入差距,扎实推进共同富裕。重点推进城乡基本公共服务均等化,特别是加快推进全国城乡统一的居民医保制度和基本养老保险建设,加快推动城乡公共事业基础设施与公共服务设施统一标准与一体化建设,到

---

[1] 习近平. 治国理政(第三卷)[M]. 北京:外文出版社,2020:133.

2035年基本实现全国城乡基本公共均等化、可及化。在新发展理念的引领下，深入贯彻以人民为中心的发展思想，一大批惠民举措落地，人民生活水平显著提高。居民收入保持较快增长，城乡居民收入差距持续缩小，中等收入群体持续扩大。脱贫攻坚战取得了全面胜利，现行标准下9899万农村贫困人口全部脱贫。覆盖城乡居民的社会保障体系基本建立，人民健康和医疗卫生水平大幅提高。公共文化服务水平不断提高，文化事业和文化产业蓬勃发展，全民健身和竞技体育也得以快速发展。共享发展是以人的全面自由发展与权利保障为目标，全面完善满足人民对美好生活的向往与需要，是中国特色社会主义的本质要求，充分体现着为人民谋幸福、为民族谋复兴，这既是我们党领导现代化建设的出发点和落脚点，也是新发展理念的"根"和"魂"。

时事链接

习近平庄严宣告：我国脱贫攻坚战取得了全面胜利

习近平在全国脱贫攻坚总结表彰大会上发表重要讲话，庄严宣告，经过全党全国各族人民共同努力，在迎来中国共产党成立一百周年的重要时刻，我国脱贫攻坚战取得了全面胜利，现行标准下9899万农村贫困人口全部脱贫，832个贫困县全部摘帽，12.8万个贫困村全部出列，区域性整体贫困得到解决，完成了消除绝对贫困的艰巨任务，创造了又一个彪炳史册的人间奇迹！这是中国人民的伟大光荣，是中国共产党的伟大光荣，是中华民族的伟大光荣！

——来源：《中国青年报》，2021年2月25日

三、构建新发展格局，立足"双循环战略"

在"十四五"时期，除了要全面贯彻创新、协调、绿色、开放、共享的新发展理念，还需要加快构建以国内大循环为主体、国内国际双循环相互促进的新发展格局。构建新发展格局是对"十四五"时期和未来更长时期我国经济发展战略、路径作出的重大调整与完善，是把握发展主动权的先手棋，是一项全局性大战略、深层次大变革、系统性大举措，明确了我国经济现代化的路径选择。2020年4月10日，习近平总书记在中央财经委员会第七次会议上首次提出"构建以国内大循环为主体、国内国际双循环相互促进的新发展格局"这一重大命题。加快形成新发展格局，需要坚持扩大内需这个战略基点，同时形成国内

国际双循环的良性互动。

（一）坚持扩大内需，以国内大循环为主体

2020年以来，在新冠肺炎疫情的冲击下，我国不仅面临着世界经济衰退、国际贸易和投资大幅收缩、国际金融市场动荡等负面影响，而且也面临更大程度的逆全球化思潮。为了维护我国经济发展和社会稳定，要从扩大内需上找到破解方案。"十四五"时期，需要加快构建完整的内需体系，稳步扩大中等收入群体规模，稳就业、保民生。以国内大循环为主体并不是一个单纯的可以量化的概念，而是强调在外部不确定性风险增加的情况下，需要把国内的事情办好，通过打通国内经济循环，形成强大的国内市场，带动产业提升和经济高质量发展。因此，以国内大循环为主体不仅仅是简单的数量对比关系，更是指一个国家对社会生产过程具有较强的主导权和控制力。从国际上看，主要大国经济体都是以国内循环为主体，国际循环只是国内循环的延伸和补充。比如，美国、德国、日本等大型经济体都是以国内经济循环为主体，其国内需求对GDP（国内生产总值）的贡献率都在70%以上，产业结构以知识技术密集型为主导，产业分工以研发设计、高端制造和品牌运营为主，对产业链的关键环节控制力较强。

实施"十四五"规划、构建新发展格局的过程中，是以国内大循环为主体，释放国内需求潜力，构建高水平社会主义市场经济体制，提高国民经济循环效能。需要加快培育完整内需体系，把实施扩大内需战略同深化供给侧结构性改革有机结合起来，以创新驱动、高质量供给引领和创造新需求。要依托强大国内市场，贯通生产、分配、流通、消费各环节，打破行业垄断和地方保护，形成国民经济良性循环。要立足国内大循环，发挥比较优势，协同推进强大国内市场和贸易强国建设，以国内大循环吸引全球资源要素，充分利用国内国际两个市场两种资源，积极促进内需和外需、进口和出口、引进外资和对外投资协调发展。要增强消费对经济发展的基础性作用，顺应消费升级趋势，提升传统消费，培育新型消费，适当增加公共消费。

（二）坚持双向开放，推动国内国际双循环

构建新发展格局，是在内外部环境发生重大改变的条件下，是对过去长期坚持的经济发展战略作出的重大修正。全球化背景下，任何国家和地区的经济活动都不可能脱离世界市场，完全封闭起来运行。国内循环与国际循环相互依存、不可分割。面对新冠肺炎疫情带来的巨大冲击，有些地方的保护主义、单边主义抬头，国际环境存在诸多不利因素，但中国对外开放的节奏和步伐并未停止。《海南自由贸易港建设总体方案》正式印发，外商投资准入负面清单进一步缩减等一系列举措，展现了中国全面扩大开放的坚定决心。畅通国内大循环、促进国内国际双循环，需要全面促进消费、培育完整内需体系、优化投资结构、拓展投资空间，从而形成强大国内市场，形成国民经济良性循环。同时推动国内市场与国际市场更好联通，更好利用国际国内两个市场、两种资源，实现更加强劲、可持续的发展，努力形成我国经济与世界经济相互依存、互利共赢的融合关系。构建高水平开放体系，全面实施外商投资准入前国民待遇加负面清单管理制度，发展外贸新业态、新模式，构建国际经贸合作新格局，加强多双边经贸合作。建立支撑双循环的体制机制和改革体系，促进土地、人才、技术、数据等要素自主有序流动，同时完善宏观调控体系等。我国早已深度融入经济全球化和国际分工体系，国内大循环离不开国际产业链、供应链的配合，产业技术进步同样离不开参与国际合作和竞争，封闭起来只会拉大与国际先进水平的差距。

因此，在全球化背景下，经济大循环主要是指一个国家和地区通过发挥自身比较优势，参与国际分工和合作，实现经济发展的一个过程，必然包含于全球地域空间范围内各环节、各领域、各层次的国际循环。比如，在改革开放后相当长的一段时期，我国发挥劳动力丰富、成本低的优势，通过设立经济特区和经济技术开发区等方式，积极引进外资、先进技术和管理经验，承接国际产业转移，参与全球经济分工与合作，形成了资源和市场"两头在外"、大进大出的国际大循环格局，成为"世界工厂"，有力促进了经济快速发展。国内国际双循环相互促进意味着国内生产和国际生产、内需和外需、引进外资和对外投资等协调发展，国际收支基本平衡，形成相得益彰、相辅相成、取长补短的关系。通过强化开放合作，更加紧密同世界经济联系互动。加快自贸区和海南自由贸易港建设，着力提升产业链发展水平。不断加强工业基础能力，培育发展新的产业集群，着力提升国际竞争能力，推动全球创新成果在国内孵化和应用，促进产业链迈向全球价值链中高端水平。重点处理好供给和需求、国内和国际、自主和开放、发展和安全等重要关系，立足国内大循环，发挥比较优势，充分利用两个市场、两种资源，畅通生产、分配、流通、消费各环节的循环，同时积极创新参与国际分工与合作的方式，扩大对外开放，营造优良营商环境，深度融入全球经济，不断拓展经济发展新空间。积极推动共建"一带一路"，以贸易、投资、金融等领域合作为依托，以推进重大项目合作为突破，以互惠互利为基础，促进中国与发达国家双向贸易、投资和第三方市场合作。加强与欧盟、俄罗斯、日本及周边国家、非洲和南美国家的务实合作，共同做大经济贸易蛋糕。全面落实外资准入负面清单和鼓励外商投资产业目录，抓紧制定外商投资法有关配套法规，落实外资企业同等待遇，切实保护在华外资企业合法权益，鼓励外资企业在华深耕发展。坚决反对以邻为壑的保护主义，积极参与构建互利共赢的全球价值链，维护全球产业链和供应链稳定，坚定不移支持全球贸易投资自由化便利化。积极参与国际经贸组织改革，提出世贸组织改革中国方案，促进国际经济秩序朝着平等公正、合作共赢的方向发展。更加有效实施宏观经济政策协调，加强与各国政策部门的沟通交流，创造正面外溢效应。

四、推动高质量发展，确保发展行稳致远

推动高质量发展是做好经济工作的根本要求，新发展理念是管全局、管根本、管长远的导向。习近平总书记强调："高质量发展就是体现新发展理念的发展，是经济发展从'有没有'转向'好不好'。"① 新时代开启新征程，只有以推动高质量发展为主题，把新发展理念贯穿发展全过程和各领域，把注意力集中到解决各种不平衡不充分的问题上，着力抓重点、补短板、强弱项。坚持问题导向、目标导向、结果导向，才能破解发展难题、增强发展动力、厚植发展优势，才能扎实推进高质量发展。需要以深化供给侧结构性改革为主线，坚持质量第一、效益优先，切实转变发展方式，推动质量变革、效率变革、动力变革，使发展成果更好惠及全体人民，实现更高质量、更有效率、更加公平、更为安全的发展，不断实现人民对美好生活的向往。

（一）实现更高质量发展，以深化供给侧结构性改革为主线

坚持质量第一、效益优先，以供给侧结构性改革为主线，推动质量变革、

---

① 习近平：坚持新发展理念打好"三大攻坚战"奋力谱写新时代湖北发展新篇章[EB/OL].新华网，2018-4-28.

效率变革、动能变革，不断提高供给质量。过去主要是依靠要素投入、规模扩张、忽视质量效益的粗放式增长方式，出现了产能过剩、产品库存堆积、杠杆增加、效益低下、竞争力不足等问题，同时受多种因素影响，我国的供给结构未能随之同步调整，需求变了，供给的产品却没有变，质量、服务跟不上需求升级。针对这些问题，"十四五"期间要深化供给侧结构性改革，坚持"巩固、增强、提升、畅通"八字方针，立足办好自己的事，围绕补齐产业链、供应链等短板，采取有针对性的措施，大力发展实体经济，促进经济高质量发展。供给和需求是市场经济的两个基本方面，二者既对立，又统一。供给侧结构性改革的最终目的是满足需求，供给决定着需求的对象、方式、结构和水平，是满足需求的前提和基础；而需求又反过来引导供给，为供给创造动力，没有需求，供给就无从实现。马克思主义政治经济学非常重视供给和需求的关系，马克思在《资本论》中指出，商品到货币的过程是"惊险的跳跃"，"这个跳跃如果不成功，摔坏的不是商品，但一定是商品占有者"[1]。同时"商品在能够作为价值实现以前，必须证明自己是使用价值，因为耗费在商品上的人类劳动，只有耗费在对别人有用的形式上，才能算数。但是，这种劳动对别人是否有用，它的产品是否能够满足别人的需要，只有在商品交换中才能得到证明。"[2] 维护供给与需求之间的动态平衡至关重要，可以看到，在我国已经全面建成小康社会、向社会主义现代化强国迈进的过程中，人们的需求已从生存型、数量型转向享受型、质量型，对于优质、安全、绿色、高端个性化产品和服务的需求越来越多。因此，供给侧结构性改革的目的非常明确，就是要满足各类不断升级的需求，根据市场需求的变化调整，不断提高供给体系的质量和效率。要继续深化金融供给侧结构性改革，以有效投资补短板、扩内需、惠民生。培育壮大国内市场，激发居民消费潜力，发展消费新业态新模式。继续加大农村脱贫攻坚、城镇老旧小区改造等投资力度，重点支持交通基础设施、新能源项目与生态环保项目等，大力推进5G网络部署，加快5G商用步伐，加强人工智能、工业互联网、物联网等新型基础设施建设。

---

[1] 马克思. 资本论：第一卷［M］. 中共中央马克思恩格斯列宁斯大林著作编译局，译. 北京：人民出版社，2004：127.
[2] 马克思. 资本论：第一卷［M］. 中共中央马克思恩格斯列宁斯大林著作编译局，译. 北京：人民出版社，2004：105.

(二)促成更高效率提升，以改革创新为根本动力

在"十四五"期间，我国将基本形成现代化经济体系，这个体系既是我国经济健康、持续、高质量发展的题中应有之义，更是实现 2035 年远景目标、全面建设社会主义现代化国家的必要前提。坚持深层次改革，打破部门分割地区封锁、行业垄断等，加强各层级、各部门间的政策协同，加快建设统一开放、竞争有效的高标准市场体系，积极构建公平竞争的市场秩序，充分发挥市场作用、更好发挥政府宏观调控作用。充分实现劳动、资本、土地、知识、技术、管理、数据等生产要素自主流动、高效公平配置，全方位推动现代产业体系的建设，优化产业结构，实现多元平衡、安全高效的全面开放，加大力度提升经济发展层次与水平。同时，打通生产、分配、流通、消费各个环节内部之间的阻碍，消除制度、技术、成本等方面的制约因素，营造高效、透明的营商环境，吸引更多的人才、资本、技术等要素以及企业、产业等集聚。在"十四五"期间，我国将建成包括创新引领、协同发展的产业体系。逐步构建起资源节约、环境友好的绿色发展体系，尤其是发展绿色循环低碳产业，促成可持续发展，淘汰落后产能。加快"僵尸型"企业出清，提高生产要素配置效率。加快建设科技强国，坚持创新在我国现代化建设全局中的核心地位，把科技自立自强作为国家发展的战略支撑。① 大力破除一切制约科技创新的思想障碍和制度藩篱，加大知识产权保护力度，激发各类主体创造活力，提升市场主体的创新积极性。

(三)实现更加公平的治理，完善社会共建共治共享机制

发展首先要解决为谁发展、依靠谁发展、发展成果由谁享有这个根本性问题。高质量发展一定是深受人们认可的发展，以满足人民日益增长的美好生活需要为根本目的，注重解决社会公平正义问题，强调"人人参与、人人尽力、人人享有"。因此，在"十四五"时期的发展实践中，我们必须坚决摒弃与党的根本宗旨相违背的、危害和损害人民利益的发展模式，切实把以人民为中心的发展思想贯彻落实到各项决策部署和实际工作中去，做到发展为了人民、发展依靠人民、发展成果由人民共享。以新发展理念推动地区差距、城乡差距、收

---

① 王昌林. 以推动高质量发展为主题[N]. 人民日报，2020-11-17.

入差距等问题的解决，不断满足人民日益增长的美好生活需要，不断增强人民群众的获得感、幸福感、安全感，推动社会的全面进步和人的全面发展。提升人民生活品质，集中体现在公共服务的充足优质供给方面，健全基本公共服务体系，满足人民群众对高质量教育、高质量就业、多支柱养老、全周期健康服务等方面的美好生活需求，促进公平的收入分配体系，关注乡村建设，构建协调联动的城乡区域发展体系。同时注意到，法治作为新时代人民对美好生活的新诉求，是"发挥市场的决定性作用、更好发挥政府作用"的制度保障，是国家治理现代化不可或缺的重要方面，亦是把我国制度优势转化为国家治理效能的题中之义。要推动完善共建共治共享的社会治理制度，最大限度地凝聚社会共识，完善群众参与基层社会治理的制度化渠道；完善正确处理人民内部矛盾有效机制，形成实现中华民族伟大复兴的磅礴动力；完善政府购买公共服务制度，大力推广运用政府与社会合作的 PPP 模式，推进公共服务供给的多元化，建立多元化、社会化、制度化、法治化的政府购买公共服务制度。[①]

（四）营造更为安全的发展环境，统筹发展和安全

坚持统筹发展和安全，增强机遇意识和风险意识，做到居安思危，是我们党治国理政的一个重要原则。"十四五"时期和未来更长时期，将是我国各类矛盾和风险的易发期，各种可以预见和难以预见的风险因素会明显增多。应对这些复杂的环境，要善于运用法治成果夯实国家安全的实力基础，还要善于塑造有利于经济社会发展的安全环境，实现发展与安全互为条件，彼此支撑。在危机中育新机、于变局中开新局。要树立底线思维，提升解决和处理社会主要矛盾的主导意识。要坚持总体国家安全观，实施国家安全战略，把安全发展贯穿国家发展各领域和全过程，防范和化解影响我国现代化进程中的各种风险，筑牢国家安全屏障。以人民安全为宗旨，以政治安全为根本，加强国家安全体系和能力建设。同时，要意识到发展是解决我国一切问题的基础和关键，需要不断增强我国的经济实力、科技实力、综合国力，筑牢国家繁荣富强、人民幸福安康、社会和谐稳定的物质基础，为实现高水平、高层次的安全提供牢固的基础和条件。

---

① 李军鹏. 国家治理体系现代化视域下的现代政府建设 [J]. 中共天津市委党校学报，2015，17 (2)：58-68.

第三节　坚定必胜信心　奋力夺取新胜利

百年征程波澜壮阔，百年初心历久弥坚。在中国共产党领导下，中国人民在社会主义道路上实现了一个又一个伟大飞跃，取得了举世瞩目的伟大成就。今天，我们比历史上任何时期都更接近中华民族伟大复兴的目标，我们完全有信心、有底气、有能力实现十九届五中全会谋划的宏伟蓝图，夺取全面建设社会主义现代化国家新胜利。

一、制度护航：党的领导制度优势

回首过去，中国创造了经济快速发展、社会长期稳定的"两大奇迹"，要归功于我国国家制度与国家治理体系的显著优势。简言之，"中国之治"离不开"中国之制"。党的十八大以来，我们党把制度建设摆到更加突出的位置，将制度优势转化为治理效能，国家治理体系和治理能力现代化加快推进，我国社会主义制度优势进一步彰显。坚持党的领导，党的领导的制度体系在中国特色社会主义制度体系中有着重要地位。正是有了党科学执政、民主执政、依法执政，才能促成中国一个又一个的新面貌、新目标的出现和完成。

（一）党的全面领导是中国发展的核心优势

按照党的十九届五中全会部署，在"十四五"期间，我们党将逐步建成不忘初心、牢记使命等各方面的制度，以此保证党的领导的正确方向，以党的领导保证党的使命的实现。中国特色社会主义最本质的特征是中国共产党领导，中国特色社会主义制度的最大优势是中国共产党领导。实践证明，只有中国共产党才是社会主义现代化的领导核心，才能团结带领全国各族人民制定和实施正确的发展战略。党的十八大以来，以习近平同志为核心的党中央以强烈的历史担当和责任使命，引领推进中国特色社会主义进入新时代，党和国家事业取得全方位开创性的历史性成就。站在"两个一百年"的历史交汇点，我们要坚持和加强党的全面领导，以习近平新时代中国特色社会主义思想为指导，不断完善党的领导方式和执政方式，提高党的执政能力和领导水平，切实增强党把方向、谋大局、定政策、促改革的能力和定力，切实有效发挥好党的领导这一

"最大优势"，谱写新时代中国特色社会主义的精彩华章。推动全党增强"四个意识"、坚定"四个自信"，做到"两个维护"；健全党的全面领导制度，形成坚定维护党中央权威和集中统一领导的各项制度，完善党领导人大、政府、政协、监察机关、审判机关、检察机关、武装力量、人民团体、企事业单位、基层群众自治组织等制度；健全提高党的执政能力和领导水平制度，发挥党组织的战斗堡垒作用和党员的先锋模范作用；坚持民主集中制，改进党的领导方式和执政方式，完善担当作为的激励机制，提高各级领导干部领导经济社会发展的能力，使党始终成为中国特色社会主义事业的坚强领导核心。在新冠疫情这一罕见的重大公共卫生危机事件面前，我们党充分发挥集中力量办大事，有效促进民族团结，在疫情暴发初期及时控制病原的传播和蔓延，很快完成了高效的防疫部署，建立起了成熟的疫情防控工作体系，取得了令世人瞩目的抗疫成绩，进而迅速有序地复工复产，保持经济社会及人民生活的稳定健康发展，再次向世界展示了中国特色社会主义制度及中国共产党执政的比较优势，同时也为"十四五"规划扫清了公共卫生领域的障碍，提供了人心向善求稳、珍惜关爱生命的和谐人文环境。

（二）以人民为中心是我们党的初心

让人民过上好日子是我们党一切工作的出发点和落脚点。人民群众是历史的创造者，要完善坚持为人民执政、靠人民执政的制度体系，切实做到尊重民意、汇集民智、凝聚民力、改善民生。党的十九届五中全会指出，"十四五"时期经济社会发展必须遵循以人民为中心的原则。为适应人民平等参与、平等发展权利得到充分保障的要求，坚持和完善人民当家作主制度体系，包括坚持和完善人民代表大会制度这一根本政治制度，坚持和完善中国共产党领导的多党合作和政治协商制度，巩固和发展最广泛的爱国统一战线。坚持和完善民族区域自治制度，健全充满活力的基层群众自治制度。完善民意吸纳制度，更好吸纳民意，形成良善的现代社会治理格局。赋权民众、增加民众治理能力，有力保证人民主人翁地位。同时，大力推进中国特色社会主义法治体系建设，推进中国特色社会主义行政体制建设，构建职责明确、依法行政的政府治理体系。法治也是公民维护权利、捍卫自由、实现正义的工具，同时要优化决策模式，充分发挥民主集中制的积极作用，扩大制度化的公民参与度。

二、精神力量：前进道路的思想动力

掌握马克思主义基本理论这个看家本领，要发扬"敢于斗争、敢于胜利"这个共产党人具备的鲜明的政治品格，在触及核心利益和重大原则的风险挑战时，必须勇于亮剑，在矛盾冲突中坚决斗争。要做战士和斗士，决不作逃兵，决不动摇，始终以"我是党员我先上"的精神状态打好未来发展道路上所遇到的种种"攻坚战""遭遇战"等，并不断提高驾驭现代经济、政治、社会、科技和管理等方面的能力，让自己更有底气、更有力量应对各种实践难题。

（一）从百年奋斗史中汲取精神滋养，以新的精神状态开启征程

党和国家多年来的发展成就来之不易、振奋人心，我们必须更加自觉地用习近平新时代中国特色社会主义思想指导实践。回首党的百年征程，70多年前，正是在中国共产党的带领下，中华民族推翻了压在身上的三座大山，成立了中华人民共和国，开启了社会主义建设的伟大征程。40多年前，中国共产党团结带领全国各族人民走改革开放的道路，开辟了中国特色社会主义道路，迎来了从站起来、富起来到强起来的伟大飞跃。进入新时代，我们要紧密团结在以习近平同志为核心的党中央周围，砥砺初心使命，奋力向前迈进。党的十九届四中全会以来，我们遇到的困难之大前所未有、面临的形势之复杂前所未有、改革发展稳定的任务之重前所未有。以习近平同志为核心的党中央以大格局审视大变局、以大气魄应对大挑战，努力应对世界百年未有之大变局，掌握了发展主动权，党中央及时确立构建新发展格局的新航向、筑牢经济发展的"压舱石"，"六稳""六保"稳住了阵脚、保住了基本盘，扩大内需战略促进了投资和消费快速恢复，同百年不遇的疫情灾情作斗争，赢得了重大战略成果。我国用最短时间遏制了疫情大面积蔓延，治愈率和疫苗研发世界领先。

回顾我们的党史、新中国史、改革开放史、社会主义发展史，从来都不是一帆风顺的，但我们创造并将继续创造发展奇迹，根本原因是有我们党的坚强领导、正确的道路、科学的理论、优越的制度和先进的文化作为支撑和保障。"十四五"时期，我们要继续从党的百年奋斗中汲取养分，坚持和加强党的全面领导，从容应对，推进伟大的自我革命，实干苦干奋发有为。习近平新时代中

国特色社会主义思想是我们党的行动指南,在学懂弄通做实习近平新时代中国特色社会主义思想上持续下功夫,坚定理念信念,牢记初心使命,加强党性锻炼,在任何时候任何情况下,都要和党中央保持高度一致。①

时事链接

人民日报:一鼓作气,开启新征程

人无精神则不立,国无精神则不强。习近平总书记强调,唯有精神上站得住、站得稳,一个民族才能在历史洪流中屹立不倒、挺立潮头。2021年是我国现代化建设进程中具有特殊重要性的一年,也是建党100周年。立志千秋伟业,百年大党恰风华正茂;屹立世界东方,中国人民正意气风发。眼下,"十三五"规划圆满收官,全面建成小康社会胜利在望,中华民族伟大复兴向前迈出了新的一大步。新征程召唤新的奋斗。当此之际,最需要激发精神的力量、坚定必胜的信心,以一往无前的奋斗姿态、风雨无阻的精神状态接续前行。2021年,我们要再接再厉、一鼓作气,要迈好第一步,见到新气象,确保"十四五"开好局,以优异成绩庆祝建党100周年。

——来源:《人民日报》,2021年1月4日

(二)发挥科技第一生产力作用,弘扬以改革创新为核心的时代精神

创新是引领发展的第一动力,科技创新对我国经济社会发展的支撑和引领作用日益增强,当前的中国面临诸多重大科技瓶颈,必须坚定不移贯彻新发展理念。《建议》第一次提出"坚持创新在我国现代化建设全局中的核心地位,把科技自立自强作为国家发展的战略支撑"② 的任务。在"十四五"时期,弘扬以改革创新为核心的时代精神,走创新驱动发展之路,更多依靠科技进步和全面创新,充分发挥科技第一生产力作用,加快关键核心技术攻关,才能下好先手棋,才能牢牢掌握发展的主动权,才能重塑我国国际合作和竞争新优势。因此,要加强基础研究和原始创新,巩固基础、增强底气,抓高端,促重大,不断取得重大原始创新突破。探索新时代科技创新举国体制新模式,政府与市场合作,

---

① 樊秀萍. 以新的精神状态开启新征程[N]. 学习时报, 2020-11-04.
② 习近平. 关于《中共中央关于制定国民经济和社会发展第十四个五年规划和二〇三五年远景目标的建议》的说明[N]. 人民日报, 2020-11-04.

建立以企业为主体的技术创新体系,提升企业技术创新能力,推动企业与科研机构产学研相结合,并建立创新链与产业链协同升级机制。

三、机遇优势:发展重要战略机遇期

(一)国际地位不断提高,话语权持续增强

进入21世纪以来,伴随着综合国力的不断增强,中国日益走近世界舞台的中央,在国际事务中扮演不可替代的角色,在国际治理体系中占据举足轻重的地位。中国牢记作为一个负责任大国应尽的责任和义务,在共商共建共享的全球治理观的指导下,积极参与全球治理体系改革和建设,向世界人民展现了身为发展中大国的担当精神。此外,中国打破了长久以来以美国为首的西方国家的话语权垄断,赢得了治理优势的话语权。中国恪守联合国宪章宗旨和原则,谨慎行使作为常任理事国的权力,在伊核问题、朝韩对峙等国际热点问题中表达公正客观的态度和建议,获得了多方支持。中方为解决全球治理问题贡献中国智慧和中国方案,提出一系列以"人类命运共同体""以合作共赢为核心的新型国际关系"为代表的具有中国特色的全球治理话语体系,充分反映了世界人民的共同利益,在世界范围内引起了巨大的反响并逐步被国际社会认可和接受。不断提高的国际地位和国际话语权,对"十四五"时期党和国家处理国与国关系及国际事务提供了广阔的施展本领的舞台和无限发展的可能。

时事链接

中国创新国际竞争力和全球地位快速上升

《博鳌亚洲论坛创新报告2020》昨天在北京发布。这是博鳌亚洲论坛围绕科技创新发布的首份专题报告。报告指出,亚洲特别是东亚正成为全球最具创新活力的区域之一。中国的国际竞争力和全球地位快速上升,是中等收入经济体中唯一进入"全球创新指数"前30的国家。

——来源:《北京日报》,2020年12月3日

(二)经济迈入高质量发展新阶段,内需潜力巨大

当前,我国经济已由高速增长阶段转向了高质量发展阶段。随着经济的快速发展、综合实力的稳步提高,我国正处于转变发展方式、转换增长动力、优

化经济结构的攻关期。恰逢新一轮科技革命与产业变革的到来，中国实现高质量发展的经济战略有了强大的战略引擎。中国及其他发展中国家享受到了新一轮科技革命和产业革命带来的新活力、提供的新机遇，有了与西方国家站在同一起跑线上竞赛的机会，甚至有了实现"弯道超车"的可能。同时，新一轮科技革命与产业变革不仅利于中国产业结构的转型升级，还带来了新的经济增长点，拉动了新的消费，新技术的开发和应用融合促成新产业的兴起，刺激了市场需求，给消费者带来新奇体验和巨大的消费内需。由此，我们需要抓住这一新机遇，促成中国在以5G、人工智能、大数据、物联网、云计算等科学技术为代表的各类新产业、新业态、新模式的顺利落成，有效应对挑战，掌握发展的主动权，挖掘出国内新一轮内需升级空间和潜力，为"十四五"时期形成开拓新格局的领先优势提供一定的条件。

顺势而为，向势发展。中国仍处于重要的战略机遇期，"十四五"规划的实施，必然对我国社会主义现代化建设产生历史性影响，必然使我国的经济社会发展水平、国家治理水平、现代化经济体系建设水平、科技创新水平跃上新的台阶，也必然会对2035年远景目标的实现产生积极作用。聚焦"十四五"，应对百年变局开新局，在迈向社会主义现代化强国战略目标的新征程中，高举习近平新时代中国特色社会主义思想伟大旗帜，保持战略定力，坚持发展目标与发展阶段相统一的原则，把制度顶层设计与摸石过河相结合，运用系统观念和新发展理念推进理论创新、实践创新与体制机制创新。[①] 贯彻落实好党的十九届五中全会精神、科学谋划好"十四五"发展战略和步骤，立足新发展阶段，贯彻新发展理念，构建新发展格局在新的起点上推动高质量发展；贯彻落实党的十九届五中全会精神，推动规划实现的过程必定是一个脚踏实地的奋斗过程、与时俱进的上升过程、改革创新的探索过程、薪火相传的接力过程，需要处于新时代的每一个人都奋发有为，创造高品质生活、实现高效能治理，使现代化建设走在前列。

---

① 王遐见，叶一鸣. 辩证看待"十四五"时期新机遇新挑战[J]. 观察与思考，2021（1）：58-66.

1. 如何推动经济高质量发展,确保经济发展行稳致远?
2. 新时代青年应该怎样建功"十四五"?

专题三

全面推进乡村振兴
助推民族复兴伟业

　　2020年，新时代脱贫攻坚目标任务如期完成，现行标准下农村贫困人口全部脱贫，贫困县全部摘帽，易地扶贫搬迁任务全面完成，消除了绝对贫困和区域性整体贫困，创造了人类减贫史上的奇迹。接下来，我们要实现巩固拓展脱贫攻坚成果同乡村振兴有效衔接。习近平总书记指出："脱贫摘帽不是终点，而是新生活、新奋斗的起点。解决发展不平衡不充分问题、缩小城乡区域发展差距、实现人的全面发展和全体人民共同富裕，仍然任重道远。"乡村振兴是实现中华民族伟大复兴的一项重大任务。从脱贫攻坚、乡村振兴到实现中华民族伟大复兴，中国共产党带领中国人民艰苦奋斗，一步一步向美好愿景靠近。新时代的青年应从先辈的手中接过接力棒，在创造大美乡村、大美中国的实践中有新作为。

第一节　愚公移山：脱贫攻坚换了人间

　　千年小康梦，百年奋斗圆。在迎来中国共产党成立100周年之际，如期夺取脱贫攻坚战全面胜利，历史性地解决了困扰中华民族几千年的绝对贫困问题，这是人类发展史上的伟大壮举，是我们党执政为民的生动写照。大力弘扬脱贫攻坚精神，初心不改再出发，续写人民幸福、国家富强、民族复兴的新篇章，是新征程上中国共产党人的崇高使命。

一、人民至上，打赢脱贫攻坚战

　　反贫困是当代人类社会面对的重要课题。贫困不仅影响着贫困者及其家庭的生存与发展,而且也影响社会公平以及共同富裕目标的实现。新中国成立以来,我国推进了大规模扶贫开发工作,使得8亿左右的贫困人口摆脱了贫困,为世界减贫事业作出了80%以上的贡献。经过全党全国各族人民共同努力,在迎来中国共产党成立一百周年的重要时刻,我国脱贫攻坚战取得了全面胜利,现行标准下9 899万农村贫困人口全部脱贫,832个贫困县全部摘帽,12.8万个贫困村全部出列,区域性整体贫困得到解决,完成了消除绝对贫困的艰巨任务,创造了又一个彪炳史册的人间奇迹![1]

(一) 中国脱贫,创造人间奇迹

新中国成立以来,我们党高度重视减贫扶贫,逐渐探索出一条符合中国国情的农村扶贫开发道路,为确保如期全面建成小康社会、实现第一个百年奋斗目标奠定坚实基础。党的十八大以来,以习近平同志为核心的党中央把扶贫开发工作纳入"五位一体"总体布局和"四个全面"战略布局,全面打响脱贫攻坚战。

脱贫攻坚战,战场在农村。2012年年末,我国农村贫困人口达9 899万人,主要分布在中西部的山区、少数民族地区和边疆地区。这些地区自然环境差、经济社会发展水平低、交通等基础设施严重不足,大大增加了脱贫攻坚的难度。2012年年底,党的十八大召开后不久,党中央就突出强调,"小康不小康,关键看老乡,关键看贫困的老乡能不能脱贫",承诺"决不能落下一个贫困地区、一个贫困群众",明确了到2020年我国现行标准下农村贫困人口实现脱贫、贫困县全部摘帽、解决区域性整体贫困的目标任务,拉开了新时代脱贫攻坚的序幕。

党的十八大以来,我国平均每年1 000多万人脱贫,相当于一个中等国家的人口脱贫。贫困人口收入水平显著提高,全部实现"两不愁三保障",脱贫群众不愁吃、不愁穿,义务教育、基本医疗、住房安全有保障,饮水安全也都有了保障。根据国家农村贫困监测调查,2020年国家贫困县农村居民人均可支配收入12 588元,党的十八大以来年均增长11.6%,高于全国农村居民2.3个百分点。贫困地区基本生产生活条件明显改善,贫困地区经济社会发展明显加快,贫困治理能力明显提升,提前10年实现《联合国2030年可持续发展议程》的减贫目标,为世界减贫事业贡献了中国智慧、中国力量和中国方案。

---

[1] 习近平. 在全国脱贫攻坚总结表彰大会上的讲话[EB/OL]. 共产党员网,2021-02-25.

纵览古今、环顾全球，没有哪一个国家能在这么短的时间内实现几亿人脱贫，没有哪一个政党能坚决地、持之以恒地全力推进脱贫攻坚。正是中国共产党的领导，把中国制度的显著优势落实到脱贫攻坚的方方面面，才有了这样的出色答卷，敢教日月换新天，从一个奇迹走向另一个奇迹。

（二）精准脱贫，书写高质量脱贫答卷

中国在扶贫攻坚工作中采取的重要举措，就是实施精准扶贫方略，找到"贫根"，对症下药，靶向治疗；精准发力，因户施策——下足"绣花"功夫，瞄准"靶心"发力。脱贫攻坚只有瞄准"靶心"，才能帮到点上、扶到根上。精准扶贫主要解决以下几个问题：一是解决好"扶持谁"的问题——开展建档立卡，用一年时间完成贫困识别，用两年时间开展"回头看"，用四年时间实行动态管理，识别准确率不断提高，建立起全国统一的扶贫信息系统，第一次实现贫困数据到村到户到人，摸清了贫困规模、致贫原因、发展需求，扣好了精准扶贫的"第一粒扣子"。二是解决好"谁来扶"的问题——选派驻村干部，2015年实现对贫困村全覆盖。全国累计选派300多万名县以上党政机关、国有企事业单位的优秀工作人员担任第一书记和驻村干部，每年保持近100万人在岗，打通了精准扶贫"最后一公里"。三是解决好"怎么扶"的问题——推进分类施策，根据贫困地区资源禀赋和贫困群众致贫原因帮扶需求，实施产业扶贫、就业扶贫、易地扶贫搬迁、生态扶贫、教育扶贫、健康扶贫、交通扶贫、水利扶贫、电力扶贫、网络扶贫、旅游扶贫和危房改造、兜底保障等措施，探索资产收益扶贫、电商扶贫新模式，把"精准"方略落到实处。四次解决好"如何退"的问题——建立贫困退出机制，明确贫困县、贫困村、贫困户退出的标准和程序，每年委托第三方进行专项抽查评估，开展国家脱贫攻坚普查，确保退出结果真实。

在精准扶贫、精准脱贫基本方略的统领下，社会各界、各行各业的力量都动员起来，一系列创新实践在各地蓬勃开展，众人拾柴汇聚起脱贫攻坚的磅礴伟力。随着人社部、国务院扶贫办启动"数字平台经济促就业助脱贫行动"，滴滴出行、美团等平台企业拿出一批外卖骑手、物流收派、仓库管理、理货打包等岗位，定向投放贫困地区。其中，接地气的生活服务业岗位，成为不少贫困地区青年人进城的新选择。来自甘肃庆阳的白玮就是获益的贫困户之一。来北京前，白玮家是国家建档立卡贫困户，如今他已在北京市朝阳区国贸片区做了三年骑手。有了就业支撑，白玮在河北涞水买了房子，并和爱人计划把女儿接到北京来上幼儿园。

从已有扶贫脱贫经验看，就业扶贫提升了贫困群众的自主脱贫能力，也是巩固扶贫脱贫成果、防止已脱贫人口返贫的最有效措施。《美团扶贫报告2020》数据显示，自2013年成立至2020年8月底，累计有900多万骑手在美团平台就业实现增收，经国务院扶贫办数据比对，其中吸纳的54.5万名建档立卡贫困劳动力均已实现脱贫。经过脱贫攻坚，我国贫困地区发生了一系列历史性、标志性、趋势性变化。贫困人口全部脱贫，贫困县全部摘帽，贫困群众获得感幸福感安全感显著增强，精神面貌焕然一新。"建档立卡贫困人口人均纯收入从2015年的2 982元增加到2020年的10 740元，年均增幅29.2%，比全国农民收入增速快20个百分点；工资性收入和生产经营性收入占比逐年上升，转移性收入占比逐年下降，自主脱贫能力稳步提高。"国务院扶贫办有关负责人说。①

（三）以人民为中心，擦亮脱贫攻坚底色

脱贫攻坚坚持以人民为中心，想人民所想，急人民所急。脱贫攻坚坚持服务人民群众，人民群众需要什么、期盼什么，脱贫攻坚工作就要干什么，将工作的重心落在正确的地方，工作的内容符合人民群众的"胃口"，切实解决人民群众最迫切的问题。打赢脱贫攻坚战不是大话，更不是口号，是要以实实在在的行动兑现对人民群众的承诺，做出成绩，让人民群众的问题真正得到解决。口号再响亮，标语再鲜明，人民群众的困难和问题没有得到有效的解决，人民群众也不会有幸福感。

习近平总书记在全国脱贫攻坚总结表彰大会上指出："我们始终坚定人民立场，强调消除贫困、改善民生、实现共同富裕是社会主义的本质要求，是我们党坚持全心全意为人民服务根本宗旨的重要体现，是党和政府的重大责任。"掷地有声的话语，彰显了以人民为中心的发展思想。

时光为尺，标注闯关夺隘的奋斗豪情；岁月为证，彰显人民至上的赤子之心。在地处武陵山区腹地的一口刀村，"举目皆是山，遍地都是石"。得益于土地入股、流转、经营的惠民政策，当地的困境一去不复返。在位于乌蒙山区的

---

① 书写高质量脱贫精彩答卷［EB/OL］.陕西法制网，2021-01-20.

保华镇奢旮村，过去一桶水经常被当做礼品，有人甚至到山上找野果充饥解渴。正是因为饮水安全工程的建设实施，村寨结束了人背马驮、望天吃水的历史。当云南滇西边陲山区苦聪人寨子里的辍学娃走进学校开始读书，当山东沂蒙山的农民把自己种的蜜桃卖到了6 000多公里之外的中东迪拜，当四川通江柳林村的贫困户在篱笆墙上写下"宁愿苦战，不愿苦熬"的八个大字……一项项心系民生、胸怀万家的政策举措，一个个扑下身子、甩开膀子的奋斗身影，让脱贫攻坚的成果既有物质的丰盈，也有精神的激发；让贫困群众不仅获得了生活的改善，更打开了进一步发展的可能。

脱贫攻坚工作发挥政府投入的主体和主导作用，宁肯少上几个大项目，也优先保障脱贫攻坚资金投入。8年来，中央、省、市县财政专项扶贫资金累计投入近1.6万亿元，其中中央财政累计投入6 601亿元。打响脱贫攻坚战以来，土地增减挂指标跨省域调剂和省域内流转资金4 400多亿元，扶贫小额信贷累计发放7 100多亿元，扶贫再贷款累计发放6 688亿元，金融精准扶贫贷款发放9.2万亿元，东部9省市共向扶贫协作地区投入财政援助和社会帮扶资金1 005亿多元，东部地区企业赴扶贫协作地区累计投资1万多亿元，等等。统筹整合使用财政涉农资金，强化扶贫资金监管，确保把钱用到刀刃上。真金白银的投入，为打赢脱贫攻坚战提供了强大资金保障。

"我们要坚持人民至上，只要是人民群众欢迎、咧嘴笑的事，再难也要干到底；只要是人民群众不高兴、撇嘴的事，就坚决不要干！"习近平总书记用这样朴实的语言诠释人民至上。也正是坚持以人民为中心，人民至上，脱贫攻坚成果才更好，更得民心。

二、脱贫摘帽，彰显党的领导

脱贫攻坚是党的初心的大彰显。中国共产党人的初心，就是为人民谋幸福，党为之奋斗的一切都是为了让老百姓过上好日子。党的百年奋斗史就是一部消除贫困的斗争史。新中国成立以来特别是改革开放以来，我们党带领人民持续向贫困宣战，人民生活水平实现历史性跨越。进入新时代，以习近平同志为核心的党中央郑重宣示，"让贫困人口和贫困地区同全国一道进入全面小康社会""小康路上一个都不能掉队！"人民在心、使命在肩，奋斗目标有多宏伟，党的初心就有多坚定。现在，回过头看就会更加清楚，中国脱贫为什么"行"，说到底还是根源于党的坚强有力领导,根源于党的为民造福初心,根源于党胸怀天下的担当。

(一) 根本保证:党的领导

思想是行动的先导,理论是实践的指南。脱贫攻坚伟大的思想引领力是党坚强领导力的首要体现。面对脱贫攻坚的艰巨任务,针对参差不齐的政策执行者和受益人,党中央用习近平总书记关于扶贫工作重要论述统一思想行动、凝聚智慧力量、促进合作共赢,通过明确脱贫攻坚的总目标、工作着力点和行动指南,指引脱贫攻坚的方向,体现了党在思想理论方面的巨大创新力、感召力和引领力。

坚持人民至上,指明脱贫攻坚的倒计时目标——确保到2020年农村贫困人口如期脱贫、贫困县全部摘帽、区域性整体贫困彻底解决。新中国成立以来,党中央持续向贫困宣战,向共同富裕奋进,但每轮攻坚下来,都会剩下3 000万左右当时标准下的贫困人口,贫困县也越扶越多,区域性整体贫困问题十分突出。如何及早整体消除绝对贫困,成为新时代中国共产党人面对的重要紧迫课题。在十八届中共中央政治局常委同中外记者见面会上,习近平总书记强调"人民对美好生活的向往就是我们的奋斗目标",表达了党矢志不渝改善民生、为民谋幸福的初心和忠心。此后不久,党中央就提出决不能让一个贫困地区、一个贫困群众在全面小康路上掉队,宣示了党脱贫攻坚的真心和诚心。党的十八届五中全会把"扶贫攻坚战"改为"脱贫攻坚战",并明确了到2020年历史性消除绝对贫困和区域性整体贫困的目标任务,表明了党决战决胜脱贫攻坚的信心和决心。在党的十九大报告、2018年新年贺词和2020年决战决胜脱贫攻坚座谈会讲话中,习近平总书记都反复强调2020年农村贫困人口全部脱贫的目标任务没有退路和弹性,展示了党坚决打赢脱贫攻坚战的恒心和专心。由此,打赢脱贫攻坚战成为坚持以人民为中心发展思想,促进人民共享发展成果、实现共同富裕的战略举措,成为展示中国特色社会主义制度优越性的重要窗口,成为新时代必须完成的重大政治任务。①

党的领导核心亲自指挥、亲自部署、亲自督战。脱贫攻坚战打响以来,习近平总书记作为党中央核心、全党核心,每年的新年贺词都有关于扶贫脱贫的

---

① 从脱贫攻坚全面胜利感悟党的坚强领导力[EB/OL]. 中国小康建设研究会,2021-05-11.

论述；每年新年第一次国内考察都是到贫困地区；每年的全国两会，与代表委员们交流讨论最多的是脱贫攻坚；每年的全国扶贫日，都要出席有关活动或作出指示批示；每年最少组织召开一次脱贫攻坚座谈会，指明下一阶段工作重点和要求；每年脱贫攻坚考核，都主持中央政治局常委会议和中央政治局会议，听取考核情况汇报，表扬先进，约谈落后，并授权党中央、国务院分管领导，约谈省委、省政府主要领导和分管领导。八年来，习近平总书记在脱贫攻坚上花的精力最多、下的功夫最大，平均每两个月就要调研一次扶贫工作，走遍了全国所有集中连片特困地区，并在重要场合、重大会议、关键时点为脱贫攻坚领航定盘，以钉钉子精神狠抓到底，推动脱贫攻坚始终沿着正确方向、保持良好态势笃定前行。

党中央强化中央统筹、省负总责、市县抓落实的工作机制，建立"五级书记抓扶贫、全党动员促攻坚"的脱贫攻坚组织体系。习近平总书记在2015年中央扶贫开发工作会议中谈到解决好"谁来扶"的问题时指出，"要加快形成中央统筹、省（自治区、直辖市）负总责、市（地）县抓落实的扶贫开发工作机制"，并对中央、省、市、县四级党委和政府职责分工作了具体划分，对中央和国家机关、军队和武警部队助推脱贫攻坚作出部署。此后《中共中央国务院关于打赢脱贫攻坚战的决定》再次强调了这一工作机制和职责分工，并提出"严格执行脱贫攻坚一把手负责制，省市县乡村五级书记一起抓"的要求。脱贫攻坚战打响后，各地各部门坚决执行中央决策部署，省市县乡村扶贫工作全部改成党政正职负责，中西部22省份党政一把手向中央签署责任书，层层立下军令状。与此同时，全面推行中央和国家机关、军队和武警部队、省市县乡干部包县包乡包村包户制度，建立东部省份结对帮扶中西部地区，中直、省直、市直部门帮扶深度贫困村机制，脱贫攻坚期内保持贫困县党政正职稳定，累计选派300余万名第一书记和驻村干部蹲点帮扶，累计整顿提升了3万多个贫困村党组织，为脱贫攻坚提供坚强的组织保证。

知识链接

五级书记是什么？

中国共产党的领导是中国脱贫攻坚最大的政治优势。"五级书记"是指省、市、县、乡四级党委书记和村党支部书记。脱贫攻坚是省市县乡村五级书记一起抓的一把手工程，是一项极其重大、极为严肃的政治任务。

中共中央决定，脱贫攻坚任务重的省区市的党政一把手签订脱贫攻坚责任书，向中央作出承诺，并且要层层落实责任，省市县乡村五级书记一起抓扶贫。同时，应充分发挥贫困地区和贫困人口作为脱贫攻坚主体的作用。贫困人口的脱贫、贫困地区的发展，需要党和政府的帮助，需要各方面的支持，但最终还是要靠自身努力。必须激发贫困地区、贫困人口的内生动力，鼓励他们自力更生、艰苦奋斗、勤劳致富、自强不息，在国家政策支持下，在各方面支持下，靠自己的双手改变贫穷面貌，改变落后的命运。

——来源：《"五级书记"》，中国网，2021年1月11日

（二）伟大实践：制度保障

我国脱贫攻坚的伟大成就，彰显了我国社会主义制度的显著优势。我国发挥政治优势和制度优势，通过"党的领导、政府主导、社会参与"的工作机制，形成了跨地区、跨部门、跨行业、全社会共同参与多元主体的社会扶贫体系。彰显了我国社会主义制度坚持人民主体地位、逐步实现全体人民共同富裕，不断解放和发展社会生产力，调动各方面积极性、集中力量办大事三大方面优势。

坚持人民主体地位，逐步实现全体人民共同富裕。中国特色社会主义制度具有保证人民当家作主、逐步实现全体人民共同富裕的鲜明价值取向。习近平总书记指出："我们搞社会主义就是要让人民群众过上幸福美好的生活，全面建成小康社会一个民族、一个家庭、一个人都不能少。"正是依靠中国特色社会主义制度，我们充分发挥人民群众的积极性、主动性、创造性，在推动经济社会发展的同时，努力使全体人民共享发展成果，实现社会公平正义。特别是在社会主义市场经济条件下，推动经济增长与消除贫困有机统一，在脱贫路上不落下一个贫困家庭、不丢下一个贫困群众。

不断解放和发展社会生产力。发展是消除贫困的基础和手段。只有不断解放和发展社会生产力，才能消除贫困，让人民过上富裕生活。中国特色社会主义制度具有不断解放和发展社会生产力的显著优势。新中国成立后，我国在不长的时间里就建立起独立的比较完整的工业体系和国民经济体系，社会生产力得到极大解放和发展。改革开放后，我们扭住完善和发展中国特色社会主义制度这个关键，为解放和发展社会生产力、解放和增强社会活力、永葆党和国家

生机活力提供了有力保证。在社会生产力不断得到解放和发展的同时，我国的产业结构、就业结构、社会结构等发生了深刻变化，数亿农民走出农村，来到城市务工，更好分享工业化、城镇化成果。同时，教育事业的进一步发展、农业科技的不断进步、社会保障水平的明显提高，大大加快了贫困人口摆脱贫困的进程。

调动各方面积极性，集中力量办大事。脱贫攻坚是艰巨复杂的系统工程。我国脱贫攻坚之所以能形成政府、社会、市场协同推进，构建专项扶贫、行业扶贫、社会扶贫"三位一体"大扶贫格局，之所以能形成跨地区、跨部门、跨单位、全社会共同参与的多元主体的社会扶贫体系，得益于中国特色社会主义制度具有的坚持全国一盘棋、调动各方面积极性、集中力量办大事的显著优势。在脱贫攻坚战中，我们坚持全国一盘棋，动员和凝聚全社会力量广泛参与，引领市场、社会协同发力。坚持专项扶贫、行业扶贫、社会扶贫等多方力量、多种举措的有机结合、互为支撑。开展党政军机关、企事业单位定点扶贫。开展东西部扶贫协作和对口支援，推动区域协调发展和共同发展。正是依靠中国特色社会主义制度，脱贫攻坚才形成强大合力，持续高效向前推进，创造了人类减贫史上的奇迹。①

（三）守望相助：合力攻坚

深度贫困地区是全面建成小康社会最薄弱的环节，也是打赢脱贫攻坚战最难啃的硬骨头，需要动员全社会力量开展扶贫协作。对口帮扶是先富帮后富、实现共同发展的一项重要的扶贫开发政策。对口帮扶政策始于1996年，20多年来通过东西部扶贫协作，结对牵手，西部贫困地区、革命老区的扶贫开发工作取得重大进展，所取得的成就举世瞩目，集中体现了中国特色社会主义制度优势。党的十八大以来，习近平总书记就脱贫攻坚、东西部扶贫协作和对口支援工作作出一系列重要指示。东部地区从政策、资金、产业、智力、文化、基础设施建设等方面开展了全方位、多层次的对口帮扶工作，助力对口帮扶地区的贫困县脱贫、贫困人口减少、贫困发生率下降，促进了贫困地区的经济社会发展。

"十三五"时期，我国专项扶贫、行业扶贫、社会扶贫互为补充的大扶贫格

---

① 脱贫攻坚成就彰显强大政治优势（人民要论）[EB/OL]．人民网，2021-02-18.

局逐步形成并日趋完善。依托云计算、人工智能、区块链等数字技术的平台经济正为脱贫攻坚注入新动能。消费扶贫行动实现贫困县全覆盖，有效解决贫困地区农产品"卖难"问题……通过线上线下相结合，汇聚起社会各界参与脱贫攻坚的强大合力。

在扶贫路上涌现了一大批优秀的干部和企事业，有回到家乡贫困村担任第一书记的北师大硕士黄文秀，其30岁的年轻生命永远定格在扶贫路上；有"80后"乡村干部李忠凯，因满头白发而走红网络，使他白头的并不是岁月的风霜，而是他对工作的认真态度和劳苦负责，短短3年间，当地共有993户3 941人贫困人口实现稳定脱贫；还有山西朔美羊肉业有限公司，优先招聘贫困户子女，采取了"产业扶贫、就业扶贫、入股分红"等多种形式，帮助贫困户增加"造血"功能，四年来，仅为贫困户发放入股分红一项举措，就累计发放了190余万元……因为他们对工作的坚韧，对贫困户真心的付出，才使得脱贫攻坚如期取得重大胜利。

三、任重道远，破局乡村振兴

新时代脱贫攻坚目标任务完成以后，"三农"工作重心将历史性地转向全面推进乡村振兴。脱贫攻坚是全面建成小康社会的关键性工程，乡村振兴是实现中华民族伟大复兴的一项重大任务。全面实施乡村振兴涉及面更广，标准、要求、质量都更高，其深度、广度、难度都不亚于脱贫攻坚，绝不是轻轻松松就能实现的，又将是一场艰难困苦的人民战争。

（一）乡村振兴开局良好，成效显著

乡村振兴战略实施以来，在全党全社会共同努力下，农业农村工作稳中有进，乡村振兴开局良好。重要农产品产量保持稳定，粮食产量连续6年站稳1.3万亿斤台阶，2020年全国粮食总产量为13 390亿斤，确保了国家粮食安全和农产品有效供给。农业供给侧结构性改革进展顺利，产业、产品结构不断优化，多元化农产品供给充足，农业产业类型和产品品种丰富，一二三产业融合发展、质量不断提升。新产业、新业态不断涌现，观光休闲农业、"互联网+"、农产品加工业、农业生产性服务业等乡村产业发展在促进农民就业增收方面发挥了重要作用。绿色发展理念深入人心，统筹山水林田湖草系统治理，实现投入品

减量增效，开展农业废弃物资源化利用，保护农业生态环境，为农业可持续发展提供了重要机遇。脱贫攻坚成果举世瞩目，现行标准下农村贫困人口全部脱贫，贫困县全部摘帽，消除了绝对贫困和区域性整体贫困。农民收入持续增长，2019年农村居民人均可支配收入超过1.6万元，农民收入提前一年实现比2010年翻一番的目标。城乡居民收入差距不断缩小，为扎实推动共同富裕夯实了基础。土地制度不断创新，新型农业经营主体蓬勃发展，促进了小农户与现代农业有机衔接。建立健全农村人居环境治理工作机制，村容村貌不断得到改善。农村基础设施建设成效明显，农民饮水安全得到改善，乡村道路建设继续加强，农村新型能源进一步发展，农村信息化持续推进。农村社会保障事业不断发展，公共服务水平不断提升，乡村治理得到加强改进。[1]

（二）乡村振兴面临问题，亟须解决

乡村振兴战略实施取得良好开局，农村有了新面貌，农业有了新发展，农民有了新收入，乡村振兴战略对"三农"问题的解决起到很好的促进作用。但是乡村在振兴过程中不可避免地遇到一些困境和有待解决的问题，"人、钱、文化环境"等瓶颈制约还需要我们进一步破解。

困境1：人才困境。 振兴谁来干？是基层地方政府、专业化人才，还是广大农民？农民作为乡村振兴的建设者和受益者，有着关键性的地位，农村人口的流失导致"谁来种地、怎样种地"成为推进农业现代化亟待解决的难题。

农村留守人员呈现年龄大、数量少等现象，农忙时期人手不够、现代农业人才短缺问题突出。农村基层党组织作为推进乡村振兴战略的主要力量，要做好"带头人"角色。部分基层党组织人员的教育水平较低、工作能力较弱且后备队伍不优，优秀基层干部人员的短缺严重制约着乡村组织力的提升。

新时代的农村需要更多专业优秀人才，产业兴旺的实现需要大量农村管理人才、农业科技支撑人才、电商人才，生态宜居的实现需要环境治理人才，乡风文明的实现需要文化传播人才，乡村高效治理的实现需要乡村治理能手，农民生活富裕的实现需要一批优秀的医疗、教育人才。

因此，乡村振兴各环节都存在人才短缺问题，各方面都需要引进更多优秀人才。

---

[1] 全面推进乡村振兴［EB/OL］．中国青年网，2021-01-07．

困境2：资金困境。钱从哪里来？建设符合我国国情的美丽乡村，我们有足够的财政支持吗？应该如何引导更多资本投向农业农村？

当前农村经济发展的资金主要来源于财政支农资金和信贷支农资金。农村金融发展明显落后于城市，农村金融体系尚未完善、财政支农资金投入不足和城乡金融结构失衡是制约我国农村经济发展的重要原因。

在我国，信贷支农资金数量投入同样低，传统农业、农村小企业和个体工商户盈利较低，借贷风险较大，农业保险落后，导致金融机构不愿意"进村"，更倾向于向城市企业发放贷款。

困境3：文化困境。推进乡村振兴过程中，应当如何培养优秀的乡村文化？没有了乡村文化，乡村就如同失去灵魂一般，实际上也就没有了真正的乡村。

随着城市化的发展，越来越多的农民"离土离乡"，由于生产生活方式的改变，传统乡村文化存在的基础被破坏。我国现存的传统村落有着丰富的物质和非物质文化遗产，民俗文化不断被埋没，把传统村落保护等同于文化性建筑保护是新时代乡村文化培养面临的挑战。

文化自信的缺失是当前中国乡村的最大缺失，有的人盲目崇拜城市文化、城市生活方式，不再认同乡村生活方式，导致原有的乡村价值观缺失。[①]

时事链接

2020年脱贫现行的标准是什么？

中国的脱贫标准是一个综合性的标准，简称"一二三"。

"一"是一个收入，国家的收入标准是2010年的不变价农民人均年收入2 300元，按照物价等指数，去年年底现价是3 218元，计划到今年是4 000元左右。根据我们建档立卡的信息，已经脱贫人口的收入人均都在9 000元以上，剩余贫困人口人均收入在6 000元以上。"二"是不愁吃、不愁穿。"三"是"三保障"：一是义务教育有保障，二是基本医疗有保障，三是住房安全有保障。

——来源：《脱贫现行的标准是什么？脱贫是否意味着扶贫工作可以结束了？权威回应来了》，云南网，2020年3月13日

[①] 郭俊华，卢京宇. 乡村振兴：一个文献述评 [J]. 西北大学学报（哲学社会科学版），2020，50(2)：130-138.

（三）乡村振兴征途漫漫，唯有奋斗

倒排工期，实施乡村振兴战略时间表是如此紧迫：到 2020 年，乡村振兴取得重要进展，制度框架和政策体系基本形成（已经完成）；到 2035 年，乡村振兴取得决定性进展，农业农村现代化基本实现；到 2050 年，乡村全面振兴，农业强、农村美、农民富全面实现。乡村振兴是一个历史过程，必须具备战略定力，加满油，把稳舵，鼓足劲，劈波斩浪，久久为功。

实施乡村振兴战略，要推动乡村产业振兴，推动乡村人才振兴，推动乡村文化振兴，推动乡村生态振兴，推动乡村组织振兴，习近平总书记从战略和全局的高度提出乡村振兴要统筹谋划，科学推进。

2021 年 2 月 21 日，《中共中央国务院关于全面推进乡村振兴加快农业农村现代化的意见》，即 2021 年中央一号文件发布。这是 21 世纪以来第 18 个指导"三农"工作的中央一号文件。文件指出，民族要复兴，乡村必振兴。要坚持把解决好"三农"问题作为全党工作的重中之重，把全面推进乡村振兴作为实现中华民族伟大复兴的一项重大任务，举全党全社会之力加快农业农村现代化，让广大农民过上更加美好的生活。

2021 年 2 月 25 日下午，存在了 34 年的国务院扶贫办更换了新的门牌——国家乡村振兴局。国家乡村振兴局的主要任务：一是构建防止返贫的长效机制，对处于贫困边缘的弱势群体和弱质地区，通过长效方式保障不返贫。二是健全长效稳固的提升机制，保证脱贫成效持续稳定发展。这其中也包括防止"新入贫"的情况，即防止前期非贫困户在面对自然灾害、突发疾病等意外情况时落入贫困陷阱。加强农村低收入人口常态化帮扶，对有劳动能力的，坚持开发式帮扶方针；对没有劳动能力的，及时纳入现有社会保障体系。继续重点强化产业和就业帮扶，做好易地搬迁后续帮扶。在西部地区的脱贫县中确定一批国家乡村振兴重点帮扶县。有序推进政策优化调整，推动工作体系平稳转型。脱贫攻坚过程中，中央有关部门出台了 200 多个政策文件和实施方案。接下来要在保持主要帮扶政策总体稳定基础上，逐项推进政策分类优化调整，做好同乡村振兴的有效衔接，逐步实现平稳过渡。

> **时事链接**
>
> **国家乡村振兴局**
>
> 2021年2月25日16时,北京市朝阳区太阳宫北街1号,国家乡村振兴局牌子正式挂出。"国务院扶贫开发领导小组办公室"牌子此前已经摘下。
>
> 作为国务院议事协调机构,国务院扶贫开发领导小组成立于1986年5月16日,当时称国务院贫困地区经济开发领导小组,1993年12月28日改用现名。国务院扶贫开发领导小组办公室负责承担领导小组的日常工作。
>
> 国家乡村振兴局正式挂牌,既是我国脱贫攻坚战取得全面胜利的一个标志,也是全面实施乡村振兴,奔向新生活、新奋斗的起点。
>
> ——来源:《国家乡村振兴局正式挂牌》,环球网,2021年2月25日

第二节 燎原星火:乡村振兴筑梦中国

脱贫攻坚取得胜利后,要全面推进乡村振兴,这是"三农"工作重心的历史性转移,也是摆在我们面前的历史使命和艰巨任务。全面建设社会主义现代化国家,实现中华民族伟大复兴,最艰巨最繁重的任务依然在农村,最广泛最深厚的基础依然在农村。我国发展不平衡不充分的问题仍然突出,巩固拓展脱贫攻坚成果的任务依然艰巨。尽管"三农"工作取得了显著成就,但农业基础还不稳固,城乡发展不平衡、农村发展不充分仍是社会主要矛盾的集中体现。没有乡村的振兴,就没有中华民族伟大复兴。中国要强农业必须强,中国要美农村必须美,中国要富农民必须富。

一、乡土中国,根之所在

我国有着悠久的农耕文明,在几千年的不断演变与前进中,到现在社会基层依然维持着稳定的乡土秩序与社会文明,是一种沿袭已久的社会文化形态。只有了解乡村才能更好地、具有针对性地布置乡村振兴战略,才能让乡村在新时代的浪潮下进行蜕变。

（一）现状：乡村发展存在短板

村容村貌相对滞后，美丽乡村有待提升。随着我国现代化建设的快速发展，农村发生了翻天覆地的变化，但农房与村庄的建设仍然不尽如人意，农房建造缺乏科学美观的规划与设计，分布与布局散而乱。许多乡村人民富裕起来了，但村庄整体风貌依然十分落后。现在国家大力整顿村容村貌，提升乡村建设的美感。然而，有三农专家却认为，进行村庄建设，整治村容村貌不过是毫无意义的"面子工程"，但事实上，这对社会主义新农村的建设具有极为重要的意义。

作为"千万工程"的诞生地，浙江以实际行动证明，村容村貌建设并非毫无意义。从北部的江南水乡，到南部的群山重叠，从东部的海岛风情，到中西部的金衢盆地，浙江的万千乡村展现出了各具特色的景观与风貌，干净整洁、景色秀美的世外桃源使得浙江乡村人民生活幸福感和获得感不断提升，将更多年轻人留在了农村，也吸引了大批创业者回乡创业，为浙江乡村振兴作出贡献。浙江乡村还通过发展乡村旅游等新兴产业，为浙江乡村人民带来了无尽的福祉：2020年浙江乡村新产业发展势头迅猛，全省乡村休闲农业总产值达435亿元，农家特色小吃销售额突破530亿元，农产品网络零售额达1 121亿元。以杭州临安区为例，临安区通过打通"护山、活山、富山、乐山"的转化通道，推进农旅、文旅深度融合，2020年全区乡村旅游休闲产业增加值56.29亿元，接待游客达1 719.40万人次。浙江广大农村通过多种渠道将美丽乡村建设成果转化为"美丽经济"，通过美丽成果的转化，浙江众多村庄成为绿色生态富民家园，也形成了经济生态化、生态经济化的良性循环。

基础设施建设不完善，村民幸福感有待提升。过去五年，我国公共服务设施建设的重心在城镇，城乡公共服务基础设施差距较大，农民生活很是不便。随着公路"村村通"等工程项目的推进，一些最为基本的设施逐渐完善起来，但从总体上看，现有的公共服务设施仍然难以满足村民日益增长的美好生活需要。距离脱贫攻坚全面落下帷幕仅过去半年多，许多新"摘帽"不久的村庄在此前刚刚通上自来水，刚刚拥有一条平坦宽阔的村道。在新冠疫情暴发之初的全民居家隔离时期，由于宽带与移动网络建设的落后，有的乡村学校无法学习城市进行网络教学只得被迫全校停课。一些在城市上学的农村孩子带着手机电脑"漫山遍野地寻找信号",抑或在焦虑中一次又一次地缺席网络课堂……诸如此类的现象表明,公共服务设施的建设仍然是我国乡村建设的短板。

农村教育"空心化"严重,需尽快改善。目前,全国乡村教育普遍面临"空心化"处境。从整体上看,农村学校硬件条件明显改观,但教师队伍和管理跟不上,质量上不去,学生留不住。师资力量的强弱直接影响到教育教学质量的高低。农村小学尤其是偏远山区农村小学的师资力量由于种种原因而相当薄弱,教师队伍老年化,年轻教师有机会就考进或调进城里,导致农村师资青黄不接。相当一部分教师教学观念陈旧,教学方式落后,知识结构老化,知识面窄。此外,随着人们生活水平的提高,农村人想着往城镇跑,因为城镇学校的教学质量比较高,师资水平更雄厚,学习成绩好点的孩子都想到城镇上学,导致留在农村的学生越来越少了。

知识链接

千万工程

"千村示范、万村整治"工程,简称"千万工程",是浙江"绿水青山就是金山银山"理念在基层农村的成功实践。

浙江省自 2003 年全面推进"千村示范、万村整治"工程以来,造就万千美丽乡村。从美丽生态到美丽经济、美好生活,一些乡村走过清晰的"三美融合"脉络,成为率先振兴的"全面小康建设示范村"。

——来源:《生动的实践 美丽的昭示——读解浙江"千万工程"中的全面小康建设示范村》,新华网,2019 年 1 月 13 日

(二)原因:乡村衰落有必然性

"'振兴'与'衰落'是一对反义词。人类文明史上,乡村的'兴'和'衰'是一对矛盾,有兴则有衰,'衰'与'兴'有时又互为转化。"云南省中国特色社会主义理论体系研究中心特约研究员范建华表示,中国乡土社会的兴盛应为"唐宋时期"。而中国乡土社会的"衰落"则是在元明清时期。元朝统治者用游牧军事统治方式来治理被征服的农耕社会的极不协调,导致中国传统乡土社会遭到前所未有的摧残;明朝的专制集权,窒息了中国乡土社会复苏的生命活力;清朝末期的黑暗统治,彻底使中国乡土社会走向衰落,特别是 1840 年鸦片战争

之后，西方列强入侵，在封建主义和帝国主义双重压迫下，进一步加剧了中国乡土社会衰落的步伐。诚如鲁迅在《故乡》里所描写的："……苍黄的天底下，远近横着几个萧索的荒村，没有一些活气。"这正是中国近代乡村衰落景象的真实写照。

从人类文明史上来看，乡村衰落是一个世界性的问题，是城市化和工业化驱动的必然结果。乡村衰落主要有"英国羊吃人式"和"拉美超前城市化式"两种形式。英国在17世纪进入了世界强国之列，成为"日不落帝国"，殖民地的迅猛扩大，使英国的羊毛生产和纺织品生产获得了巨大市场空间，殖民统治者为满足新市场需要而强迫广大农民破产，农田变成牧场，农民被迫转化为工人。这便是被史学家们称为"羊吃人"的英国工业发展之路，同时也是英国农村衰落的根本动因。拉丁美洲国家独立后城市化速度明显超过工业化速度，甚至有的国家还走上了无工业化的城市化之路。政府放弃了乡村建设，农民自己也抛弃了乡村家园，大量农民涌入城市，导致城市人口过度增长，城市建设步伐滞后于人口增长速度，不能为居民提供充分就业机会和必要生活条件，使得农村人口迁移到城市之后，没有实现相应的实质性转换，带来严重的"城市病"。

现在中国乡村衰落的原因比较复杂。二元城乡结构与单向城镇化是导致乡村衰败的首要因素。计划体制时期，城乡分割二元体制，大量基础设施、公共服务集中投入城市，乡村为城市建设提供积累，农民被紧紧束缚在土地上，城乡之间形成了一道人们难以逾越的鸿沟，是当时乡村贫困的重要原因之一。改革开放后，农村家庭经营制度确立，使农民获得了一定程度的选择自由，解放了乡村生产力，特别是劳动力流动就业，为农民创造了更大范围的就业空间。但是，长期以来形成的城乡分割体制并没有被打破。随着城镇化和工业化的发展，城乡关系又走入了另一极端，即单向城镇化。各种力量集中指向让农民放弃耕地、宅基地，进厂务工、进城购房。以城市发展为中心的城镇化政策导向，导致乡村人才、资金、土地指标、资源与信息向城市单向度集中，像一个无形的"抽水机"，把乡村的各类优质资源源源不断抽送到城市，直接导致乡村价值失位，乡村文化被漠视，农村独有的社会结构被消解。

（三）重视：乡村振兴唤醒乡情

我们总是在朋友圈、微博等各种平台上回忆儿时在农村的乐趣，渲染自己对家乡的热爱，可真的让你回农村待两天，多少人受得了那里的不方便与不快捷？其实安静也是一种美，农村的一山一水更是一种美！如今国家倡导实施乡村振兴发展战略，就是要让城里人回到农村，感受淳朴的乡情，体会浓郁的乡愁，享受这种美好的田园生活。

习近平总书记指出："要依托现有山水脉络等独特风光，让城市融入大自然，让居民望得见山、看得见水、记得住乡愁。"他还指出："要注意保留村庄原始风貌，慎砍树、不填湖、少拆房，尽可能在原有村庄形态上改善居民生活条件；要传承文化，发展有历史记忆、地域特色、民族特点的美丽城镇。"因此在建设农村，实现乡村振兴的过程中，要保留农村原本的村落风貌，体现农村特色。其中一些危房与破旧的房子在进行修缮的时候，应该遵循大格局，不破坏其整体性。想想如今的民宿，不也是在改善的同时保留着它原本的风格风貌！随着城市人群不断向农村涌进，不管是周末，还是小长假，能在特色村落小住两日都是吸引点，都可以帮助他们找到儿时乡村的记忆。也正因为每个人心中的乡愁与乡情，向往那种静谧的田园生活，才会带动乡村餐饮、休闲、民宿、游玩、特色农产品等产业的发展，为农村村民带来收入，为乡村经济带来发展。

以江苏淮安东支村为例：东支村地处江苏省淮安市淮安区钦工镇镇东，301县道、荬陵一站引河、乌沙干渠犹如三条彩带铺展在村北。近年来，这个耕地面积4 470亩、总人口3 153人、一季稻子一季麦的传统村落，紧扣"产业兴旺、生态宜居、乡风文明、治理有效、生活富裕"的乡村振兴总要求，通过产业夯基、环境换妆、文化铸魂、治理发力，既富了百姓、靓了村庄，又留住了乡愁，前不久被命名为江苏省第七批次省级"特色田园乡村"。东支村建成了村北入口景观广场，重建特色桥廊4座，对沟渠河塘沿岸风景风貌进行了提档升级，添置了石桥、滨水步道、亲水绿色廊道，嵌入水车、磨盘、石碾等农耕文明元素，精心复原了露天粮仓、农家石碾、旧磨盘、石槽等生活遗存，留住了乡愁，守护了中华优秀传统文化之根。①

从一定程度上说，乡情里装着的风物和人情，是我国乡村的灵魂。乡村振兴战略的实施，让乡愁变得可感可知。产业兴旺、生态宜居、乡风文明、治理

---

① 小乡村美丽蝶变：产业兴旺富百姓 特色田园留乡愁［EB/OL］．荔枝网，2021-07-18．

有效、生活富裕——实施乡村振兴战略的"二十字"方针，为我们绘制了一幅诗情画意的新农村图景。然而，美好的愿景转化为现实，中间还有很长的路要走。在乡村振兴的道路上，当务之急是遵循乡村发展规律，让越来越多的村庄，终将为乡情而改变，也终被乡情而改变。

二、民族要复兴，乡村必振兴

党的十九大报告强调："农业农村农民问题是关系国计民生的根本性问题，必须始终把解决好'三农'问题作为全党工作重中之重。"这是党的十九大报告对"三农"地位的总判断，既有"重中之重"地位的再强调，又有"关系国计民生的根本性问题"的新定调。

（一）民族复兴，再进一步

全面建成小康社会是我国现代化建设历史进程的一个阶段，也是一个承前启后的关键阶段。党的十八大以来，面对国际环境深刻复杂变化，面对国内发展阶段性转换，以习近平同志为核心的党中央高瞻远瞩，统筹中华民族伟大复兴战略全局和世界百年未有之大变局，团结带领全国人民如期实现全面建成小康社会的宏伟目标，我国经济实力、科技实力、综合国力和人民生活水平跃上新的大台阶，社会主义中国以更加雄伟的身姿屹立于世界东方。

经济实力大幅跃升。2020年，我国国内生产总值达到101.6万亿元，按年平均汇率折算达到14.7万亿美元，占世界经济比重达到17%左右，稳居世界第二位。制造业增加值占全球份额接近30%，220多种工业品产量居世界第一。人均国内生产总值超过1万美元，稳居中等偏上收入国家行列。对世界经济增长贡献率连续多年达到30%左右，成为拉动全球经济增长的主要引擎。基础设施实现跨越式发展，2020年底，高速铁路运营里程达到3.8万公里、高速公路达到16.1万公里、发电装机容量达到22亿千瓦，均位居世界第一，为社会主义现代化建设提供了强大支撑。

科技整体水平大幅提升。2020年，我国研发经费投入稳居世界第二，研发经费投入强度达到2.4%，超过欧盟国家平均水平。在载人航天、探月工程、超级计算、量子通信等前沿领域取得一大批标志性成果："嫦娥五号"实现地外天体采样返回，"天问一号"开启火星探测，量子计算原型机"九章"成功问世，

"海斗一号"完成万米海试,北斗卫星导航系统全面开通,中国空间站天和核心舱成功发射。我国科技实力正在从量的积累迈向质的飞跃、从点的突破迈向系统能力提升。我国在2020年世界知识产权组织发布的全球创新指数排名中居第十四位,是前30名国家中唯一的中等收入经济体。

人民生活更加殷实。居民收入增长保持与经济增长基本同步,2020年全国居民人均可支配收入突破3.2万元。形成世界最大规模中等收入群体,人数超过4亿人。居民消费结构加快升级,多样化、个性化、服务化消费比重明显提升,2020年全国居民恩格尔系数降至30.2%。基本公共服务水平大幅提升,义务教育普及程度达到世界高收入国家水平,高等教育进入普及化阶段;基本医疗保险覆盖超过13亿人,基本养老保险覆盖近10亿人,建成世界上规模最大的社会保障网。

生态环境显著改善。蓝天、碧水、净土保卫战成效明显,全国地级及以上城市空气质量优良天数比率达到87%,地表水优良水质断面比例提高到83.4%,二氧化硫、氮氧化物、化学需氧量、氨氮排放量和二氧化碳排放强度均提前完成"十三五"规划目标。能源消费结构明显改善,2020年煤炭消费占能源消费总量比重下降到56.8%,清洁能源占比提升至24.3%,单位国内生产总值能耗继续下降。党的十八大以来,生态文明建设决心之大、力度之大、成效之明显前所未有,人民群众满意度明显提升。

改革开放深入推进。加快完善社会主义市场经济体制,加强产权和知识产权保护,深化要素市场化配置改革,市场配置资源功能持续增强。"放管服"改革成效明显,营商环境全球排名由2017年的第78位上升至2019年的第31位。对外开放水平提高,2020年我国货物进出口总额达到32.2万亿元,占全球货物贸易份额上升至12%以上,货物贸易第一大国地位进一步巩固;在全球跨国直接投资大幅下降的情况下,我国实际使用外资逆势增长,达到1 443.7亿美元,成为全球新增外商直接投资的第一大目的地。

如今,中华大地展现出一派欣欣向荣的气象,中国的面貌、中国人民的面貌发生了翻天覆地的变化,我们比历史上任何时期都更接近、更有信心和能力实现中华民族伟大复兴的目标。中国全面建成小康社会,使世界上人均国内生产总值超过1万美元的人口数量翻了近一番,正在并将继续深刻改变世界发展格局。全面建成小康社会的伟大胜利,充分彰显了中国特色社会主义制度的强大生命力和巨大优越性，坚定了全党全国人民走中国特色社会主义道路的信念和信心。①

（二）第二个百年，仍有挑战

针对实现社会主义现代化强国经济发展的核心任务，在未来迈向第二个百年奋斗目标过程中，特别是在起步阶段的"十四五"时期，中国将面临四个方面的严峻挑战。

第一，经济增长动力将有所减弱，按照当前的经济增长路径难以达到建设社会主义现代化强国的目标要求。要实现第二个百年奋斗目标，中国需要到2035年人均GDP达到中等发达国家水平，到本世纪中叶人均GDP达到发达经济体的平均水平，这意味着2020—2035年中国人均实际GDP要翻一番，2035—2050年中国人均实际GDP水平要再翻一番。由此测算可知，未来30年的年均实际GDP增速要达到4.6%左右。然而，2008年全球金融危机爆发后，中国经济增速在经历了反弹后开始呈现持续下滑的态势，2019年中国GDP增速降至6.0%，2020年受新冠肺炎疫情的影响GDP增速进一步降至2.3%。中国经济之所以在经历多年10%左右的高增长之后经济增速开始出现持续下滑，主要原因在于支撑经济高增长的动力显著减弱。

第二，经济结构的深层次问题会加大经济增长速度与增长质量之间的矛盾，加大经济发展风险。党的十九大报告做出了"我国经济已由高速增长阶段转向高质量发展阶段"的重要论断。高质量发展的核心是要追求经济增长与结构的协调，从而推动经济发展质量的提升。不过，当前中国经济存在一系列的深层次结构性问题，诸如实体产业内部供需结构失衡、实体经济与金融部门及虚拟经济之间的结构性失衡、房地产发展与国民经济各部门发展的结构性失衡等，这些都严重困扰经济发展。更为突出的问题在于，经济发展尚未摆脱对房地产与债务的依赖，从而导致增长速度与质量之间的矛盾难以破解，增加了经济发展的风险与不确定性，使得中国经济长期陷入"稳增长"和"防风险"的两难之中。

第三，贫富差距问题依然较为严峻，未来扩大中等收入群体规模还将面临新障碍。基本实现全体人民共同富裕，是建设社会主义现代化强国的核心任务

---

① 中华民族伟大复兴新的一大步［EB/OL］. 新华网，2021-07-20.

与目标。然而,由于存在初次分配失衡和再分配逆向调节作用不足等一系列体制机制上的问题,中国的贫富差距问题一直难以得到妥善改善,居民可支配收入的基尼系数长期位于 0.4 以上,财产基尼系数更在 0.7 以上。贫富差距直接表现在中等收入群体占比偏小方面。根据国家统计局的数据测算,2019 年中国的中等收入群体规模占总人口的比重在 1/3 左右,社会结构更趋向于"金字塔型"的失衡结构。

第四,外部环境趋于复杂严峻,需要进一步避免陷入"修昔底德陷阱"。改革开放以来,全球化红利的释放以及对世界先进技术的学习消化再吸收,对中国经济增长起到了重要的推动作用。不过自 2008 年全球金融危机以来,中国所面临的外部环境发生了显著变化。首先,2008 年全球金融危机爆发后,全球经济尤其是发达经济体并未实现 V 形反弹,反而进入了较为长期的低迷状态,由此导致中国外部需求显著萎缩,出口增速下滑,全球化红利消退。其次,以英国脱欧与中美贸易争端为标志性事件,贸易保护主义与逆全球化趋势开始显现并呈现加剧态势,全球贸易环境有所恶化,全球贸易规则进入重构阶段。各主要经济体之间的贸易摩擦或呈现进一步加剧的势头,外部环境更趋于复杂严峻,从而会给中国经济发展带来不小的挑战。①

(三)三农稳,天下安

解决好"三农"问题,对于我们党、国家、民族的重要性不言而喻。我们党成立以后,充分认识到中国革命的基本问题是农民问题,把为广大农民谋幸福作为重要使命。改革开放以来,我们党领导农民率先拉开改革大幕,不断解放和发展农村社会生产力,推动农村全面进步。党的十八大以来,党中央坚持把解决好"三农"问题作为全党工作的重中之重,把脱贫攻坚作为全面建成小康社会的标志性工程,组织推进人类历史上规模空前、力度最大、惠及人口最多的脱贫攻坚战,启动实施乡村振兴战略,推动农业农村取得历史性成就、发生历史性变革。

"实施乡村振兴战略,是实现'两个一百年'奋斗目标的必然要求。"党的十九大报告清晰擘画全面建成社会主义现代化强国的时间表、路线图。实施乡

---

① 刘伟,陈彦斌."两个一百年"奋斗目标之间的经济发展:任务、挑战与应对方略[J].中国社会科学,2021(3):96-102.

村振兴战略,正是以习近平同志为核心的党中央在深刻把握我国现实国情农情、深刻认识我国城乡关系变化特征和现代化建设规律的基础上,着眼于党和国家事业全局,着眼于实现"两个一百年"的伟大目标和补齐农业农村短板的问题导向,对"三农"工作作出的重大战略部署、提出的新的目标要求。

"实施乡村振兴战略,是实现全体人民共同富裕的必然要求。"中国特色社会主义进入新时代,中国社会主要矛盾的"历史性变化"对中国将来的发展提出了新要求、新指引。在新的历史时期,必须坚持以人民为中心的发展思想,不断促进人的全面发展、全体人民共同富裕。但也不得不清醒地看到,当前,我国乡村仍然面临着发展滞后的严峻形势,乡村振兴战略正是就这一问题提出来的。

正是因为始终把解决好"三农"问题作为全党工作的重中之重,我们才能历史性地解决困扰中华民族几千年的绝对贫困问题,为全面建成小康社会作出了重大贡献,为开启全面建设社会主义现代化国家新征程奠定了坚实基础。

脱贫攻坚取得胜利后,要全面推进乡村振兴,这是"三农"工作重心的历史性转移,也是摆在我们面前的历史使命和艰巨任务。全面建设社会主义现代化国家,实现中华民族伟大复兴,最艰巨最繁重的任务依然在农村,最广泛最深厚的基础依然在农村。我国发展不平衡不充分的问题仍然突出,巩固拓展脱贫攻坚成果的任务依然艰巨。尽管"三农"工作取得了显著成就,但农业基础还不稳固,城乡发展不平衡、农村发展不充分仍是社会主要矛盾的集中体现。没有乡村的振兴,就没有中华民族的伟大复兴。

当前,我国发展的外部环境出现更多不稳定性不确定性。稳住农业基本盘、守好"三农"基础是应变局、开新局的"压舱石"。事实充分证明,发挥好"三农"压舱石作用,不断开辟"三农"工作新局面,对于推动中国经济乘风破浪、行稳致远,具有十分重要的意义。全面推进乡村振兴、加快农业农村现代化,既是"开启新征程、扬帆再出发"的重大使命,也是"在危机中育先机、于变局中开新局"的迫切要求。

三、全面推进,乡村振兴

(一)全面发挥党的领导作用

全面加强党对农村经济建设的领导。抓好乡村振兴战略中的产业振兴,是党领导"三农"工作的基础性工作，是检验农村工作实效的一个重要尺度。要充分发挥农村资源、生态、文化等优势，加快发展乡村产业，促进农民持续增收，不断缩小城乡收入差距。要让农民群众的"钱袋子"鼓起来，不能等上级拨款，不能等大资本投资，而是立足农村现有的资源，把资源变成资产，把资源转化为价值，使村社自身具有更强实力和动力。党组织领导发展壮大村级集体经济的下一步工作是坚持完善农村集体所有制。这不仅是一个经济问题，更是一个夯实党在农村执政基础的政治问题。党组织要积极介入、主动作为，在保障小农户权益的前提下，加快乡村集体资源价值化，在参与市场竞争中，增强集体经济的实力，做好乡村产业振兴这一篇大文章。党组织在深化农村经济改革进程中，要盘活农村资源，运用经济手段组织群众、服务群众、提升群众，不仅能给广大农民带来经济收益，也能进一步夯实党在农村的执政基础。

不断加强完善党对乡村治理的领导。乡村治理是党对乡村工作领导的落脚点，事关乡村社会稳定和党的执政基础巩固；乡村治理是国家治理的基石，事关乡村治理体系和治理能力现代化水平的提升。目前乡村治理仍然是国家治理的一个薄弱环节。完善党组织领导乡村治理的体制机制，加强党对乡村治理的集中统一领导，健全自治、法治、德治相结合的乡村治理体系，推进乡村治理的现代化是首要问题。从治理理念更新、治理体系优化、治理手段创新等方面综合施策，以法治定分止争、以德治春风化雨、以自治消化矛盾是主要抓手。

不断深化党对乡村文化建设的领导。文化是涵养乡村善治的基础。弘扬传统文化、引导思想道德建设是一项重要工作。近年来乡土文化价值被忽略，文化失调、精神困境凸显，无形中影响了乡村发展。所以，党组织要以社会主义核心价值观建设引领乡村文化建设，挖掘传统文化，搞好公共文化服务，提升乡村的文明程度，增加村民获得感和认同感。同时要开展道德伦理建设，移风易俗，使家风、村风和民风得到净化和提升，形成人人愿意参与、人人乐于共享、人人自觉遵守的充满活力、和谐有序的治理格局。

选好党组织的领导班子是关键。凡是发展繁荣的乡村，都有一个团结、积极、肯做事的班子。乡村振兴，离不开基层党组织的"领头雁"带动，好的带头人是发展的保障。党组织的领导具体体现在发挥党员先锋模范作用方面，要加强对党员的理想信念教育，提升党员的政治执行力；要搭建党员积极开展工作的平台，让党员有权利、有能力发挥先锋模范作用，在群众中形成影响力和帮扶力。党组织还要擅于团结培养青年党员，把更多有理想、有能力的青年吸收到党内来，把有志向有抱负的青年放到农村去，让他们在农村的各项事务中锤炼意志、增长才干。

（二）坚持以人民为中心

在乡村振兴的新征程上，必须继续坚持以人民为中心，奋力实现农村全面振兴的宏伟目标。

坚持以人民为中心，全面推进乡村振兴，必须坚持人民主体地位。在乡村振兴的新征程上，广大农民是乡村振兴的主体，要努力动员和发动广大农民参与到乡村产业、人才、文化、生态、组织振兴中来，充分发挥广大农民的智慧，破解乡村振兴中的发展瓶颈，避免出现"党员干部干，农民群众看"的现象。

坚持以人民为中心，全面推进乡村振兴，必须坚持问需问计问政于民。在乡村振兴的新征程上，产业兴旺是重点，发展什么产业、怎么发展产业，必须深入每个乡镇、每个村庄进行深入调研，广泛听取广大农民的想法，充分尊重广大农民的意愿，充分尊重农村的风俗习惯，才能得到广大农民的支持，才能广集民智，推动农村致富产业发展壮大。

坚持以人民为中心，全面推进乡村振兴，必须激发广大农民的内生动力。当前，一些地方出现了农村"空心化"，农村劳动力人口流失严重，导致农村发展产业严重缺乏人才、技术和劳力，农村产业发展内生动力严重缺乏，需要加强农业农村发展政策、发展机遇和发展前景的宣传，动员一些有技术、有资金、有能力、有发展眼光的优秀农民工回村发展，培育更多乡土优秀人才，培塑过硬村级领导班子，打造一支"永远不走的驻村工作队"，带动农民发展致富产业，实现"农业强、农民富、农村美"乡村全面振兴的目标。

时事链接

海鸭蛋、咸鱼干、走地鸡、黑山羊……在广东省湛江市巴东村有支扶贫小分队，从两三个人到四五个人，四年的时间里，巴东勤致综合农场在荒芜的土地上拔地而起，见证着扶贫小分队和这座小岛的故事。

为什么大家笑称扶贫小分队带着"386199部队"脱贫呢？"38"是妇女、"61"是儿童、"99"是老人。2016年，巴东村被列入贫困人口的一共有199户、

599人，到2019年底，该村贫困户考核指标已达到出列标准，100%贫困人口和贫困村申报出列。

——来源：《"386199部队"脱贫记》，新华网，2020年5月28日

（三）全面出击，落实成效

第一，提升粮食等重要农产品供给保障水平。只有端牢中国人的饭碗，乡村振兴基础才牢固。要深入实施藏粮于地、藏粮于技战略，抓住种子和耕地两个"要害"，守住18亿亩耕地红线，加强高标准农田建设，打好种业翻身仗。建设国家粮食安全产业带，加强粮食生产功能区和重要农产品生产保护区建设。推动落实粮食安全党政同责，确保粮食面积稳定、产能稳步提升。

第二，大力发展乡村产业。乡村振兴，产业兴旺是重点。要发展农产品加工业，引导加工企业重心下沉，把更多的就业机会和增值收益留在农村、留给农民。大力发展乡村特色产业，增加绿色优质农产品供给，满足城乡居民多样化需求。发掘乡村多种功能，发展乡村旅游、休闲康养、电子商务等新产业新业态，拓展农民就业增收空间。推进农村创业创新，培育返乡农民工、入乡科技人员、在乡能人等创业主体，增强乡村产业发展动能。

第三，实施乡村建设行动。加强乡村建设是实施乡村振兴战略的重要任务，也是国家现代化建设的重要内容。要实施村庄道路、农村供水安全、新一轮农村电网升级改造、乡村物流体系建设、农村住房质量提升等一批工程项目，改善乡村基础设施条件。持续推进县乡村基本公共服务一体化，推动教育、医疗、文化等公共资源在县域内优化配置。实施农村人居环境整治提升五年行动，建设美丽宜居乡村。

第四，加强和改进乡村治理。治理有效，是乡村振兴的重要保障。要突出加强农村基层党组织建设，创新乡村治理方式，加强社会主义精神文明建设。大力弘扬和践行社会主义核心价值观，提高农民科技文化素质，推动形成文明乡风、良好家风、淳朴民风。

第三节 到农村去：广阔天地大有作为

习近平总书记在庆祝中国共产党成立100周年大会上的讲话中强调：人民是

历史的创造者,是真正的英雄;江山就是人民、人民就是江山,打江山、守江山,守的是人民的心;中国共产党根基在人民、血脉在人民、力量在人民。新的征程上,必须紧紧依靠人民创造历史,尊重人民首创精神,践行以人民为中心的发展思想,推进全体人民共同富裕取得更为明显的实质性进展!中国的脱贫攻坚取得胜利,并以史无前例的脱贫奇迹载入人类史册。但满足人民群众对更美好生活的需要之路仍然漫长。青年们,到农村去,那里有广阔天地,你们可以大有作为!

一、乡村振兴扬帆起航 把握机遇时不我待

乡村振兴是一篇大文章,需要各类人才来书写。推动乡村振兴,我们既需要培养科技人才、管理人才,也需要挖掘能工巧匠、乡土艺术家;既需要有号召力的带头人、有行动力的追梦人,也需要善经营的"农创客"、懂技术的"田秀才"。当前,正是"十四五"的开局之年,我国要实现全面建设社会主义现代化国家,最严峻的形势、最艰巨的任务、最繁重的工作仍然深深扎根在农村。任务需要人才尽心完成,安排需要人才有力部署,改革需要人才集思广益,可以说,人才队伍是实现乡村振兴目标的重中之重。

(一)乡村振兴:提供广阔舞台

乡村振兴是人才的机遇。党的十九大提出的"乡村振兴"战略规划之所以具有划时代的意义,就在于正式宣告了中国农村所面对的空前的历史性发展机遇。以我国目前基础建设、科技研发、经济发展和社会管理的强大能力和坚强意志,未来农村的发展必将是一次轰轰烈烈、大浪淘沙的宏伟革命。家国兴旺,人才先行。落实"三农"自我革命,实现乡村振兴需要人才支撑。由于改革开放以来,城市化进程的繁荣像磁铁一样源源不断地抽取广大农村的人才和发展资源,虽然农村的面貌也在日新月异,但其发展的速度和潜力因为人才队伍的相对薄弱而远未被充分发掘。实施乡村振兴战略既是农业农村的发展机遇,更为广大有志于投身农业现代化的人才提供发展空间和创造人生价值的舞台。

新兴职业是发展的需要。脱贫攻坚成功的实践表明,只有打通城乡人才流通机制,壮大新型农民队伍,以新的视野对待农业发展、新的技术促进生产变革、新的经验厚重农村底蕴,才能成功应对挑战,实现农业农村的大繁荣、大

发展。经过改革开放,尤其是脱贫攻坚战略的破局蜕变,如今的农业已经远远不是传统意义的以种粮为唯一使命的农业,农村经济也由单一结构发展为一二三产业综合布局的复合型经济。随着农业向适度化、组织化、集约化不断迈进,功能更加多元,分工更加细化,新技术、新业态、新模式不断涌现,越来越多的新职业遍布广袤田野,无人机机手、电商销售员、"田保姆""田经理"……这些新兴职业的出现,既适应了现代农业发展需求,也更能促进更多人才返乡下乡,又为乡村振兴注入了新动能。

广阔农村是施才的舞台。经过几十年的发展,科学技术是第一生产力,人才是第一资源已经深入人心。2021年7月,浙江省杭州市余杭区农业农村局发布一则招聘信息,为所辖的8个村招聘农业经理人:本科及以上学历,年薪18万元,另有绩效奖励……优厚的待遇引发不少大学毕业生的关注。在人社部公布的新职业目录中,无人机驾驶员、农业经理人、直播销售员,都与农业息息相关。据中国就业培训技术指导中心发布的报告显示,未来5年,全国农业经理人需求150万人左右,无人机驾驶员需求100万人。另外,为适应乡村旅游、专业合作社发展需要,广大农村尚短缺乡村导游、乡村工匠、种植能手以及适应农村经济社会发展的现代农村管理人员,投身现代化农村建设的广阔天地将大有作为。

(二)乡村振兴:人才是保障

乡村振兴,人才先行,人才振兴是乡村振兴的关键因素。习近平总书记指出,要推动乡村人才振兴,把人力资本开发放在首要位置,强化乡村振兴人才支撑。要认识到,人才振兴与乡村振兴之间是双向良性互动关系。如果没有人才支撑,乡村振兴只能是一句空话。乡村人才振兴的关键,就是要让更多人才愿意来、留得住、干得好、能出彩,人才数量、结构和质量能够满足乡村振兴的需要。多渠道构建和培育乡村振兴人才体系,做好人才引进和培育,发挥人才聚合效应,方能打造强大的乡村振兴人才队伍。现在的人才战略一方面强化本土人才培育,培育大批乡村基层干部,让他们成为乡村振兴主力军;实施农村实用人才培育工程,培育大批本土技术实用人才,整合土专家、土秀才,加大新型职业农民培育力度,不断提升创新创业、科技素质、职业技能和经营能力。另一方面强化人才引进,借助高校、科研院所等科研技术力量服务农业发展，让有专业技能的科技人才、大学生村官、"三支一扶"等各类人才向乡村基层一线流动；创新引进机制，突出项目带动，吸引大批懂技术、懂市场、懂法律的专门实用人才到农村来，为乡村经济社会发展注入活力、动力。同时，鼓励从乡村走出去的优秀人才返乡创业，为乡村振兴作出贡献。

2021年2月23日，国务院办公厅印发《关于加快推进乡村人才振兴的意见》，提出"一村一名大学生"培育计划。鼓励各地遴选一批高等职业学校，按照有关规定，根据乡村振兴需求开设涉农专业，支持村干部、新型农业经营主体带头人、退役军人、返乡创业农民工等，采取在校学习、弹性学制、农学交替、送教下乡等方式，就地就近接受职业高等教育，培养一批在乡大学生、乡村治理人才。进一步加强选调生到村任职、履行大学生村官有关职责、按照大学生村官管理工作，落实选调生一般应占本年度公务员考录计划10%左右的规模要求。鼓励各地多渠道招录大学毕业生到村工作。扩大高校毕业生"三支一扶"计划招募规模，体现了对大学生群体人才的重视和培养。

广阔乡村，是锤炼本领、展现风采的舞台。在脱贫攻坚战中，涌现出一大批奋战一线、奋斗基层的优秀驻村干部人才。2021年2月，党中央、国务院表彰的全国脱贫攻坚先进个人中，有369名驻村干部获得表彰，占表彰个人的18.6%。脱贫攻坚战为党和国家培养锻炼了一大批通晓农村、了解农业、热爱农民的干部人才，接续推进乡村振兴也将成为广大干部人才增长本领和才干、谱写人生华章的广阔舞台。

二、青春绽放热土　助力乡村振兴

从"撸起袖子加油干"到"幸福都是奋斗出来的"，从"只争朝夕，不负韶华"到"征途漫漫，惟有奋斗"，都在向我们强调奋斗的价值。新时代，新青年，新作为，青春是用来奋斗的。乡村振兴的基础是资源，乡村振兴的根本靠人才，这些都在青年身上得到最好的结合和映照。乡村振兴，我们肩负青春使命。

（一）乡村振兴需要青春力量

青年是极富朝气和梦想的人群，乡村振兴离不开青年的参与。青年一代富有朝气，是国家的希望与未来，是实现乡村振兴战略目标的主力军，国家建设与乡村振兴都需要勇担当、有作为的青年人顶上来。只有更多的青年力量注入新时代的田野中，以担当、责任助力农民富、农村美、农业强的目标，才是走好乡村振兴的必由之路。

我们看到许多青年力量的注入给乡村发展带来了无限活力。邱国健，地地道道的广州江埔街上罗村人。2013年从外地返村，当起了村里的团支部书记，从此在上罗村里跑上跑下，为村中大小事务而奔波。工作中，他常常组织活动丰富村民的生活，并于2019年与村里6名村民建成了双凤书院，用于免费开办假期书法培训班等。古房里，孩子们执笔端坐，认真临摹着书法，为乡村文化振兴注入了新的活力。邱国健还通过副业种植砂糖橘，赚取了人生的第一桶金，并开始自主创业，开办了农业公司。邱国健说："开设农业公司的初衷是为了能和农业协会相挂钩，能更好地带领村民外出学习农产品的深加工，能更好地促进上罗村的发展。看着上罗村村民的生活越来越好，苦点累点我也觉得很值得。"

朱俊杰是广州城郊街西和村人，打小便对农业有着浓厚的情怀，因此，在读大学时他选择了农业技术方面的专业。大学毕业后，朱俊杰回到乡村开设了万禾庄园。闲暇之余，朱俊杰会邀请村里有意创业的青年和妇女一起到庄园来，向他们分享种植的技术，让他们回家自己种植水果，增加收入。"种植技术是公开的，如果能通过自己的努力，帮助村民增收，我就觉得特别开心。"朱俊杰说。

邱国健、朱俊杰都是广州从化区奔康致富志愿服务队中的一员。作为新时代乡村志愿者，他们以自己的方式，扩宽农民致富路，在美丽乡村建设中充分发挥了生力军和突击队作用。

(二) 投身乡村振兴，展现青年担当

投身乡村建设，是青年人的责任担当。乡村兴，则国家兴。时代发展下乡村振兴方向也告别传统形式，依靠大数据"造血"成为大势所趋。电商扶贫、智慧农业、互联网农业等在乡村振兴中扮演着更为重要的角色，这就需要懂技术、会学习的青年人回到乡村。青年人是希望、是力量，在实现乡村振兴的关键节点，只有充分发挥优势，投身乡村建设，才能让振兴走得更远，让乡村变得更好。

做好乡村振兴，是青年人的理想作为。"道虽迩，不行不至；事虽小，不为不成"，乡村振兴绝不是一句简单的口号，也不是一腔热血便能功成，敢于担当是勇气和信念，用心实践却是根本。乡村振兴非一朝一夕之事，青年人要有耐心耐力，不断提升自我，以"功成不必在我"的态度，为乡村发展注入"强心剂"。

大学生们，投入到乡村振兴中来吧，用学到的知识带领我们的父老乡亲致富；创业青年们，投入到乡村振兴中来吧，用拼搏的精神助力乡村产业；致富能手们，投入到乡村振兴中来吧，用丰富的经验带动更多后富群众！

青年兴则国家兴，青年强则国家强，青年崛起则民族崛起。广大青年朋友们，请投身乡村振兴的浪潮中来，广阔天地，大有作为！

思考题

1. 结合大学生实际，谈谈你对做好脱贫攻坚和乡村振兴衔接的认识。
2. 谈谈身边的乡村振兴的经典案例。

专题四

丰富"一国两制"发展新实践
助力实现中华民族伟大复兴

1982年1月11日,邓小平首次提出"一个国家,两种制度"的概念。如今,39年过去了,"一国两制"作为基本国策,成为党领导人民实现祖国和平统一的一项重要制度和中国特色社会主义的一个伟大创举,在实现和维护国家统一、维护国家安全、实现中华民族伟大复兴、推进中国特色社会主义事业等方面作出了重要贡献。党的十八大以来,针对香港的发展困局,以习近平同志为核心的党中央总揽全局,心系香港同胞,既坚守初心,又敢于作为,提出并实施了一系列具有理论创新和实践创新意义的重要举措,将"一国两制"香港实践纳入国家治理体系和治理能力现代化的进程之中。始终坚定不移贯彻"一国两制"方针,共同维护香港繁荣稳定。始终坚定不移走"一国两制"成功道路,再续澳门发展奇迹。持续推动两岸关系和平发展,坚定推进祖国统一进程。当前,我国正处于近代以来最好的发展时期,全国各族人民正在为实现中华民族伟大复兴的中国梦而团结奋斗。我们坚信,只要包括港澳台同胞在内的全体中华儿女顺应历史大势、共担民族大义,把民族命运牢牢掌握在自己手中,就一定能够共创中华民族伟大复兴的美好未来。

第一节 坚定不移贯彻"一国两制"方针
共同维护香港繁荣稳定

1997年7月1日零时零分,鲜艳的五星红旗伴随着庄严的《义勇军进行曲》,在香港会展中心高高飘扬。从这一刻起,中国政府对香港恢复行使主权,邓小平同志创造性提出的"一国两制"伟大构想,在香港迈出历史性第一步。

风雷激荡里坚守初心，勇毅笃行中写就华章。回归祖国 24 年来，香港特别行政区长期保持繁荣稳定，经济社会发展成就举世瞩目。事实充分证明，"一国两制"是完全行得通、办得到、得人心的。回归祖国 24 年来，"一国两制"事业栉风沐雨，稳步前行，一种全新的国家治理模式在不断完善中化为生动的实践。

一、正本清源，香港开启"一国两制"新征程

面对世界百年未有之大变局、波谲云诡的国际形势以及自身的深层次矛盾等考验，香港难免要经受时代风浪的拍打。从 2003 年反对基本法第二十三条立法，到 2012 年反对推行"国民教育科"、2014 年发动非法"占中"、2019 年"修例风波"……回归祖国 24 年来，反中乱港分子勾结英美等西方反华势力兴风作浪愈演愈烈，严重践踏法治和社会秩序，严重破坏香港繁荣稳定，严重挑战"一国两制"原则底线。对此，我们应当堵漏洞、除弊端，强力纠偏、正本清源，旗帜鲜明地捍卫香港"一国两制"实践。

（一）一法霹雳安香江，选规厘定护远航

奉法者强则国强，奉法者弱则国弱。党的十八大以来，以习近平同志为核心的党中央始终严格按照宪法和基本法的规定履行责任、行使权力，处理中央与特别行政区的关系，确保基本法在特别行政区法律体系中的最高地位得到牢固维护，确保"一国两制"在香港的实践行稳致远。党的十九大报告指出，保持香港、澳门长期繁荣稳定，必须全面准确贯彻"一国两制""港人治港""澳人治澳"、高度自治的方针，严格依照宪法和基本法办事，完善与基本法实施相关的制度和机制。① 党的十九届四中全会就严格依照宪法和基本法对特别行政区实行管治进一步强调，完善特别行政区同宪法和基本法实施相关的制度和机制，坚持以爱国者为主体的"港人治港""澳人治澳"，提高特别行政区依法治理能力和水平。

中央坚持依法治港，既是出于顶层设计的战略思考，也是因应香港时势变化的客观需要。随着外部环境和香港本地形势的发展变化，原有的法律和制度漏洞越来越明显。2019 年"修例风波"期间，在外部势力插手干预下，旷日持久的暴力横行街头。从当街纵火、堵塞道路到打砸商店、袭击无辜市民，从暴

---

① 习近平强调，坚持"一国两制"，推进祖国统一［EB/OL］. 新华网，2017-10-18.

力冲击特区政府总部及立法会大楼、围攻中央驻港机构,到在立法会寻衅滋事、阻挠特区政府依法施政……暴力手段不断升级,性质越来越恶劣,让香港陷入回归以来最严峻局面。反对派以各种政治语言煽动年轻人参与非法游行及使用暴力,暴力逾越法治,令香港变了模样。

外部势力千方百计想搞乱香港,想利用香港对内地进行渗透破坏,牵制中国发展,其险恶用心,路人皆知。从黑衣暴徒"港独"内容的标语、口号可见,反中乱港分子矛头是对着"一国两制"中"一国"这个根本。他们勾结外部反华势力,妄图搞乱香港、瘫痪特区政府,进而对内地进行渗透和破坏,令香港成为国家安全的一个突出风险点。2020年5月28日,第十三届全国人民代表大会第三次会议表决通过《全国人民代表大会关于建立健全香港特别行政区维护国家安全的法律制度和执行机制的决定》。全国人大常委会根据授权,结合香港特区具体情况,听取特区政府和社会各界意见后,于6月30日第二十次会议表决通过《中华人民共和国香港特别行政区维护国家安全法》(简称《香港国安法》),按《基本法》第十八条列入《基本法》附件三,并于同日在香港刊宪公布生效。《香港国安法》设立由行政长官担任主席的"香港特别行政区维护国家安全委员会",设国家安全事务顾问,由中央人民政府指派;中央在香港设立维护国家安全公署。《香港国安法》设置四项刑事罪名,包括:分裂国家罪、颠覆国家政权罪、恐怖活动罪,以及勾结外国或者境外势力危害国家安全罪,最高刑罚均可判处无期徒刑,即终身监禁。

自《香港国安法》实施以来,扭转了特区过去的乱局,令暴力行为大幅下降,外部势力已见减退,鼓吹"港独"的情况不断减少,市民恢复正常生活,经济和民生获重新发展。时至今日,《香港国安法》实施已满一周年,市民满意成效,社会重归安宁。根据紫荆研究院于6月底所做的调查,以电话随机抽样成功访问了1 509名市民,高达75.7%的受访市民对《香港国安法》实施成效感到满意,与上次民调的73.3%相比上升2.4个百分点,再创新高;逾七成受访市民认为,《香港国安法》的实施,令其增加了对香港"一国两制"前景的信心。① 国安法"彻底改变了2019年至2020年间长达一年的社会动荡局面",香港各界安居乐业。正如广大香港市民所盼,国安法带来了看得见的可喜变化。

---

① 香港国安法实施一周年:市民满意成效 社会重归安宁[EB/OL]. 中国新闻网,2021-07-08.

这变化,是"根本性的正面发展"。今年第一季度,罪案数同比下降约10%,香港本地GDP同比增长7.9%,年经济增长可望达5.5%。一降一升之间,香港经济的复苏、社会发展的信心,显而易见。这变化,也是"价值观的正本清源"。今年7月1日是香港回归24周年,恰逢中国共产党百年华诞,在香港的街头可见多辆巴士及电车车身喷上"贺建党百年 庆香港回归"的标语。一些相关的国家安全教育课程和活动受到学校、家长的一致欢迎,这对帮助学生从小树立正确的历史观、国家观、民族观非常重要。香港警方面向大众开通了"国安处举报热线",自去年11月开通至今,收到超过10万条讯息,越来越多的市民身体力行维护国家安全。[①]香港国安法的实施,终结了香港维护国家安全"不设防"的历史,彻底粉碎了境外势力扰乱香港的图谋。香港特别行政区政府及香港警方在香港民众的有力支持下,坚决依法办事、果断依法执法,沉重打击反中乱港分子的嚣张气焰;香港社会各界爱国爱港人士众志成城"撑国安",凝聚起强大合力帮助香港走出泥沼,迎来了晴空万里。

虽有国安法的保驾护航,但香港选举制度存在的漏洞,使得反中乱港势力和本土激进分离势力企图通过香港特别行政选举平台、立法会和区议会平台或者利用有关公职人员身份,肆无忌惮进行反中乱港活动,极力瘫痪香港特别行政区立法会运作,阻挠香港特别行政区政府依法施政;策划并实施所谓"预选",妄图通过选举掌控香港立法会主导权,进而夺取香港管治权;一些外国和境外势力通过立法、行政等方式和驻港领事机构、非政府组织等渠道公然干预香港事务,对我国有关人员粗暴地进行所谓"制裁",明目张胆为香港反中乱港势力撑腰打气、提供保护伞。这些行为和活动,严重损害香港特别行政区的宪制秩序和法治秩序,严重挑战宪法、香港基本法和香港国安法权威,严重危害国家主权、安全、发展利益,严重破坏香港社会大局稳定,必须予以坚决反对并采取有力措施防范和化解风险。香港社会出现的一些乱象表明,香港特别行政区现行的选举制度机制存在明显的漏洞和缺陷,为反中乱港势力夺取香港特别行政区管治权提供了可乘之机。为此,3月5日在第十三届全国人民代表大会第四次会议上,全国人民代表大会常务委员会副委员长王晨在所作的关于《全国人民代表大会关于完善香港特别行政区选举制度的决定(草案)》的说明中

---

① 香港国安法是一部良法善法[EB/OL].人民日报,2021-06-30.

指出，必须采取必要措施完善香港特别行政区选举制度，消除制度机制方面存在的隐患和风险，确保以爱国者为主体的"港人治港"，确保在香港特别行政区依法施政和有效治理，确保香港"一国两制"实践始终沿着正确方向前进。①

"爱国者治港"是"一国两制"方针的应有之义。香港基本法关于香港特别行政区行政长官以及行政机关、立法机关、司法机关组成人员的规定，贯穿着由以爱国者为主体的港人治港的原则，要求行政长官、主要官员、行政会议成员、立法会议员、各级法院法官和其他司法人员都必须拥护中华人民共和国香港特别行政区基本法，效忠中华人民共和国香港特别行政区。香港特别行政区实行的选举制度，包括行政长官的产生办法和立法会的产生办法，必须切实贯彻和全面体现以爱国者为主体的"港人治港"的政治原则和标准并为此提供相应的制度保障。3月30日上午，十三届全国人大常委会第二十七次会议在北京闭幕，新修订的香港基本法附件一、附件二获得全票通过。这两个附件规定了香港特区行政长官和立法会的选举办法，其内容相比之前有了较大的修改。与此同时，基本法附件一、附件二还明确了候选人资格审查委员会负责审查并确认选委会委员、行政长官及立法会议员三种候选人的资格。此举目的，仍是为了贯彻落实"爱国爱港者治港，反中乱港者出局"这一基本原则和底线。

（1）选举委员会：剔除区议会组别，设内地港人团体代表。行政长官由一个具有广泛代表性、符合香港特别行政区实际情况、体现社会整体利益的选举委员会根据本法选出，由中央人民政府任命。根据新修订的基本法附件一，选举委员会委员增至1 500人，并扩大至五个界别。分别为：第一界别，工商、金融界300人；第二界别，专业界300人；第三界别，基层、劳工和宗教等界300人；第四界别，立法会议员、地区组织代表等界300人；第五界别，香港特别行政区全国人大代表、香港特别行政区全国政协委员和有关全国性团体香港成员的代表界300人。新修订的基本法附件一还对各界别的划分及名额作出了规定。其中，第三届别原有的社会服务界改为"基层"，同时新增基层社团和同乡社团各60席。而此前占据了第四届别117个选委名额的区议会已被剔除，新增的是156席分区委员会及地区扑灭罪行委员会、地区防火委员会委员的代表，

---

① 关于《全国人大关于完善香港特区选举制度的决定（草案）》的说明［EB/OL］.澎湃新闻，2021-03-05.

以及27席内地港人团体的代表。原属第四届别的港区人大、港区政协等,被列入第五届别,该界别亦新增了110席全国性团体香港成员的代表。

(2) 立法会:议席分布"4∶3∶2",直选议席降至20个。香港各界关注的立法会议席分布也尘埃落定。根据新修订的基本法附件二,香港立法会议员每届90人,组成如下:选举委员会选举的议员40人;功能团体选举的议员30人;分区直接选举的议员20人。其中,选举委员会选举的议员候选人须获得不少于10名、不多于20名选举委员会委员的提名,且每个界别参与提名的委员不少于2名、不多于4名。每名选举委员会委员只可提出一名候选人。与之前的立法会议员构成相比,此次新增了40席经选举委员会选举的议员,而功能团体选举的议员由之前的35席降至30席,分区直选议员由35席降至20席。值得注意的是,此前功能团体选举的35名议员来自29个功能界别,新修订的基本法附件二中,30名议员将来自28个功能界别,原有的区议会界别被取消,医学界和卫生服务界合并为医疗卫生界,并新增港区人大、港区政协及有关全国性团体代表界。

(3) 区议会"去政治化",回归"为社区居民服务"。无论是选举委员会还是立法会,区议会组别/界别均已消失。这次亮点之一就是区议会议员不再纳入选举委员会中,这是根据基本法第九十七条的精神,让区议会"去政治化",回归为社区居民服务的功能,而不是成为反中乱港分子瘫痪政府,破坏"一国两制"的平台。根据香港基本法第九十七条,香港特区可设立非政权性的区域组织,接受香港特别行政区政府就有关地区管理和其他事务的咨询,或负责提供文化、康乐、环境卫生等服务。区议会是香港的区域组织,本应在基本法规定的范围内履行职责,但近年来,区议会运作已严重偏离了基本法第九十七条。一个主要的原因就是区议会议员大比例成为行政长官选举委员会的成员,并在立法会中占有较多席位,变相地改变了区议会的性质和定位,使区议会在香港特区政治生活中影响过大,甚至成为一些人从事反中乱港活动的重要平台。要促使区议会回归基本法对它的定位,就必须取消其在选委会和立法会中的席位,削弱它的政治功能。中央有关部门在前一阶段听取香港社会各界人士意见建议时,很多香港人士呼吁取消区议会在选举委员会和立法会中的席位。全国人大常委会在认真研究后采纳了这一意见。作出这一修改,将促使区议会回归原本的职能、定位,做好地区服务工作。

这些宪制性制度安排，把坚持"一国"原则和尊重"两制"差异、维护中央对特区全面管治权和保障特区高度自治权结合起来，全面落实"爱国者治港"这一根本原则，对于坚持和完善"一国两制"制度体系，确保香港长治久安和长期繁荣稳定，具有重要意义。

> **时事链接**
>
> ### 47名乱港分子今提堂！港警国安处最大规模起诉
>
> 《文汇报》报道称，去年7月，一众乱港分子举行所谓"35+公民投票初选计划"，企图以所谓的"公民投票"之名颠覆特区政府政权。乱港组织"民主动力"作为该计划的"金主"之一，与时任立法会议员杨岳桥、区诺轩、梁国雄及林卓廷等人沆瀣一气。当中牵头发起"初选"的"占中三丑"之一、时任香港大学法律系副教授的戴耀廷承认，他们的"35+初选"是"揽炒十步曲"之一，扬言要透过取得议会"35个以上的议席"，企图令特区政府停摆。今年1月，港警国安处经搜证后对55名涉案人员采取拘捕行动，其后相继获准保释。
>
> 港警2月28日在新闻公报中表示，警方于当天下午以"串谋颠覆国家政权罪"起诉其中47名人士，包括39男8女，年龄介乎23至64岁。这是香港国安法于去年6月底实施以来最大规模的检控行动。
>
> 综合"东网"、《文汇报》等港媒报道，被起诉的47人中，包括戴耀廷、区诺轩等5名组织及策划者，杨岳桥、梁国雄、林卓廷、朱凯迪等12名参与"35+初选"的前立法会议员，岑子杰、岑敖晖等18名参与"35+初选"的现任区议员，以及正在服刑的乱港分子黄之锋等其他12名参与者。截至目前，暂有8名参与者尚未被起诉。《文汇报》称，据悉警方目前只是未有足够证据作出检控，不排除一旦掌握足够证据，随时会再对这8人检控。
>
> 对于47名乱港分子被警方起诉一事，多名法律界人士28日接受《文汇报》访问时表示，香港国安法案件不被保释是通则，相信法院会评估有关保释申请。港区全国人大代表陈曼琪表示，香港国安法令香港的维护国家安全法律有效实施。香港是法治社会，每个人都有维护国家安全的法定责任，不能危害国家安全及政权安全，更须为自己的行为负责。她支持法庭严格遵守属全国性法律的香港国安法。
>
> ——来源：澎湃新闻，2021年3月1日

（二）刮骨疗伤去毒瘤，风清气正好发展

习近平主席 2017 年视察香港时指出："我们既要把实行社会主义制度的内地建设好，也要把实行资本主义制度的香港建设好。"① 香港回归祖国以来，中央政府用好宪法和基本法赋予的权力，牢牢把握香港局势发展的大方向和主导权，对香港实行了实实在在的有效管治。香港国安法与完善特区选举制度，两者是一套"组合拳"，都是为了保证"一国两制"的贯彻实施，而在国家宪制层面作出的关键举措，这两项举措的实施成功地让香港社会回归正轨。今天，香港人心初定，法律和秩序基本恢复正常，国家安全得到有力维护。但同时也应认识到，香港不仅需要在法律和制度层面回归祖国，更迫切需要人心的回归。

尽管香港已经回归 24 周年，但由于文化和历史的原因，香港市民对国家的认同感依然有待加强，尤其是青少年对祖国的历史缺乏全面的了解。因此，在香港普及爱国主义教育，培养香港市民对于国家和社会主义制度的认同感与自豪感，将是一项紧迫而艰巨的政治任务。

自"修例风波"以来，香港一些年轻人受反中乱港势力教唆煽动参与违法暴力活动，更有甚者侮辱国徽、国旗，呼喊"港独"口号，严重冲击香港法治，公然挑战"一国两制"的原则底线。香港少数学生滑向"黑暴"深渊并非一朝一夕之事，其根源就在于香港缺失正面引导的国民教育。反对派长期以"毒教材""毒试题"给如同一张白纸的学生灌输"精神鸦片"，企图将校园变为催生暴徒的"温床"；社会上，媒体对国家的负面报道、对历史的错误表述、对政府和执法机构的肆意抹黑，都反映在学生课堂内外的诸多领域。在香港立法会教育事务委员会设立小组清理"毒教材"后，反对派仍贼心不死，多次"拉布"拖延、阻挠教育改革进程。严峻的事实证明，必须果断斩断伸向校园的黑手，坚决排除校园被政治干预、渗透的情况，全力守护好香港下一代的希望。

香港的教育问题，核心是未能建立符合"一国两制"要求的教育体系，表现出来的现象主要有两方面：一方面是相当一部分教师、教育工作者，甚至教育官员，存在偏颇的个人政治取向和教育观，而他们更将这些"反中乱港"的个人政治立场，渗透入校园和教学中，令青少年学生受到严重的影响。另一方面

---

① 骆惠宁. 推动香港"一国两制"事业行稳致远［N］. 人民日报，2020-01-20.

是香港的教材良莠不齐，掺杂了大量有违"一国两制"的指向性内容，不利于学生建立国民身份认同，甚至有一些散播仇视国家、仇视政府、仇视警察的内容。4月1日，香港教育局向中学发出通函，公布高中4个核心科目的优化措施详情。其中高中中文科方面，公开考试将取消卷三"聆听及综合能力"和卷四"说话能力"，保留阅读及写作能力卷。换言之，中文科公开试的口试安排将成为历史，新安排将在2024年中学文凭试（DSE）落实。英文科的考评安排大致维持不变。教育局的通函同时提到，通识科改名为"公民与社会发展科"，不再设独立专题探究（IES），公开考试由以往两卷"数据响应题"及"延伸响应题"，改为只保留"数据响应题"。大学校长会随后发表声明称，由于通识科的公开试评级只设"达标"及"不达标"两级，该会决定自2024/2025学年起，文凭试考生4个核心科目的入学要求由"3322"改为"332A"，即通识科须达标。其中"公民与社会发展科"将以香港、国家和当代世界3个主题为核心内容，仍属必修必考，同时为学生提供前往内地学习的机会；课时比现在的通识教育科减半，为130～150个小时。4月30日，香港特区政府教育局向特区立法会提交的一份文件显示，有2名教师被取消注册资格，其中1人因在"修例风波"期间参与违法行为被定罪，另1人因在教学上持续采用大量、单一角度和偏颇立场的材料被定罪。教育局表示，自2019年6月中至2020年12月底，教育局共接获269宗相关的专业失德投诉，已大致完成对259宗个案的调查。至今年4月底，教育局已按《教育条例》取消3名失德教师的注册资格，向42名教师发出谴责信，及向43名教师发出书面警告，向35名教师发出书面劝喻，及向31名教师作出口头提示。教育局强调，即使教师的言行在校外发生或与教学工作无直接关系，教育局仍会积极跟进相关个案，不会接受行为不检、道德水平低劣、散播歪理的人士担任教师。对于严重的个案如散播"港独"讯息、因违法而被判监禁等，即使只是单一事件，亦会考虑取消其教师注册。[①]

香港师资、教材良莠不齐，是香港教育制度存在的最大问题。此次改革对症下药，切中要害，是香港教育改革的良好开端。唯有通过刮骨疗毒式的有力改革举措，才能避免心智尚未成熟的学生被人诱骗利用成为"政治炮灰"，才能在香港逐步建立健全与"一国两制"相适应的教育体系。除了对通识教育科目

---

① 香港再有教师因专业失德被取消教师注册资格［EB/OL］. 中国新闻网，2021-04-30.

课程内容及考核方式的改革之外,未来还应加强对老师队伍的培训、考核和监督,了解老师的实际教学情况,严把考试审题关。

时事链接

港大与学生会"割席"!还断了他们的重要财路

香港大学校方4月30日中午发出公开声明,强烈谴责港大学生会频繁的偏激言行。声明指出,作为一个独立于香港大学的注册社会团体,香港大学学生会近年行事日趋政治化,多次利用校园作为政治宣传的平台,公开发表煽动性并可能涉及违法的言论,对大学作出失实指控,破坏多年来与校方建立的互信,令大学的整体利益和声誉蒙损。大学对其偏激的言行予以强烈谴责。

声明称,基本法作为香港法治的基石,在保障了大学学术自由、个人言论表达自由和结社自由的同时,也有保护国家安全的条文,大学不是法外之地,亦有责任维护全体教职员和学生的福祉,不能容忍作为独立社团的学生会一方面利用学校提供的服务和场所,另一方面则漠视校方的劝喻和整体港大社群利益,其所作所为给大学带来违法风险。

特别值得留意的是,港大除了口头的强烈谴责,还厘清与学生会之间的法律责任,并对学生会作出了实质性的处理措施,包括:

(1) 决定不再代学生会收取会员费用;
(2) 不再为学生会提供财务管理服务;
(3) 收回学生会会址及其他设施的管理权;
(4) 因应情况在有需要时采取进一步措施。

声明表明,大学将会继续为港大学生的一般课外活动提供服务和支持。

——来源:海外网,2021年5月1日

二、融荣与共,香港续写发展新篇章

香港回归祖国以来,"一国两制"实践取得了举世公认的成功,成就斐然。历史记录过去,也镜鉴未来。事实将继续证明,只要在国家发展大局中找准定位、扮演更积极角色,香港一定能培育新优势、发挥新作用、实现新发展,续写新时代"一国两制"实践的崭新篇章。

（一）把握"十四五"机遇，香港"再出发"可期

2021年3月，《中华人民共和国国民经济和社会发展第十四个五年规划和2035年远景目标纲要》公布，在擘画国家发展蓝图时，明确支持香港提升竞争优势，更好融入国家发展大局。把握"十四五"时期发展机遇，找准自身定位，顺势而为，以自身所长服务国家所需，香港将可摆脱当前经济低迷状态，实现"再出发"。

当前，全球经济受新冠肺炎疫情、单边主义和贸易保护主义等冲击，不确定性和不稳定性突出，下行压力大。内地率先克服疫情的不利影响，实现经济增长由负转正。在此背景下，中国经济作为拉动全球经济增长的重要引擎，必将起到更大作用。毗邻内地的香港，在"一国两制"制度下，机遇更加明显。国家是香港的底气所在，也是香港的最强大后盾。在"十四五"规划纲要下，中央政府一如既往支持香港巩固提升竞争优势，明确肯定和支持香港四个"传统中心"，即国际金融中心、国际航运中心、国际贸易中心，以及亚太区国际法律及解决争议服务中心。但更重要的是中央首次提及支持香港发展的四个"新中心"定位，包括国际航空枢纽、国际创新科技中心、区域知识产权贸易中心，以及中外文化艺术交流中心。"十四五"规划和2035年远景目标纲要中涉港的每一处布局、每一项政策，都为香港的未来发展指明了方向，并对深化内地与香港合作做出具体部署。3月5日，香港特首林郑月娥在社交媒体上说："内地的官员曾经告诉我，能把部委或者省市的远景写进国家的五年计划，是'一字值千金'，第十四个五年规划内涉及支持香港的500多字将为我们带来无限机遇。"①

第一，中央支持香港建设国际创新科技中心，开拓新的经济增长点。2017年6月就曾有24名在港中国科学院院士、中国工程院院士给中共中央总书记、国家主席、中央军委主席习近平写了一封信，信中表达了报效祖国的迫切愿望和发展创新科技的巨大热情。习近平主席对此高度重视，作出重要指示并迅速部署相关工作。他强调，促进香港同内地加强科技合作，支持香港成为国际创新科技中心，支持香港科技界为建设科技强国、为实现中华民族伟大复兴贡献力量。② 2019年2月18日，中共中央、国务院印发的《粤港澳大湾区发展规划

---

① "十四五"香港的样子［EB/OL］.共青团中央，2021-03-10.
② 港媒转发央视快评：支持香港成为国际创科中心［EB/OL］.央视新闻客户端，2018-05-16.

纲要》中也明确提出，要"将香港发展成为大湾区高新技术产业融资中心"，"支持香港成为区域知识产权贸易中心"。香港是全球最自由、最开放地区，营商环境最好，而且是国际顶尖高校最密集的区域之一，对于吸引国际科创人才具有得天独厚的优势。2020年11月24日，嫦娥五号发射，返回器携带月壤样品成功返回地球，这是中国首次完成地外天体采样返回任务，在这一过程中，就有香港理工大学工业及系统工程学系讲座教授兼副系主任容启亮团队研制的表取采样执行装置，成为嫦娥五号"挖土"的重要工具。容启亮团队也曾参与嫦娥三号和嫦娥四号的"相机指向机构系统"以及天问一号火星探测任务的"火星相机"研发。推进创新驱动发展，是国家追求高质量发展的必然要求。我们相信，在有关政策支持和业界努力下，香港创新科技定能蓬勃发展。

第二，打造"一带一路"功能平台，充分发挥香港法律等专业服务业优势。随着"一带一路"建设不断推进，促进跨境贸易发展，法律等专业服务需求必将增加。作为实施普通法系的地区，香港有许多熟悉国际商贸规则和相关法律运用的人才，在提供跨境法律服务等专业服务方面优势明显。"十四五"规划中也明确指出，国家支持香港建设亚太区国际法律及解决争议服务中心，支持香港提升国际金融、航运、贸易中心和国际航空枢纽地位。香港在这几方面的法律服务方兴未艾，值得重视和进一步发展。加之，中国和世界经济交往越来越密切，提高国家法律服务业整体素质的重要性和迫切性更为突出。除了制度优势和语言优势外，香港律师在国内外之间也有较强联系能力，是国内外法律服务的"超级联系人"。此外，香港律师事务所有健全的管理、较高的信任度，加上内地对香港法律服务的需求，正是香港法律界大展拳脚的好机会。香港律师会会长彭韵僖指出，合资格香港法律执业者通过特设考试，可获得大湾区9个城市从事内地法律特定范围的执业资格。目前已有600多名香港法律执业者报名考试，相信未来会有更多香港律师参与大湾区发展。[①]

第三，突显香港作为内地与国际的"超级联系人"的地位。作为国际金融中心，香港在服务内地企业"引进来"和"走出去"等方面，仍可发挥重要作用。在今年三月份全国人民代表大会通过的《中华人民共和国国民经济和社会发展第十四个五年规划和2035年远景目标纲要》当中确立了香港在国家整体发

---

① 香港法律界："十四五"规划为业界发展带来多重机遇[EB/OL]. 新华网，2021-04-12.

展中的重要功能定位,有关金融的定位包括支持香港提升国际金融中心地位、强化全球离岸人民币业务枢纽的功能、国际资产管理中心及风险管理中心功能,以及深化并扩大内地与香港金融市场互联互通,高质量建设粤港澳大湾区。2020年5月出台的《关于金融支持粤港澳大湾区建设的意见》(简称《意见》)从促进粤港澳大湾区跨境贸易和投融资便利化、扩大金融业对外开放、促进金融市场和金融基础设施互联互通、提升粤港澳大湾区金融服务创新水平、切实防范跨境金融风险等五个方面提出26条具体措施。《意见》的出台,有利于进一步支持香港深度融入国家金融改革开放格局,深化内地与港澳金融合,为建设具有国际竞争力的一流湾区以及世界级城市群提供有力的金融支持。时至今日,香港在助力人民币国际化方面仍有先天优势,同时可以为内地企业提供可靠、多元化的融资服务;可以为内地在外的资金提供停泊和管理的服务,发挥资金安全港的角色;可以发挥风险管理中心的功能。

第四,深度参与粤港澳大湾区高质量建设,加强与内地合作,拓宽香港发展腹地。香港的发展历来与国家密不可分。国家发展建设,香港既是贡献者,也是受益者。"十四五"时期中国经济社会发展主要目标,高质量建设粤港澳大湾区等,为香港提供了大量机遇。

"一国两制"下的香港,只有以更积极的姿态融入国家发展大局、搭乘国家发展快车,才能实现可持续发展。香港应抓住"十四五"的战略机遇期,应该充分认识到"十四五"规划和二〇三五年远景目标对于香港长远发展的重要意义、广阔路径和美好前景。排除干扰,尽早研究和部署全面参与,以新角色新定位配合国家所需,既为国家新一轮改革开放作出新贡献,更带动香港实现经济重振、改善民生、摆脱困境再出发,书写"一国两制"崭新篇章。

(二)融入国家发展大局,共享祖国荣光

香港的命运与祖国的命运从来都是紧密相连的。香港好,国家好;国家好,香港更好。十九大报告指出,要支持香港、澳门融入国家发展大局,以粤港澳大湾区建设、粤港澳合作、泛珠三角区域合作等为重点,全面推进内地同香港、澳门互利合作,制定完善便利香港、澳门居民在内地发展的政策措施。[①]

---

① 融入发展大局,共享祖国荣光——港澳各界人士热议中共十九大报告[EB/OL].新华网,2017-10-19.

"一国两制"从国家民族整体利益和香港市民切身利益出发，让香港实现平稳过渡、顺利回归，亦让香港经济飞跃发展，成就有目共睹。要想"一国两制"发展得更好，香港就必须更好融入国家发展大局，尤其是国家在构建新发展格局、实施"十四五"规划、深化粤港澳大湾区建设方面，为香港创造了庞大机遇。只要在国家发展大局中找准定位、扮演更积极有为的角色，香港定能实现更大的发展。

"十四五"规划纲要刚一落地，香港法律界人士就收到了一份"大礼包"，国务院办公厅印发了《香港法律执业者和澳门执业律师在粤港澳大湾区内地九市取得内地执业资质和从事律师职业试点办法》，此文件广受欢迎。文件中规定，香港的执业律师和大律师在取得内地执业资质后，可以在粤港澳大湾区内地九市开展专业法律服务，试点期限为三年。此举无疑为香港法律界人士打开了"北上之门"。粤港澳大湾区是一个人口比香港多十倍的庞大市场，湾区企业在未来二三十年对涉外法律服务的需求将会非常大。这不仅能拓展更多的香港律师岗位，而且能在业务合作中促使他们与内地律师互利共赢。

其实，这样的政策利好，不止在法律界。比如，《粤港澳大湾区中医药高地建设方案（2020—2025年）》的发布，推动了香港中医师在内地公立医疗机构执业，鼓励香港注册中成药进入大湾区市场。国家以试点办法、建设方案的形式，破除法律服务、中医药等专业领域合作发展的障碍，在大湾区开辟出一条特色资源、优质服务"引进来"的路子。还有7月13日香港特区政府公布，截至6月30日，在"大湾区青年就业计划"下，已有377家企业提供2 887个职位空缺。特区政府劳工处根据网络招聘和问卷调查的情况推算，相关企业已接获超过1.8万个求职申请。① 有资料显示，截至今年6月中旬，通过各种途径报考内地高校的香港中学毕业生有约14 707人，其中文凭试收生计划有4 783人进行了确认，同比上升近20%。通过参加港澳台侨生联招考试报读内地高校并已确认的学生有2 341人，同比增加约17%。特区政府教育局自2014/2015学年起通过了"内地大学升学资助计划"，这一计划的申请人数及受惠人数近年来持续稳步上升，获资助学生由2016/2017学年的近1 400人上升至2020/2021学年的超过2 000人，5个学年共8 877人。截至2019年底，在内地高校本科和研究

---

① 香港"大湾区青年就业计划"已收到逾1.8万个求职申请［EB/OL］.新华网，2021-07-13.

院就读的香港学生有大约1.6万人。① 所以，无论什么职业和专业领域，只要抛开纷扰、积极参与，就能汲取发展动力、拓展未来空间。

以上都是香港背靠国家、融入国家的发展机遇，也是参与发展、见证进步的理性选择。纵观收尾的国家"十三五"时期，无论是港澳内容专设一章，还是助推香港参与"一带一路"建设、粤港澳大湾区建设，从一开始就为香港绘就了蓝图，旨在发挥香港独特优势，提升香港在国家经济发展和对外开放中的地位和功能，支持香港发展经济、改善民生、促进和谐。香港这个"超级联系人"，在国家发展进程中发挥了重要作用，但也的确由于一些泛政治化倾向、违法暴力活动等因素，造成社会内耗撕裂，阻滞了前行脚步。这既不应该发生，而且必须要尽早结束乱局、打开新局。目前，国家正在推动"十四五"发展，香港奋起的"十四五机遇"就在眼前。这对香港来说，机不可失，既不能等，也等不起。香港发展的最大优势是背靠祖国，香港的繁荣发展从来都与祖国内地密切相关。搭上国家发展快车的香港，决不会"被边缘化"；立志高远，在国家新发展格局中找到新发展定位的香港，决不会"被规划"。我们相信，香港只有成为国家发展的助力、合力，才能实现持续繁荣。

时事链接

广州首批定向招录的港澳籍公务员，已有4人正式入职

《粤港澳大湾区发展规划纲要》明确提出，研究推进港澳居民中的中国公民依法报考内地公务员工作。"定向港澳选拔职位"是贯彻落实《粤港澳大湾区发展规划纲要》具体要求、加快广州综合改革试点的一项重要内容。

与以往港澳籍人士在广东省内担任公务员（如自2002年起香港与内地多城市合办"公务员交流计划"）不同，广东省首批定向港澳招录从港澳籍青年应届毕业生当中选拔人员，是先行先试的一项重要政策。港澳青年在广州创业和担任公务员既是人才交流的有益尝试，也将为粤港澳在更多领域紧密合作夯实基础。

——来源：澎湃新闻，2020年5月25日

---

① "香港高考"放榜 报考内地高校人数［EB/OL］.新华网，2021-07-21.

第二节　坚定不移走"一国两制"成功道路　　　　再续澳门发展奇迹

1999年12月20日,伴随着《七子之歌》的声声呼唤,历经沧桑的澳门终于正式回归祖国的怀抱。回归后,在"一国两制"方针和中央政府的大力支持下,在历届特区政府和全体澳门市民的努力下,澳门在经济发展方面取得了举世瞩目的成就,实现了经济奇迹般的跨越式发展。"一国两制"和基本法在澳门得到了全面的落实,同时经济社会各项事业正在稳步推进,民生福祉显著改善。20余年来,与祖国同呼吸共发展的澳门,开创了历史上最好的发展局面,成功地从一个经济低迷、治安混乱的小城,成长为一个繁荣稳定、海晏河清的国际知名都市。

一、"一国两制"为澳门繁荣稳定保驾护航

澳门,始终是党中央情之所系、心之所牵。祖国好,澳门好。澳门回归之前,黑社会横行,刑事案件频发,老百姓生活在恐惧和不安之中,经济连续多年负增长,失业率高企,法治建设落后。自回归后,有伟大祖国作后盾,凭借"一国两制"优势,澳门经济快速增长、民生持续改善、社会稳定和谐、多元文化荟萃,本地生产总值不断攀升,民生福利水平显著提高,从幼儿园至高中实现15年免费教育,长者、婴幼儿、中小学生、孕妇纳入免费医疗,"莲花宝地"迎来了历史上最好的发展时期。

然而,一场突如其来的新冠肺炎疫情使全世界都面临着一场"抗疫情保经济"大考,澳门也不例外。2020年,既是澳门新一届特区政府施政的第一年,也是澳门全力抗击新冠肺炎疫情的重要关口,在此背景下,澳门特区政府在中央政府和祖国内地的大力支持下,紧密团结社会各界人士同心协力稳经济、护民生,充分发挥"一国两制"优势,积极参与粤澳合作,主动融入粤港澳大湾区和国家发展大局,在经济适度多元化方面迈出新步伐。

(一)稳经济、护民生,澳门交出最好成绩单

疫情防控筑牢生命防线。澳门地小人多,对外交往频繁,疫情暴发风险高、

防控难度大。2020年,在中央政府大力帮助下,全澳居民共同努力,澳门新冠肺炎疫情防控工作取得了零死亡、零社区感染、零院内感染、低重症感染和高治愈率的较好成绩,交出了一份令市民满意的防疫成绩单。

当前,澳门旅游业的复苏取得阶段性成果。2021年前5个月澳门入境旅客量呈上升趋势,酒店入住情况也见上升。7月1日至15日,酒店平均入住率达52.1%,较6月上升8.4个百分点。7月16日和17日分别录得3.3万及3.2万多人次旅客,继5月28日后重回3万人次水平。此外,4月下旬推出的"澳人食住游"本地游已有接近3万人次报名,本地居民暑假期间参团人数持续增长,进一步促进旅游业界和社区经济复苏。这份热闹背后,传递的是澳门抗疫的底气与自信。这份底气,来源于澳门始终坚持以人为本、生命至上。首个病例出现后,澳门特区政府果断采取一连串有力措施,通过加强入境管控与检疫、取消公众集会、延后开学或复工等多项举措,减少人员聚集。另一方面,澳门特区政府连续推出20多轮保障口罩供应澳门市民计划,保障市民生活及防疫物资供应,稳定了民心;推出中小微企业税费减免、贷款利息补贴等政策措施,为企业送去"及时雨"。这一项项政策措施把市民的生命安全和利益福祉放在首位,防控住了疫情,赢得了民心。

稳经济、保民生是头等大事。为应对疫情带来的影响,澳门特区政府发挥财政调节手段的作用,采取逆周期调控措施,实行积极的财政政策,努力实现了保就业、稳经济、顾民生的目标。2020年12月,澳门特区立法会全体会议以紧急程序细则性通过修改2020年度财政预算案,在超额财政储备中再拨用81.5亿澳门元。此前澳门特区政府已先后两次调整年度财政预算,为稳经济、护民生,特区政府2020年累计拨用的超额储备超过500亿澳门元。

受新冠肺炎疫情影响,澳门入境旅客大幅减少,旅游、博彩业损失严重,主要经济指标降幅明显。为纾缓居民及各行各业的经济压力,澳门特区政府先后推出两轮经济援助措施,具体包括减税降费,推行中小微企业援助和利息补贴,改善民生技能提升培训,等等,累计援助金额达525.5亿澳门元,相当于2019年澳门本地生产总值的12%。

在援助民生措施方面,澳门特区政府向居民发放了一次600澳门元的医疗券,补贴居民住宅三个月的水电费,对本地雇员、自由职业者、弱势家庭等给予资金援助等。分两轮向每位居民发放共8 000澳门元的电子消费券,推动本地消费，提振内需。针对失业和在职人士，澳门特区政府还开办了就业和提升技能导向的培训课程，对接因政府增加基建投资而出现大量的需求的工种，实现以工代赈稳定民生，一系列经济措施有效地提振了澳门社会的信心。

自疫情以来，特区政府实行积极的财政政策，扩大投资，推出了一系列减免税费、纾解民困和扶持中小企业的措施，以实现"保就业、稳经济、顾民生"的目标，致力于保存市场主体的元气和活力。在特区政府及社会各界的通力合作下，澳门总体社会经济形势基本保持稳定，本地经济正在逐步恢复。澳门大学澳门研究中心及经济学系4月7日发表最新宏观经济预测，预计2021年澳门经济增长处于21.4%至33.5%之间。2021年澳门服务出口增长在53.4%至82.1%之间，澳门特区政府最终收入维持在593亿澳门元至739亿澳门元左右；物价变动（本地生产总值平减指数和消费物价指数）预测维持在0.2%至1.4%之间；失业率有望由2020年的2.5%下跌至2.2%至2.3%，而本地居民失业率则预计由2020年的3.6%下降至3.2%至3.3%。①

（二）深度参与粤澳合作，做好开发横琴文章

横琴因澳门而兴盛，澳门因横琴而多元，湾区时代，琴澳同城乃大势所趋。横琴新区位于珠海市的南侧，珠江口的西岸，与澳门一河之隔，最近处仅187米，是粤港澳大湾区中粤澳合作的最前沿阵地，具有粤澳合作的先天优势。在深圳经济特区建立40周年庆祝大会上，习近平总书记明确指示要求"加快横琴粤澳深度合作区建设"，这是粤澳深度合作区战略定位首次在中央最高层面正式提出。

澳门产业单一，可用面积有限，想要突破澳门经济、社会的发展瓶颈离不开增加开发用地和企业孵化平台，而一衣带水的横琴则能满足澳门发展的需求，横琴自身也会获得良好的发展机遇。澳门和横琴的深度合作，更会为粤港澳大湾区建设带来新的发展动力，为中国经济发挥更为积极的作用。

自去年以来，尽管受到疫情影响，但粤澳合作、珠澳合作开发横琴的脚步还是明显加快。2020年8月18日，横琴口岸新旅检区域正式开通，进一步为两地之间的交通运输、人员往来和经贸活动提供便利，加速优质资源流动，为珠澳合作开发横琴提供有力支撑。

按照澳门特区政府的计划，澳门将与广东省及珠海市共同加快推进横琴粤

---

① 澳门大学预计2021年澳门经济增长率在21.4%至33.5%之间［EB/OL］. 新华网，2021-04-07.

澳深度合作区建设。按照中央的部署,扎实做好深度合作区方案的落实工作,打造结合"两制"优势、与国际规则高度衔接、促进澳门经济适度多元、服务国家开放的创新合作区。经过11年开发建设,横琴新区城市建设初具规模,截至2021年4月16日,横琴累计注册澳资企业突破4 000家,为全面加快横琴粤澳深度合作区建设打下了坚实基础。①

产业发展相互促进。在产业的深度联动方面,横琴着力培育和发展高新技术、澳门品牌加工、金融产业、商贸消费、文旅会展、海洋产业,争取在促进澳门产业多元化发展上取得实质性突破。据了解,横琴积极推进粤澳合作产业园建设,粤澳合作产业园已供地项目25个,总投资792.7亿元,24个项目开工建设,12个项目主体工程封顶,完成第二批拟落户粤澳合作产业园的123个项目联合评审工作。粤澳合作中医药科技产业园孵化器获"国家级科技企业孵化器"资质,累计注册企业199家,其中,广药集团项目、丽珠圣美项目、天祥集团项目、盈科瑞项目等重点企业项目已经入驻。

截至2020年底,横琴新区及一体化区域的科技型企业约7 000家,其中澳资科技型企业近800家;国家高新技术企业365家,其中澳资企业11家。为吸引更多具有澳门元素的科技创新项目参赛,第二届横琴科技创业大赛由横琴新区与澳门特别行政区科学技术发展基金共同主办,并在初赛、决赛环节特别设置了"澳门赛道"。第二届大赛报名项目2 278个,其中澳门赛道项目186个,总决赛选拔出28个优胜项目,其中荣获特等奖、赢得一亿元研发经费的芯耀辉科技有限公司计划与澳门展开合作,打造一支名副其实的琴澳团队,成为琴澳合作的标杆;广州康睿生物医药科技股份有限公司、振业(澳门)新材料科技有限公司等六个澳门赛道项目获得了优胜奖项。科技创业大赛的举办激发了澳门青年来到横琴创业,将促进澳门产业的多元化发展。

经济民生深度协同。随着产业、经济等越来越融合,到横琴工作成了部分澳门人的常态。在营商、民生环境方面,横琴方面出台了多项措施与澳门实现深度的多方面带协同。比如,鼓励澳门企业在横琴跨境办公,扩展澳门企业的发展空间,并扶持澳门投资的大型商业综合体发展,帮助招商等服务,让澳人澳企在横琴享受到服务。此外,澳门的群众落户横琴后,也不需要到横琴进行

---

① 增!2020年珠海横琴新区地区生产总值突破400亿元[EB/OL].央视新闻客户端,2021-04-16.

业务办理,澳门内还设立了粤澳工商服务中心,无论在横琴还是在澳门都能处理企业事务。

随着澳门人员流动越发频繁,横琴口岸新旅检区域实施"合作查验、一次放行"通关新模式;与此同时,推动澳门单牌车入出横琴政策落地实施并不断放宽申请条件,总配额增加至 5 000 辆,增强两地沟通交流;开通覆盖澳门半岛、氹仔岛、横琴新区、十字门片区的"横琴—澳门跨境通勤专线",已运送跨境澳门居民近 12 万人次。①

除此之外,珠海市横琴新区管委会向澳门都市更新股份有限公司出让总占地面积约 19 万平方米的项目用地,将在这里兴建的"澳门新街坊"项目,可为澳门居民提供约 4 000 套住宅,并设有生活、交通、教育、医疗、社区服务等配套设施,项目建设已启动实施,旨在推进澳门社区服务延伸,为在横琴创业、就业、就学、居住、旅游以及养老的澳门居民及横琴本地居民提供专业化、针对性、精细化的服务。

横琴新口岸是"一国两制"下粤港澳大湾区基础设施互联互通的标志性项目,是继拱北口岸之后粤澳以新合作模式构建的一座"超级口岸"。粤澳双方齐心协力,互相支持和谅解,克服了包括疫情在内的重重困难,确保了新口岸顺利开通。横琴新口岸开通,是澳门积极参与粤港澳大湾区建设,融入国家发展大局的一个重大契机。

(三)破解经济多元难题,融入国家发展大局

新冠肺炎疫情给澳门的经济社会发展带来了严重冲击,同时也暴露了澳门产业结构单一、横向多元不够、经济韧性不足的缺陷,再次印证产业调整和结构优化、寻求经济适度多元是澳门未来整体经济社会发展的必由之路。澳门特别行政区长官贺一诚在施政报告中强调,在旅游博彩业基础上发展的纵向多元化,并不能从根本上改变澳门"一业独大"的状况,迫切需要深入探索和开拓经济适度多元的路子。②

澳门 2020 年施政报告特别提出,促进澳门经济适度多元发展的措施包括:推动工业发展重新定位、转型创新,鼓励企业利用横琴空间打造澳门品牌;加

---

① 珠海横琴:加快粤澳深度合作[EB/OL].澎湃新闻,2021-04-20.
② 一台大戏已开锣——澳门 2020 年回顾与展望[EB/OL].新华网,2020-12-23.

快发展现代金融业，建设债券市场、发展财富管理业务；促进中医药产业化，推动产品和服务拓展国际市场；逐步培育跨境电商产业；促进文化及体育产业化；加强扶持中小企业等。在2021年通过的"十四五"规划中列明，应支持澳门发展中医药研发制造、特色金融、高新技术和会展商贸等特色产业。澳门多达6 500亿澳门元的财政储备，加上丰厚的民间资本，对投资新产业、发展特色金融、吸引人才等都是坚强助力。①

2019年2月18日，经党中央、国务院同意正式公开发布的《粤港澳大湾区发展规划纲要》中，澳门的定位是"一中心、一平台、一基地"，即建设世界旅游休闲中心、中国与葡语国家商贸合作服务平台，打造以中华文化为主流、多元文化共存的交流合作基地。毫无疑问，富有特色的旅游文化资源以及作为中国与葡语系国家之间"超级联系人"身份，都是澳门的突出优势。同时，澳门已成为一个服务葡语系国家与中国在大宗商品、纺织品、机电、法律服务、商业服务等方面往来的平台。

2021年3月11日，十三届全国人大四次会议表决通过了《关于国民经济和社会发展第十四个五年规划和2035年远景目标纲要》，进一步丰富了澳门构建"一中心、一平台、一基地"的内涵，支持特区巩固提升竞争优势、更好融入国家发展大局。2021年不仅是"十四五"开局之年，也是澳门特区新一届政府制定和执行第二个"五年规划"的开局之年。2016年9月，澳门特区政府在广泛收集社团、专家学者、居民意见建议，高度凝聚澳门社会各界共识的基础上，颁布了首个"五年规划"，执行情况理想。"十三五"期间，澳门本地生产总值已从2015年的3 687亿澳门元，增加到2019年的4 347亿澳门元。在澳门首个"五年规划"中，参与"一带一路"倡议、打造"中国与葡语国家商贸合作服务平台"、融入区域合作等内容是当中的重点。而新的五年规划目标将集中在深化"一中心、一平台、一基地"建设上，尤其是增强澳门畅通国内大循环和联通国内国际双循环的功能，为国家新时代改革开放作出新的贡献。

展望未来，澳门应立足于自身"一中心、一平台、一基地"的定位，主动对接国家'十四五'规划，积极参与大湾区建设。相信有中央政府和全国各族人民的关心支持，有澳门广大居民的齐心协力，澳门特区政府定能战胜前进道

---

① 王平. 融入大湾区 澳门优势多［EB/OL］. 人民网，2021-04-30.

路上的各种挑战,开创具有澳门特色的"一国两制"实践新局面。

> **时事链接**
>
> 今年 2 月,澳门劳工事务局首次与内地知名跨国企业合作推出"澳门青年到内地字节跳动见习计划",计划提供 48 个见习岗位,见习地点为广东省和福建省内企业业务涵盖的城市。据了解,最终有 17 人参与了这次见习计划,并已于 5 月 10 日到各自的见习岗位报到,开展为期 3 个月的见习。符合资格的见习青年可获得由见习单位发放的生活津贴,并由特区政府提供每月 5 000 澳门元生活资助。
>
> ——来源:澳门劳工事务局,2021 年 4 月 28 日

二、讲好"澳门故事",推动"一国两制"行稳致远

回归祖国 20 多年来,澳门经济快速增长、民生持续改善、社会稳定和谐,向世界展示了具有澳门特色的"一国两制"成功实践。澳门特色"一国两制"的成功实践,既来自澳门特区政府团结社会各界人士,全面准确理解和贯彻"一国两制"方针,坚定维护宪法和基本法权威,也来自澳门社会传承不息的爱国爱澳核心价值。

(一)爱国爱澳为"一国两制"成功实践奠定基础

2021 年 7 月,澳门特别行政区立法会选举管理委员会依法对澳门特区第七届立法会参选人的被选资格作出决定,认定部分参选人不拥护澳门基本法或不效忠澳门特区的事实成立而无被选资格,拒绝接纳部分参选组别名单。决定一出,立即得到澳门社会的广泛认同,各界人士纷纷表示,该决定符合澳门特区整体利益和长远利益,将为切实维护澳门特区宪制秩序,筑牢爱国爱澳根基奠定良好基础。

自澳门回归祖国以来,以宪法和澳门基本法为基础的宪制秩序牢固确立,社会安定有序、经济快速发展、市民安居乐业,民生建设得到了极大的改善,一个生机勃勃、安定祥和的澳门正以崭新的姿态屹立在祖国的南海之滨。澳门今天之所以取得巨大成就,源于中央政府和全国各族人民的大力支持、离不开澳门同胞的齐心协力和努力拼搏,根本得益于全面准确理解和贯彻"一国两制"方针,以及在澳门社会中广泛形成的爱国爱奥传统。从 1949 年 10 月 1 日,时任

濠江中学校长的杜岚在校园里升起澳门第一面五星红旗,到如今澳门大中小学实现升挂国旗、奏唱国歌全覆盖;从1999年澳门同胞自发到拱北口岸欢迎驻澳官兵,到2017年台风"天鸽"来袭,澳门市民为救灾的解放军送水送饭……爱国爱澳,早已从一种民间情愫转化为根植于澳门全社会的核心价值。

"爱国者治澳"是"一国两制"的应有之义。澳门特区立法会议员作为特区政权架构的重要组成人员,必须由拥护澳门基本法、效忠澳门特区的坚定爱国者担任,这是最基本的政治伦理,也是贯彻落实"一国两制"方针的必然要求。毫无疑问,那些违反"一国两制"原则底线,危害国家主权、安全、发展利益,挑战国家的根本制度和特区宪制秩序,损害特区繁荣稳定的人,在任何意义上都不能算作爱国者。立法会选举管理委员会严格依法履职,按照法律赋予的权力对参选人进行资格审查,是落实"爱国者治澳"根本原则职责所在。选管会的决定,把不拥护者、不效忠者、不爱国者依法挡在立法会的门外,有效杜绝这类人蒙混过关、混入特区治理架构,彰显了法治的公正和威严,确保了特区管治权牢牢掌握在爱国爱澳力量手中,完全合法、必要和正当,受到广大爱国爱澳市民的拥护和支持。

我们相信,在全面落实"爱国者治澳"根本原则的基础上,澳门各界定能凝聚共识,切实履行维护国家主权、安全、发展利益的宪制责任,筑牢和巩固爱国爱澳根基,在即将于9月举行的第七届立法会选举中,选出符合爱国者标准的立法会议员,切实维护澳门民生福祉和社会整体利益,确保具有澳门特色的"一国两制"成功实践行稳致远。澳门同胞爱国爱澳的责任担当和精神价值,为澳门顺利回归和"一国两制"的成功实践奠定了基础。

(二)"一国两制"是保持澳门长期繁荣稳定的最佳制度安排

"一国两制"是中国共产党的伟大创举。事实充分证明,"一国两制"是解决历史遗留的澳门问题的最佳解决方案,也是澳门回归后保持长期繁荣稳定的最佳制度安排。1999年12月20日,中国政府对澳门恢复行使主权,成为中国人民在完成祖国统一大业道路上的又一座丰碑。回归祖国后,澳门作为直辖于中央政府的特别行政区,重新纳入国家治理体系。中央政府依照宪法和特别行政区基本法对澳门实行管治,与之对应的特别行政区制度和体制得以确立。

澳门回归以来,同祖国内地的联系越来越紧密,在中央政府的大力支持下,澳门特区妥善处理一系列经济和社会问题，完成了国家安全本地立法，保持了经济和社会的繁荣与稳定。在中央政府和祖国内地大力支持下，澳门特别行政区政府和社会各界人士同心协力，充分实践"一国两制""澳人治澳、高度自治"的基本方针，谱写了具有澳门特色的"一国两制"成功实践的华彩篇章。

时间，是最忠实的记录者，也是最客观的见证者。澳门回归之前，黑社会横行、刑事案件频发，老百姓生活在恐惧和不安之中，经济发展一直停留在低水平。1996年至1999年，澳门经济持续下滑，失业率高企。澳门回归祖国以来，以宪法和澳门基本法为基础的宪制秩序牢固确立，治理体系日益完善，社会和谐稳定，法治持续加强，澳门成功跃升世界最安全的城市之一。22年来，澳门特别行政区坚决维护中央全面管治权，正确行使高度自治权，民主政制稳步发展。顺利完成基本法第23条和国歌法等本地立法，成立特别行政区维护国家安全委员会，维护国家主权、安全、发展利益的宪制责任有效落实。行政、立法、司法机关严格依法履行职责，正确处理相互关系，自觉维护行政长官权威，确保以行政长官为核心的行政主导体制顺畅运行。特别行政区民主政治有序发展，澳门居民依法享有的广泛权利和自由得到充分保障。

在中央政府和祖国内地的大力支持下，澳门经济实现跨越发展，居民生活持续改善。澳门本地生产总值从1999年的519亿澳门元增至2019年的4 451亿澳门元。人均本地生产总值从1999年的约12万澳门元，升至2019年的66万澳门元，跃居世界第二。澳门本地居民充分就业，失业率从1999年的6.3%下降到2019年的1.7%。"澳门也由以前不为人知的小渔村，变成今天众所周知的国际性大都市，澳门在回归前后发生的巨大变化，最根本的原因就是"一国两制"带来的红利。

如今，澳门经济适度多元发展成效初显，会展、中医药、特色金融等新兴产业方兴未艾。民生福祉不断攀升，教育、医疗、住房及社会保障等一系列民生问题得到大幅改善。参与共建"一带一路"和粤港澳大湾区建设取得积极进展，澳门居民获得感、幸福感不断增强。

> **时事链接**
>
> **澳门举行庆祝中国共产党成立 100 周年大型主题图片展**
>
> 由国务院新闻办公室、澳门特区政府、澳门中联办主办的"中国共产党的 100 年——庆祝中国共产党成立 100 周年大型主题图片展"于 6 月 23 日在澳门举行。展览分为 4 个部分,包括"建立中国共产党,夺取新民主主义革命伟大胜利""成立中华人民共和国,进行社会主义革命和建设""实行改革开放,开创和发展中国特色社会主义""推进中国特色社会主义进入新时代,全面建成小康社会,开启全面建设社会主义现代化国家新征程",全景展现了在中国共产党领导下,久经磨难的中华民族实现从站起来、富起来到强起来的辉煌历程。
>
> ——来源:央视网,2021 年 06 月 23 日

第三节 推动两岸关系和平发展,坚定推进祖国统一进程

坚持一国两制,推进祖国统一。在成功解决香港、澳门回归祖国的问题之后,解决台湾问题,实现祖国完全统一就成了全体中华儿女共同的热切愿望,也是中华民族根本利益之所在,是新时代中国共产党、中国政府的三大历史任务之一。十八大以来,以习近平同志为核心的党中央在推动国家统一的政策、理论与实践创新方面均取得重大进展。台湾问题关系到中国国家主权与领土完整的核心利益,习近平关于国家统一的重要论述,始终是习近平新时代中国特色社会主义思想的核心组成元素,是习近平治国理政新理念、新思想与新战略的重要组成部分。无论是 2017 年 2 月 10 日习近平与美国总统特朗普首次通话,还是 2017 年 4 月 6—7 日海湖庄园会晤、2017 年 11 月 8—10 日特朗普访问中国的会晤,习近平均反复强调台湾问题是中美关系中最重要、最敏感的核心问题,事关中美关系的政治基础,希望美方继续恪守一个中国原则,防止中美关系大局受到干扰。特朗普也多次承诺美国政府坚持奉行一个中国政策。2021 年 2 月 11 日,习近平在与美国新任总统拜登通话中指出:台湾、涉港、涉疆等问题是中国内政,事关中国主权和领土完整,美方应该尊重中国的核心利益,慎重行

事。拜登表示，美中两国应该避免冲突，可以在气候变化等广泛领域开展合作，美方愿同中方本着相互尊重的精神，开展坦诚和建设性对话。

习近平总书记指出："两岸虽然尚未统一，但我们同属一个国家、同属一个民族从来没有改变，也不可能改变。因为我们的血脉里流动的都是中华民族的血，我们的精神上坚守的都是中华民族的魂。"[1]两岸关系和平发展，"是一条维护两岸和平、促进共同发展、走向民族复兴、造福两岸同胞的正确道路"。"中国梦是两岸同胞共同的梦，需要大家一起来圆梦。"中国特色社会主义进入新时代，祖国大陆维护国家主权、统一和领土完整的能力日益强大，实现祖国完全统一的信心、决心与意志更加坚定。2019年1月2日习总书记在纪念《告台湾同胞书》发表40周年大会上，发表了《为实现民族伟大复兴推进祖国和平统一而共同奋斗》的重要讲话，全面回顾对台工作和两岸关系重大成就，深刻揭示了两岸关系发展和祖国必然统一的历史大势：祖国必须统一，也必然统一。从岛内主流民意趋势来看，支持两岸关系和平发展、希望两岸加强经贸文化合作、反对"台独"仍是主流。从国际社会来看，坚持一个中国原则是国际社会普遍共识，是国际社会人心所向、大势所趋，是任何国家、任何势力和个人都无法阻挡的。我们要坚持在发展的基础上解决台湾问题的战略思想，把自己的事情做好，进一步增强解决台湾问题的物质基础和综合能力，进一步增强抵御外部势力武装干涉中国统一的能力，直至实现国家最终完全统一的伟大目标。

一、坚定信心，推进两岸关系克难前行

台湾问题就其性质来看，是中国的内政，是20世纪中叶中国内战的遗留问题，但其产生与美国当年介入中国内战、干涉中国内政有直接关系。美国一直将台湾问题作为牵制中国的一张牌攥在手里，实施所谓"以台制华"战略，这点迄今未变。变化的是，伴随近年来美国对中国战略定位的改变，中美关系发生了深刻的变化，进而对台海局势、两岸关系产生了重大影响。

2017年，美国明确将中国定位为主要战略竞争对手，从政治、外交、经贸、

---

[1] 促进和平发展 实现和平统一——学习习近平总书记会见连战的重要讲话[N].光明日报，2014-04-22.

科技等领域全方位对中国进行战略打压，中美之间进入了全方位的战略博弈。相应地，美国明显加大了打"台湾牌"的频次和力度，以干扰和遏制中国的发展。在中美建交后的大部分时间，在台海局势上，中美基于共同利益，大体上能够合作管控危机。但现在，美国出于对中国的战略打压，越来越主动在台海挑事生事、制造危机。美国在台海问题上的角色，由管控者变成了挑事者。随着中美战略博弈日趋激烈，美国对华打"台湾牌"的动能和意愿将进一步强烈。拜登上台后，这一趋势是强化了而非弱化了。美国"一中政策"长期以中美三个联合公报和所谓"与台湾关系法"为核心内容，在二者之间玩弄平衡，即以中美三个联合公报来争取大陆认可，但又以"与台湾关系法"来安慰台湾。特朗普时期，将里根时期制定、但此后长期秘而不宣的"对台六项保证"给公开化，企图将之作为继"与台湾关系法"后、美国对台政策的又一重要支柱。在特朗普的操纵之下，给台海局势带来了很大的破坏性影响，这种破坏性影响的惯性可能还会延续一段时间。2020年美国民主党党纲中，仅表示会致力于落实"与台湾关系法"，却只字未提中美三个联合公报，也未提及"一中政策"，显示民主党在有意向台湾倾斜。未来民主党政府或将继续操弄这种策略，尽管承认"一中政策"，但在"一中政策"的核心意涵上强行塞入"对台六项保证"，使之更加往"亲台"的方向去偏离。美国"一中政策"与中国大陆的"一中原则"有重叠，即都强调以中美三个联合公报为根基，但更有分野，即美国强行塞入"与台湾关系法"。从法律效力来讲，美国所谓"与台湾关系法"是美国的国内法，他们自认为该法在位阶上要高于中美三个联合公报，这说明美国在最初制定"一中政策"时，已经有意往台湾方向倾斜。2021年美将向台出售至少52亿美元武器装备，届时美国历年对台军售总额将超过700亿美元。未来若再加入"对台六项保证"，势必会进一步掏空"一中政策"应有的核心意涵。

对于美国"重返亚太"等战略严重干涉中国内政、妄图不断损害中方利益的行为，我国外交部曾多次表示，中国在台湾、南海、钓鱼岛等问题上的立场是一贯的、明确的。中国捍卫国家主权、国家安全、发展利益的决心和意志坚如磐石，谁也不能动摇。美日等固守冷战思维，蓄意搞集团对抗，试图打造反华"包围圈"，这完全是逆时代潮流而动。美国和日本应该立即停止搞针对中国内政的小圈子，立即停止污蔑中国，立即停止破坏亚太地区和平稳定环境。大陆方面始终对台湾地区同胞有信心，而且大陆对待台湾的方针始终是一贯的，具有延续性、稳定性。可以说，大陆对台的"和平统一、一国两制"的基本方针至今没有改变，变化的只是与时俱进的具体政策措施，以及应对国际国内不同政治形势的工作重点和难点。某种程度上来说，大陆方面最大的变化，是大陆综合国家政治经济实力的发展壮大。在 2010 年之后，大陆已经超越德国和日本，成为世界第二大经济体，中美之间的综合实力大大拉近，两岸综合实力对比更是发生翻天覆地的变化。2020 年，美国 GDP 21 万亿美元，中国 GDP 101.6 万亿人民币。按国际货币基金组织预测，2021 年，美国在疫情得到控制情况下 GDP 预计增长 3.1%，约为 21.7 万亿美元，中国 GDP 预计增长 8.2%，约为 110 万亿人民币，汇率预计在 6.5～6.3 之间，按 6.4 平均计算，则中国 GDP 约为 17.2 万亿美元。大陆的崛起不仅使自己能够牢牢掌握两岸关系的主导权，并决定了两岸关系的基本走向和最终结局："台独"绝无可能，两岸终将复归统一。

因此，大陆方面更加坚定信心，并一直在努力切实推进两岸关系克难前行。例如，"一带一路"背景下的两岸经贸合作具有广阔的空间和潜力。中国大陆明确提出要为台湾地区参与"一带一路"建设做出妥善安排后，已形成台湾不能缺席"一带一路"建设的共识。在此条件下，探讨台湾参与"一带一路"建设的路径和机制尤为重要。推动台湾参与"一带一路"建设，一方面需要中国大陆科学合理的引导，如与台湾协商确定其参与方式、参与内容、参与政策等。另一方面，台湾自身更需从长远的发展眼光出发，排除外部各种干扰因素，以两岸和整个中华民族利益为重，在其社会内部与两岸间能聚同化异，并在台湾内部形成参与"一带一路"将给台湾带来发展机遇的共识，方能构建其积极参与"海上丝绸之路"的两岸环境。① 中国发起共建"一带一路"倡议，致力于促进沿线国家经济发展，帮助他们实现 2030 年可持续发展议程减贫目标，推动更大范围、更高水平、更深层次的区域经济社会发展合作。世界银行有关报告认为，到 2030 年，共建"一带一路"有望帮助全球 760 万人摆脱极端贫困、3 200 万人摆脱中度贫困。台湾"一带一路"经贸促进会理事长汪诞平表示，两岸不论官方也好，民间企业也好，"要体会到两岸合则两利，是必然趋势。台湾不参与，将是巨大的损失"。台湾除了以重要的地缘优势扮演对"一带一路"的贡献

---

① "一带一路"背景下的两岸经贸合作与台湾发展［EB/OL］.台湾网，2020-05-23.

外，其在制造业转型升级、大力推动高素质劳力需求的服务业发展以及生机蓬勃的创新创业活动方面也累积了宝贵的经验及成就，可供中国大陆推动"一带一路"参考借鉴。值得关注的是，在产业合作的企业层面，两岸可在中小企业合作、中西部开发等方面先行合作，逐步对接"一带一路"沿线国家的企业与市场。"一带一路"和区域整合为两岸中小企业合作提供了广阔的平台，普惠中小型企业，促进两岸产业展开良性竞争，需要从微观层面推动两岸产业合作体系、对接机制更加完善。台资企业既可沿"一带一路"内移西进中西部地区投资发展，又可与"海上丝绸之路"沿线的福建核心区联合起来共同开拓东南亚市场，为两岸经贸合作注入更多活力。就台湾参与"一带一路"建设的机制而言，两岸共建"21世纪海上丝绸之路"应立足于中国大陆自贸区与台湾"自由经济示范区"的联动，形成以产业园区为载体的分工与合作机制，服务于共建"21世纪海上丝绸之路"的金融合作机制、合作对外投资机制及地区安全治理的互动机制。厦门自贸片区、高雄自经区战略定位、功能定位兼容，为自贸区与自经区共生体得以形成、发展创造了条件和基础，而共生环境的激励也有利于厦门、高雄自贸区与自经区共生关系的维持。现阶段，厦门自贸片区、高雄自经区共生体尚处于互惠共生条件下的间歇共生模式，需要通过多方面的共生通道建设，才能实现渐次演进，最终提升为对称性互惠共生条件下的一体化共生体。在福建自贸区成为先行先试区的条件下，两岸在"一带一路"倡议的建设中应提出中国大陆四大自贸区与台湾自由经济示范区对接的政策措施，以深化两岸在"一带一路"框架下的合作效应。[①]

长期以来，大陆是台商台企最佳投资目的地；2020年，台湾是大陆第七大贸易伙伴、第三大进口来源地，大陆是台湾最大的贸易伙伴、最大的出口市场。2020年，台湾对大陆（含香港）进出口占其进出口总额的34.2%，对大陆（含香港）出口占其出口总额的43.9%。但是，民进党当局的倒行逆施却导致两岸关系出现倒退，导致"一带一路"中的台湾机会无从谈起。"一带一路"对于两岸而言既是经济方略，也是认同纽带，在"一带一路"倡议的大背景下，两岸只有从民生经济福利和生活共同体的共同建构出发，在现实推动过程中来构建

---

① 王勇.自贸区建设背景下两岸共建"21世纪海上丝绸之路"探讨[J].台湾研究，2016（3）：52-58.

两岸之间积极正向的价值共享与共同家园，方能在策略上进一步由下而上地发展两岸国族认同。

> **时事链接**
>
> **美军舰多次穿越台湾海峡**
> **外交部：这是对地区和平稳定的蓄意干扰和破坏**
>
> 据报道，22日，美国"威尔伯"号导弹驱逐舰穿越台湾海峡。这是美国总统拜登就职以来，美军舰第六次穿航台海。中方对此有何评论？
>
> "中国东部战区新闻发言人已就此作出回应。中方密切关注并全程掌握美国军舰过航台湾海峡的情况。"赵立坚指出，美舰近来多次在台湾海峡炫耀武力、滋事挑衅。这不是对什么自由开放的承诺，而是搞"军事横行自由"，是对地区和平稳定的蓄意干扰和破坏。国际社会对此看得清清楚楚。"中方捍卫国家主权和领土完整的决心坚定不移。"赵立坚称，"我们敦促美方为地区和平与稳定发挥建设性作用，而不是相反。"
>
> ——来源：中国网，2021年06月23日

二、乘势而上，深化两岸融合发展

为了推进两岸的经济和社会发展，维护两岸同胞的福祉，我们需要进一步深化两岸交流，特别是在两岸关系日益紧张的当下，为了台海和平稳定，更需要两岸深入交流，融合发展。"交流比断流好，合作比对抗好，'一家亲'比'一家仇'好"。新冠疫情未平、台海形势紧张，给两岸交流带来挑战，但同时也给两岸交流提供了难得的历史机遇，创造了新的巨大空间。

第一，习近平新时代中国特色社会主义思想是指导我们解决台湾问题的根本遵循。党的十九大报告对台湾问题作了一个精准定性，报告指出："解决台湾问题、实现祖国完全统一，是全体中华儿女的共同愿望，是中华民族的根本利益所在。"也就是说，统一是人心所向、大势所趋。对未来对台工作，习总书记高屋建瓴地提出了三条：一是继续坚持"和平统一、一国两制"方针；二是推动两岸关系和平发展；三是推进祖国和平统一进程。我们坚信，随着我国综合国力稳步上升，与台海外部干涉势力的力量对比进一步改变，我们对台湾政治、经济、社会、文化的影响力必将进一步增强。尽管当前"台独"势力蠢蠢欲动，

外部干涉势力动作频频，但这种短期的逆势操作，并不能改变中国大陆蒸蒸日上、两岸关系长期向好的总体趋势。只要我们沿着习近平新时代中国特色社会主义思想指引的道路坚定地走下去，两岸关系主动权、主导权必然操之在我。祖国必须统一，也必然统一，这是历史发展的必然结论。对内遵循习近平总书记"两岸融合发展，两岸一家亲"理念指导我们的对台工作，从社会和人文各方面化解台湾长期被域外不同人文、体制统治的隔阂。实践证明，深化经济合作，才能厚植共同利益；密切人民往来，才能融洽同胞感情。尽管由于历史原因两岸同胞在观念层面还有不少差异，但两岸民间的了解和理解也在不断累积，两岸融合发展会不断深化。相信随着中国发展模式国际比较优势的进一步凸显，台湾同胞对大陆的认同度会不断提升。

我们要遵循中国共产党对台方略实现国家完全统一。我们首先要做的事，最需要做的事，就是坚持在发展的基础上解决台湾问题的战略思想，把我们自己的事情做好，更加集中精力进行现代化建设，把我们的经济实力、科技实力、金融实力、国防实力和综合国力再推上一个大台阶，进一步增强解决台湾问题的物质基础和综合能力，进一步增强抵御外部势力武装干涉中国统一的能力。我们要坚持"和平统一、一国两制"的基本方针，坚持一个中国原则，反对和遏制任何形式的"台独"行径，保持和平统一的努力，继续促进两岸交流合作、融合发展，推动两岸关系和平发展；同时保持非和平方式的战略选择，不断加强军事斗争准备，应对各种复杂状况，包括最坏的状况。既能在"台独"势力和外部干涉势力把战争强加在我们头上的时候，沉着应战，战而胜之，又能在和平统一的可能性完全丧失的时候，使用非和平方式及其他必要措施，决战决胜，解决台湾问题、实现国家完全统一。习总书记把"推进现代化建设、完成祖国统一、维护世界和平"作为新时代我们国家的三大历史任务，由此可见解决台湾问题的极端重要性，它和实现整个国家现代化的任务相并立。从对台工作来看，我们的目标任务就是"推动两岸关系和平发展、推进祖国和平统一进程"。这两项任务又是互相连接的，当前我们推动两岸关系和平发展，就是为以后实现祖国完全统一创造条件。祖国统一既是目标，也是新时代需要我们努力推进的一项历史性重任，是全体中华儿女的共同神圣使命。

第二，对"台独"分裂势力始终保持高压态势。遏制"台独"分裂活动是确保两岸关系和平发展的必然要求。"台独"分裂势力仍然是两岸关系和平发展的最大现实威胁。民进党蔡英文上台后,党中央旗帜鲜明地坚决反对和遏制"台独"分裂。习总书记多次明确强调指出:"我们有坚定的意志、充分的信心、足够的能力挫败任何形式的'台独'分裂图谋。我们绝不允许任何人、任何组织、任何政党、在任何时候、以任何形式、把任何一块中国领土从中国分裂出去!"习总书记这一庄严宣示,体现了大陆14亿同胞坚定反对"台独"分裂、坚决维护国家主权领土完整的意志和决心,对"台独"分裂势力形成最大的震慑,迫使蔡英文当局始终不敢碰触"台独"分裂底线,有力维护了两岸关系大局的稳定。2021年1月12日,解放军分别在台湾北部的东海海域实施多艘军舰实弹射击与对抗演练,在台湾西部的福建南部海域进行直升机大编队跨海突击、岛礁占领演练。

实际上,解放军东部战区进行实战演练是针对当前台海安全形势和维护国家主权需要采取的必要行动,为了震慑"台独"以及警告美军,解放军从2020年起巡航台湾邻近空域已成常态。从2021年1月1日起,解放军军机累计进入台空域5天,今年保持"全勤"状态。台湾是中国不可分割的一部分,解放军在台海地区组织实兵演练,展现的是捍卫国家主权和领土完整的决心和能力,针对的是外部势力干涉和极少数"台独"分裂分子及其分裂活动。台民进党当局置广大台湾同胞的安危福祉于不顾,不断挑动两岸对立对抗,进行"谋独"挑衅,危害台海和平稳定,这一图谋注定不会得逞。如果"台独"分裂势力胆敢以任何名义、任何方式把台湾从中国分裂出去,祖国大陆必将不惜一切代价,坚决予以挫败。

第三,面对新冠疫情影响和国际形势深刻变化,祖国大陆坚持深化两岸融合发展,为两岸同胞排忧解难,谋利造福。祖国大陆积极帮助台商台企应享尽享各地区各部门出台的助企纾困政策,国务院台办出台"11条措施"并落实落细各项惠台利民政策措施,做好疫情防控和复工复产。积极协助台商台企拓展大陆内需市场,举办"台资企业拓内销"线上推介对接系列活动,协助台企参加第三届中国国际进口博览会,用好"台商走电商"、跨境电商等平台。积极为台商台企参与"一带一路"建设和国家区域协调发展战略铺路搭桥,指导山东、北京等10多个省区市以线下线上结合方式举办涉台经贸交流活动。国台办为台商台企提供更多投资机会,加强海峡两岸产业合作区建设,在江西新设两岸产业合作区。积极协助台湾青年在大陆实习就业创业,指导各地区各部门举办一系列台湾青年就业创业活动，加强海峡两岸青年就业创业基地和示范点建设。在两岸同胞的共同努力下，2020年两岸经贸往来总体稳中有进。2020年1至11月，两岸贸易额2 356.9亿美元，同比增长13.8%，其中大陆对台出口539.8亿美元，同比增长8.4%，自台进口1 817.1亿美元，同比增长15.6%。大陆台企生产经营总体稳定，部分台企持续增资扩产，8家大陆台企在A股成功上市。台商投资出现大项目多、科技含量提高的积极变化，两岸产业链供应链持续稳固。①

　　大陆是台湾对外贸易逆势增长的主要动力。2020年以来，疫情在全球蔓延导致世界经济陷入衰退，但得益于严格有效的疫情防控和精准适度的经济扶持政策，大陆经济在全球率先复苏，消费、投资等主要经济指标实现"转正"，2020年GDP增速达2.3%，成为全球唯一实现正增长的主要经济体，同时GDP首次突破100万亿元，占全球GDP比重升至17%。在此背景下，据台湾方面统计，2020年台湾整体出口仅增长4.9%，其中对大陆以外地区出口下降1.6%，对东盟出口下降1.3%，对"新南向政策"18个目标国出口下降3.2%。台湾对大陆出口实现两位数增长，更加反映了大陆经济稳步回升对带动台湾贸易增长的重要作用。

　　大陆是台商台企投资兴业的最大机遇。2020年，台湾对大陆投资金额同比增长41.5%，主要分布于电子零组件制造业（占26.8%）、批发及零售业（占23.6%）、金融及保险业（占8.7%）。不难看到，近年来尽管受中美经贸摩擦、疫情等不利因素影响，大陆仍是多数台商优先考虑的市场，特别是大陆应对疫情过程中表现出的强大韧性和旺盛活力，让越来越多的台商更加坚定深耕大陆市场的决心，台商台企在大陆的快速发展也"反哺"两岸经贸，进一步带动岛内投资和两岸贸易增长。今后一个时期，大陆台商台企依托大陆市场将迎来更大的发展机遇。一是大陆正加快构建以国内大循环为主体、国内国际双循环相互促进的新发展格局，有利于充分激发大陆市场潜力，超大规模市场优势将进一步凸显。二是大陆积极营造市场化、法治化、国际化的营商环境，特别是有利于科技创新的体制机制日益成熟，有利于为广大台商台企提供高质量发展的平台。三是RCEP的签署和中欧投资协定谈判的完成都将孕育新的市场机遇，

---

① 国台办：2020年两岸经贸往来总体稳中有进［N］.经济日报，2020-12-31.

而大陆是台商台企进入区域大市场的最佳跳板。四是大陆持续落实落细"31条""26条""11条"等惠台利民措施，继续率先同台胞台企分享大陆发展机遇，并提供更多制度保障。

大陆是台湾产业高质量发展的有力支撑。"十四五"期间大陆将进入全面建设社会主义现代化国家、向第二个百年奋斗目标进军的新发展阶段，经济社会发展更突出高质量发展主题，其中科技创新是高质量发展的重中之重，台湾相关产业及企业到大陆发展大有空间、大有可为。大陆高质量发展的内在要求，将推动两岸产业链转型升级、促进两岸贸易能级提升，进一步刺激岛内高科技企业加强研发、扩大产能，提升产业发展层次和水平。在两岸高端产业合作日益密切的带动下，2020年1月至9月台湾电子零组件业工业产值同比增长10.3%，其中集成电路业产值创历年同期新高，同比增长23.3%，成为台湾制造业产值增长的主要贡献来源。2020年上半年，台湾电子零组件业固定资产投资增长4.5%，占制造业的比重达64.0%。同时，电子零组件业解决岛内就业超过60万人，约占台湾工业就业人口的15%。

大陆是台湾经济稳定增长的强大后盾。两岸相互依存的经贸关系促进两岸经贸合作持续发展。2020年以来，受疫情影响，全球经济陷入衰退，台湾作为外向型经济体，经济表现仍然不错，2020年台湾GDP增速预估为2.54%。其中，台湾从大陆获得贸易顺差达866.73亿美元，而对大陆以外地区的贸易逆差达278.82亿美元。此外，从台湾GDP构成来看，2020年前3季度，台湾民间消费下降了1.48%。可见，如果没有大陆市场对台湾出口以及岛内投资的拉动，台湾经济将难以避免陷入衰退。

总体看，两岸经贸合作是由双方存在优势互补的发展基础所决定的，是市场推动资源最优配置的结果，而两岸间已建立的较为稳固的产业链供应链，为两岸经贸合作持续发展提供了源源不断的动力。这种巨大的发展惯性也是推动两岸经贸合作继续向前的大势所在，并非民进党当局依靠"政治之手"所能左右。从近期看，2021年大陆经济恢复性增长将产生新的需求规模，推动两岸经贸合作持续发展。从中期看，"十四五"期间，大陆将进一步推进高水平制度型开放、推动高质量发展、构建新发展格局，更加注重需求侧管理，形成强大国内市场。目前大陆有4亿中等收入人口，未来10年累计商品进口额有望超过22万亿美元，大陆市场的空间和潜力将成为两岸经贸合作最重要的基础和推动力。

从长期看，随着 RCEP 成员间关税水平逐步降低，以及未来更高水平的中日韩 FTA 构建，东亚区域经济一体化水平将大幅提升。加之中欧投资协定谈判的完成，区域产业链供应链的融合发展乃大势所趋，台湾唯有乘势而上，进一步推动两岸经贸合作，深化两岸融合发展，才能避免被边缘化的风险。①

第四，持续加强两岸文化交往交流，增进中华民族认同的精神纽带。中华文化生生不息、薪火相传，是密切两岸同胞感情、增进中华民族认同的精神纽带。两岸同胞血脉相连，亲望亲好。共同继承和发扬中华文化优秀传统、扩大深化两岸文化领域交流合作，是两岸同胞的共同愿望和两岸关系发展的内在要求。两岸关系发展虽历经波折，但两岸同胞共同传承中华文化的信念没有动摇，两岸文化交流向前发展的势头不可逆转，文化交流内涵日益丰富，形式不断创新，领域渐次拓宽，水平逐步提升，为两岸民众架起了心灵沟通的桥梁，为两岸关系和平发展发挥了无可取代的作用。2019 年 1 月 2 日，习近平总书记在《告台湾同胞书》发表 40 周年纪念会上的重要讲话中强调，"国家之魂，文以化之，文以铸之。两岸同胞同根同源、同文同种，中华文化是两岸同胞心灵的根脉和归属"②。千百年来，我们的同胞无论生活在哪里，身上都有鲜明的中华文化烙印。海峡两岸分隔已过 70 年，但文化的相通、精神的纽带从未中断。在日本侵占台湾的 50 年间，广大台湾同胞不改其志、不忘根本，顽强守护着中华文化火种，坚守着华夏儿女的风骨气节，是台湾最终回归祖国的强大精神动力。③

2020 年 9 月 19 日，第十二届海峡论坛在福建顺利举办。这一最具指标意义的两岸民间交流活动虽"比以往时候来的更晚一些"，但克服了新冠肺炎疫情和民进党当局阻挠两岸交流的不利影响，得以继续举办，深具意义，充分彰显了两岸同胞加强交流合作、探索融合发展的主流民意，充分说明了一个道理：不管遭遇多少干扰阻碍，两岸同胞交流合作不能停、不能断、不能少。两岸一家亲，海天难为堑。新冠肺炎疫情对两岸交流和人员往来造成一定影响，同时民进党当局对两岸交流往来的阻挠禁限变本加厉，但两岸各界对继续办好海峡论坛普

---

① 白光裕. 两岸经贸合作势不可挡［N］. 经济日报，2021-2-21.
② 习近平. 为实现民族伟大复兴　推进祖国和平统一而共同奋斗——在《告台湾同胞书》发表 40 周年纪念会上的讲话［J］. 台声，2019（1）：6-9.
③ 彭韬. 伟大的时代命题：顺大势、承大任、行大道、担大义、促大业——纪念习近平总书记在《告台湾同胞书》发表 40 周年纪念会上讲话发表两周年［J］. 统一论坛，2021（2）：3-5.

遍抱有期待,希望这个年度性的两岸互动平台无"空窗"、不"留白"。论坛综合考虑疫情防控实际情况,精心设计内容、形式,在涉及青年、基层、文化、经济的四大交流版块中,突出针对性与时代性,运用互联网技术以线上线下结合方式举办多项活动,紧扣当前热点,新增卫生防疫、复工复产等议题,融入两岸同胞携手抗疫、守望相助的感人故事,继续多维度突出两岸融合发展方向。两岸各界代表人士应约而至,包括近2 000名台湾同胞,用实际行动展现了促进两岸交往、发展两岸关系的责任担当。① 除此以外,大陆相继举办了2020年两岸企业家峰会年会、两岸中山论坛、第三届两岸青年发展论坛等500多项交流活动,台湾同胞积极响应。推动两岸交流往来符合两岸同胞的利益福祉,是任何困难都阻拦不了的。突如其来的疫情对经济民生等造成冲击无法预见,但却是能够克服的,愈是风高浪急的时候,两岸同胞愈要加强交流合作,凝聚智慧力量,携手共渡时艰。我们坚持人民至上、生命至上,与台湾同胞同舟共济、守望相助,共同抗击新冠肺炎疫情。我们高度重视和维护台湾同胞的生命安全和切身利益,采取一系列措施帮助台胞台企做好疫情防控,协助台商台企复工复产。广大台胞台企以各种方式奉献爱心,传递温情,涌现出许多感人事迹,彰显了两岸同胞血浓于水的骨肉亲情。

在进一步落实落细"31条""26条"惠台利民措施基础上,大陆方面2020年又及时推出"11条措施",不仅着力为台胞台企纾困,更支持台胞台企更好把握两岸融合发展新机遇,赢得台胞台企和台湾社会普遍赞许。在广东,依托"1+2+3+11+n"社会化运营管理模式,实现资源整合、互联互动、业务协同,为台湾青年在广州创新创业、实习就业、居住生活提供一站式全方位服务。不少台青参与直播带货行业,为企业对接MCN机构和直播主播,提供新零售方案,受到台商台企的欢迎。这再次充分体现了大陆方面在对台工作中贯彻落实以人民为中心的发展思想,像为大陆百姓服务那样积极造福台湾同胞。亲望亲好,中国人要帮中国人。两岸关系和平发展是大势所趋,两岸深化交流合作是民心所向。只要两岸同胞携手努力,两岸交流合作就能够驱散寒流与阴霾,朝着正确方向阔步迈进,两岸的梦想同心圆就能够生成更强大的进步力量,跨越

---

① 两岸同胞交流合作不能停、不能断、不能少——写在第十二届海峡论坛登场之际[EB/OL]. 天眼新闻,2020-09-19.

海峡共构的康庄大道就能够不断拓宽，打开属于两岸所有中国人的壮丽前景。

> **时事链接**
>
> **促进两岸融合发展，"农林22条措施"带来"春暖"**
>
> 日前，国台办等部门发布了《关于支持台湾同胞台资企业在大陆农业林业领域发展的若干措施》，即"农林22条措施"。这是大陆方面继续贯彻执行中央精神，积极与台湾同胞分享发展机遇，为台胞和台企提供同等待遇的一项重要的举措。此次的"农林22条措施"，与之前的"31条措施""26条措施"一脉相承，都是为继续促进两岸交流与融合发展、完善给予台胞台企同等待遇的机制，有利于继续深化两岸融合发展，有利于两岸和平稳定发展的大局。
>
> ——来源：中国网，2021年3月19日

2021年是全面开启建设社会主义现代化国家新征程和"十四五"规划开局之年。我们将继续深入贯彻习近平总书记关于对台工作的重要论述和中共十九届五中全会精神，坚持一个中国原则和"九二共识"，坚决反对"台独"分裂，积极推动两岸关系和平发展、融合发展，努力为台胞台企参与民族复兴进程创造更大空间和更多机遇，团结两岸同胞携手共同推进祖国统一进程。

思考题

1. 谈谈如何推动香港"一国两制"实践行稳致远。
2. 青年如何在推进祖国和平统一进程中担当作为？

专题五

立足百年未有之大变局 开创大国外交新局面

2021年,世界百年未有之大变局不断深化,大国之间的战略博弈全面加剧,国际体系和国际秩序深度调整。尤其在新冠肺炎疫情的冲击下,人类发展面临的新机遇新挑战层出不穷。面对瞬息万变的国际形势,如何更好地应对挑战把握机遇,中国不仅提出了共建人类命运共同体的智慧方案,还积极深化同周边国家关系,开创大国外交新局面。

第一节 揆情审势 认清百年未有之大变局

2017年12月,习近平总书记在接见回国参加驻外使节工作会议的使节时发表重要讲话指出:"放眼世界,我们面对的是百年未有之大变局。"此后,在国内国际多个重要场合讲话时,他都反复提及"百年未有之大变局"问题,引起党内外、国内外广泛关注。百年未有之大变局的表现是多方面、深层次的,只有认清形势才能更好应对。

一、力量之变:东升西降

当前国际力量对比中,亚洲地区经济发展与科技进步持续走强,其人口规模、地理版图、资源潜力均全球领先。麦肯锡全球研究院(MGI)2019年9月3日发布的《亚洲——未来已至》中认为,亚洲GDP在2040年占全球比重有望超过50%。与此同时,西方发达国家政治与社会困境加剧,美国阶层与族群矛盾凸显、政党对立、社会撕裂,欧盟离心力增大,日本老龄化严重,西方七国集团（G7）影响式微。① 这些变化呈现出东升西降的态势。

（一）大变局的本质

百年未有之大变局，概括起来说，就是当前国际格局和国际体系正在发生深刻调整，全球治理体系正在发生深刻变革，国际力量对比正在发生近代以来最具革命性的变化，世界范围呈现出影响人类历史进程和趋向的重大态势。② 纵观人类历史，世界发展从来都是各种矛盾相互交织、相互作用的综合结果，大变局孕育于其中，演进于其中。进入 21 世纪，世界大变局的调整呈现出一系列前所未有的新特征新表现。世界经济版图发生的深刻变化前所未有，发达国家和发展中国家在国际分工体系中的地位角色发生重大转变，发达国家经济增长乏力，新兴经济体和发展中国家在世界经济中占据越来越大的份额，世界经济重心加快"自西向东"位移。博鳌亚洲论坛于 2021 年 4 月 18 日发布的《亚洲经济前景及一体化进程》中指出，亚洲经济虽然经历了经济增速大幅大降，但经济表现明显好于世界其他地区。按购买力平价计算，2020 年亚洲经济总量占世界的份额比 2019 年提高 0.9 个百分点至 47.3%。新一轮科技革命和产业变革带来的激烈竞争前所未有，不仅有可能重构全球创新版图、重塑全球经济结构，而且深刻改变人类社会生产生活方式和思维方式，推动生产关系变革，给国际格局和国际体系带来广泛深远影响。国际力量对比发生的革命性变化前所未有，发达国家内部矛盾重重、实力相对下降，一大批发展中国家群体性崛起，成为影响国际政治经济格局的重要力量。全球治理体系的不适应、不对称前所未有，西方发达国家主导的国际政治经济秩序越来越难以为继，发展中国家在国际事务中的代表性和发言权不断扩大，全球治理越来越向着更加公平合理的方向发展。人类前途命运的休戚与共前所未有，各国相互联系和彼此依存比过去任何时候都更频繁、更紧密，整个世界日益成为你中有我、我中有你的人类命运共同体。

在世界大变局中，中国持续快速发展，中华民族伟大复兴不断前进，成为世界格局演变背后的主要推动力量。习近平总书记强调，中华民族伟大复兴，

---

① 陈向阳. 百年未有之大变局，"变"在哪？[N]. 人民日报（海外版），2019-11-06.
② 中共宣传部. 习近平新时代中国特色社会主义思想学习问答[M]. 北京：学习出版社，人民出版社，2021：37.

是造成世界百年未有之大变局的重要原因；世界面临百年未有之大变局，给中华民族伟大复兴带来重大机遇。中国逐步发展成为世界第二大经济体、最大的社会主义国家，对世界经济增长的贡献率连续多年超过30%。中国进入世界创新力排名前15位，在科技革命中的角色由跟跑者、参与者向并跑者、变革者转变。中国在全球治理领域承担更大责任、发出更多声音，成为多边合作的积极倡导者。中华文明在世界上的影响力与日俱增，成为文明多样发展中不容忽视的重要力量。更重要的是，由于中国特色社会主义成功实践，冷战结束后世界社会主义万马齐暗的局面得到很大程度的扭转，社会主义在同资本主义竞争中的被动局面得到很大程度的扭转，社会主义优越性得到很大程度的彰显，中国特色社会主义成为振兴世界社会主义的中流砥柱。可以说，当今世界百年未有之大变局，最突出的特点就是"东升西降"，中国日益走近世界舞台中央。

当前，世界百年未有之大变局进入加速演变期。和平与发展仍然是时代主题，但是不稳定性不确定性更加突出。英国"脱欧"、法国"黄马甲"运动、美国大规模骚乱等"西方之乱"不断上演，其背后是国际金融危机深层次影响持续发酵，西方国家贫富差距不断扩大，催生政治极化、民粹主义、种族冲突等问题。特别要看到，始于2020年的新冠肺炎疫情全球大流行，成为世界百年未有之大变局的新变量、催化剂。这次百年一遇的大疫情，不仅让复苏乏力的世界经济雪上加霜，更重要的是它凸显出西方资本主义主导下国际体系的严重弊端，宣告了新自由主义的彻底破产，加快了国际力量此消彼长，使国际格局"东升西降"的趋势更加显著，推动大变局不断向纵深发展。

（二）中美关系的本质

当今世界正经历百年未有之大变局，新冠肺炎疫情成为大变局的催化剂，国际形势不稳定性不确定性明显上升。面对百年来最严重的传染病大流行，世界经济陷入衰退，社会民生遭遇重创，国际秩序遭遇二战结束以来前所未有的单边主义、保护主义、霸凌行径冲击。疫情让世界更加深刻认识到：人类命运休戚与共，各国利益紧密相连，世界是不可分割的命运共同体。面对全球性危机，没有国家会成为孤岛。战胜当前危机，国际社会必须团结协作。防范未来危机，全球治理亟待加强完善。[1]

---

[1] 大变局下，世界期待中美携手为世界担当[N].人民日报，2020-12-24.

舟大者任重。中国和美国分别是世界最大的发展中国家和发达国家，是经济总量占全球40%的前两大经济体，又都是联合国安理会常任理事国，在维护世界和平、安全与发展等方面具有举足轻重的影响。中美在2001年携手反恐，2008年合力应对国际金融危机，2014年共同阻击埃博拉病毒，2016年推动达成应对气候变化《巴黎协定》，积累了不少共应挑战的成功经验。2021年，美国重返《巴黎协定》，将与中国一道，共同应对气候变化的威胁。实践表明，中美合作可以办成很多有利于两国和世界的大事。但是，在各国艰难抗疫情、救经济、保民生之时，美国少数政客却极力向中国"甩锅"推责，推动对华"脱钩"，拼凑"反华十字军"。这种做法无法解决美国的问题，却耽误了抗疫、拖累了世界；无法实现遏制中国发展的企图，却引发了国际社会紧张和反感。一些国家领导人公开呼吁美国放弃搞违背各国意愿的"反华联盟"。美国国内有识之士也表示不希望看到"两个平行世界"。美国新政府就任后，中美关系将站在新起点上。国际社会普遍期待美国新一届政府改善对华政策，同中国合作解决当今世界面临的棘手问题。国际战略界不少人士建议，中美可从全球性议题入手拓展合作，既为世界贡献智慧和力量，又促进两国关系发展。美国当选总统拜登认为美国正经历大流行病、经济衰退、气候变化等历史性危机，将控制疫情、促进复苏、应对气变等列为施政优先事项。这些问题，实际是当今全球性挑战的一个缩影，美国凭一己之力难以解决，需要同包括中国在内的国际社会来合作应对。

中美面对的另一个重大问题就是，疫情后人类社会将何去何从。当前中美作出的抉择、采取的行动，将对未来世界和平、稳定与繁荣产生至关重要的影响。两个大国，一个未来。如何尽快摆脱疫情全球大流行和世界经济大衰退？如何将"后疫情时代"建设得更美好？如何使大变局中的世界保持和平稳定？这些都需要中美两国以人类共同利益为重，登高望远，相向而行，共同承担起时代赋予的大国责任和使命。一是共同践行多边主义。多边主义的核心要义是国际上的事要由大家商量着办。2020年9月11日，联合国大会通过一项关于应对新冠疫情大流行的广泛决议，敦促会员国通过加强国际合作与团结互助应对新冠疫情。该决议以169比2获得压倒性多数通过，仅美国和以色列投下了反对票。这一结果凸显美国在国际社会的孤立形象。美国需要改变唯我独尊思维，同各国以平等协商方式处理国际事务。践行多边主义不能坐而论道，而要起而行之，当务之急是携手抗疫。美方应停止将疫情政治化、借疫情搞污名化，同中方一道支持世卫组织发挥全球抗疫领导作用，推动国际联防联控和宏观经济政策协调，助力国际社会尽早战胜新冠病毒这个共同敌人。多边主义是促进团结合作的，不是用来制造分裂的，不能打着多边旗号搞"小圈子"、煽动集团政治。共同促进全球治理。全球性挑战上升和全球治理不足是当今世界面临的主要矛盾，中美要寻求最大公约数，着力消除全球治理赤字。应当秉持共商共建共享原则，推动国际地区热点问题政治解决，支持世贸组织通过改革增强有效性和权威性，携手落实应对气候变化的国际共识，加强公共卫生、减贫减灾、防扩散、能源安全、金融安全等领域对话合作，共同打击各类跨国犯罪和恐怖主义，将互联网、外空、深海、极地等新疆域打造成国际合作新领域。遇到分歧应通过对话解决，不能以热战、冷战或贸易战等方式相威胁。二是共同维护国际秩序。二战后中美同各国携手缔造的国际秩序，为世界长期稳定繁荣提供了重要保障，应得到传承和维护。但在2021年3月18日举行的中美高层战略对话中，美方代表却公然打破双方共识，强调要加强以"美国规则"为基础的国际秩序。世界上只有一个体系，就是以联合国为核心的国际体系；只有一套规则，就是以联合国宪章为基础的国际关系基本准则。中美作为大国，应带头捍卫国际体系和规则，带头维护以国际法为基础的国际秩序，带头推动国际关系民主化、促进国际公平正义，不能搞例外主义和双重标准，更不能试图推翻秩序或另搞一套。三是共同领航疫后发展。发展是解决一切问题的总钥匙，要用它来开启更加美好的"后疫情时代"。中美应共同推动构建开放型世界经济，促进自由贸易，支持公平竞争，维护全球产业链、供应链安全稳定，倡导绿色和可持续发展。应抓住世界经济数字化变革机遇，拓展国际科技创新合作，加强人工智能、智慧城市、数字货币等领域对话协调，促进全球数字治理规则制定，打造开放、公平、公正、非歧视的数字发展环境，充分释放数字经济潜力，助力世界实现更高质量、更具韧性的发展。

人类历史潜流深沉，关键的转折却往往只有几步。世界又一次站在历史十字路口，容不得试错，经不起迟疑。美国须作出正确选择，同中国一道拿出无愧历史的大国担当，推动人类社会朝着开放包容、互利共赢、稳定繁荣的方向前行。①

---

① 大变局下，世界期待中美携手为世界担当［N］.人民日报，2020-12-24.

> **时事链接**

快讯！彭斯宣布：拜登当选

英国《卫报》、美国《华盛顿邮报》等刚刚消息：美国国会参议院议长、副总统彭斯刚刚在联席会议上宣布拜登胜选。他表示，拜登"获得306张选举人票"，特朗普"获得232张选举人票"。

计票员、参议员埃米·克洛布彻报告说："根据呈交给我们的选举人票，乔·拜登和卡玛拉·哈里斯将成为（美国）总统和副总统。"房间内响起掌声。

当地时间1月6日下午，数百名抗议者聚集在美国首都华盛顿特区，为支持特朗普进行示威活动，以向正在进行的国会联席会议施压。随后，示威游行转向暴力倾向，部分示威者闯入美国国会大厦，正在进行的选举人票认证程序被迫中止。之后，随着抗议者们在华盛顿特区宵禁开始后陆续从国会大厦撤离，国会乱局结束，联席会议恢复。

——来源：环球网，2021年1月7日

二、格局之变：从单极到多极

国际格局指的是在特定历史时期，主要国际力量在相互作用之下形成的相对稳定的结构状态，也即世界权力结构的样子。当国际力量变化到一定程度，势必会造成国际格局之变。

（一）国际格局之变

15世纪至16世纪，新航路开辟和西方大航海时代到来，人类历史迈出向"世界历史"转变的第一步。17世纪，欧洲主要势力签订《威斯特伐利亚和约》，确立国家主权平等的原则，搭建起一个有限的国际格局，但其他地域还没有纳入国际体系。[1] 18世纪第一次工业革命后，人类社会迈上了加速发展的轨道，科技革命和工业革命呼唤出来的巨大生产力，深刻改变了世界发展的既有格局。冷战时期，世界处于美苏争霸的两极格局之中，由此形成了两个严重对立、基本上互不相通的政治和经济体系。后来，苏联解体，冷战终结，美国认为世界

---

[1] 中共宣传部. 习近平新时代中国特色社会主义思想学习问答[M]. 北京：学习出版社、人民出版社，2021：38.

进入其独家称霸的阶段，也即美国自己宣称的"单极时刻"。20世纪90年代末，中国国际关系学界针对国际形势的发展变化，就国际格局作出了"一超多强"的判断。冷战结束时，中国改革开放起步不过十几年，当时中国的经济总量在世界上所占比重很小，1992年中国GDP在世界上占1.68%，经过近30年的稳步发展，2020年中国GDP的世界占比超过17%，综合实力和对世界事务的影响力也在增强，这必然会让国际力量的天平发生变化，从而影响到国际权力的结构。在变局中，美国"一超称霸"的地位动摇了，"一超多强"的格局正在被新的更加多极化的趋势所取代。但是，新出现的格局变化并非均衡的多极化。今后相当一段时间内，在世界上的多极力量当中，中国和美国显而易见将是实力排在前面的两个全球性大国。美国仍然是个超级强国，而中国是超大规模的新兴大国，在政治属性上保持着发展中国家的特质。[1] 要清醒地看到，世界多极化进程是一个长期的、曲折的过程，超级大国推行霸权主义和强权政治的意愿和行动不会自动放弃，反对霸权主义、维护世界和平，推动国际关系民主化的斗争是艰巨的，各种力量的较量有时甚至是非常激烈的。

（二）国际体系之变

随着国际格局的变化，国际体系也不可避免地发生变化。从19世纪初的维也纳体系，到第一次世界大战后的凡尔赛-华盛顿体系，再到第二次世界大战后的雅尔塔体系，其背后反映了世界大变局的演进发展。但近年来，由于国际社会权力结构发展变化，个别大国逆全球化和单边主义倾向的抬头、大国退出导致全球治理体系松散，全球赤字扩大，最终导致国际体系发生变化。

随着金融危机、恐怖主义、网络犯罪、气候变化等非传统安全挑战的不断加剧，全球治理的重要性日益凸显，维持全球治理体系的稳定符合各国谋求和平、稳定与发展的诉求。全球性问题的解决需要大国协商一致，共同提供公共产品。但是，大国尤其是主导国的退出行为不仅破坏了契约精神，更破坏了全球治理体系的稳定，扩大了全球治理赤字。

自2017年以来，美国相继退出联合国教科文组织、联合国人权理事会、世界卫生组织等国际多边机制。美国之所以选择"退群"，除了其自认为从现行全球治理体系中的收益相对下降之外，还有两方面原因：新兴国家的崛起和盟国

---

[1] 傅莹. 看世界2——百年变局下的挑战和抉择［M］. 北京：中信出版集团. 2021：153.

体系的松动。而美国的"退群"行为在诸多议题领域触发了全球治理赤字进一步攀升的风险。例如，美国退出世界卫生组织，不仅对本国民众来说是极其不负责任的表现，同时也破坏了全世界国家为抗击新冠病毒做出的努力，一定程度上引发全球公共卫生治理赤字。再如，特朗普政府因认定《巴黎协定》不利于美国重振油气与煤炭等工业部门、影响美国国内就业而宣布单方面退出该协定，导致全球减排目标几乎不可能完成。特朗普政府退出多边体系、阻挠WTO上诉机构改革、无视国际义务、践踏契约精神等种种行为，严重影响了全球公共产品的供给，导致全球治理赤字扩大，进一步增加了国际形势的不确定性。

三、社会主义发展之变：从遭遇曲折到焕发生机

过去百年，特别是在苏联解体之后，资本主义制度横霸世界，甚至出现"历史终结"的谬论。经过长期努力和接力奋斗，新时代中国特色社会主义的理论先进性、道路启发性、制度优越性、文化可亲性更加突出。中国特色社会主义的成功实践，使科学社会主义焕发出强大生机活力，极大改变了世界社会主义与资本主义力量对比失衡局面，为人类对更好社会制度的探索提供了全新选择。

（一）社会主义发展：遭遇曲折

社会主义的发展是一个曲折的过程：从马克思主义诞生、社会主义从空想变为科学以来，世界范围的社会主义运动从小到大，从弱变强；俄国十月革命的成功，使社会主义由理想变为活生生的现实，并转变为一种新型的社会制度；第二次世界大战后，又由一国发展到多国，一度形成庞大的社会主义阵营，被苏联称之为"世界社会主义体系"；20世纪60年代，世界社会主义阵营发生严重分裂，世界社会主义运动遭受严重挫折；80年代末90年代初苏联东欧剧变后，当代世界社会主义运动转入低潮。但社会主义是一个世界性的历史进程，有着丰富的世界历史内涵和广阔的发展空间。东欧剧变不过是社会主义发展进程中的一个历史性转折或严重挫折。着眼世界历史，任何一种新社会制度的确立和发展都要经历一个探索、失败、再探索、再失败的过程，直至找到一条正确的发展道路。因此，在探索过程中，出现失误或曲折是十分正常的历史现象，

不必大惊小怪。恩格斯说过,"没有哪一次巨大的历史灾难不是以历史的进步为补偿的",对于一个从事着伟大事业的民族来说,"最好的道路就是从本身的错误中学习,吃一堑,长一智"。[①]

(二) 社会主义发展:焕发生机

社会主义500年,经历了从空想到科学、从理论到实践的波澜壮阔的发展历程。在20世纪的风云变幻中,社会主义在中国大地扎根。中国共产党团结带领中国人民,经过革命、建设、改革的长期不懈奋斗,成功开创并坚持和发展中国特色社会主义,创造了世所罕见的经济快速发展奇迹和社会长期稳定奇迹。中国历史性地选择了社会主义,让社会主义焕发出蓬勃生机和旺盛生命力;社会主义在中国不断发展,深刻改变了中国的命运。

党的十八大以来,经过长期努力,中国特色社会主义进入了新时代。中国是当今世界最大的社会主义国家,中国共产党是世界第一大党,这一长期存在的基本事实,决定了新时代中国特色社会主义在世界社会主义发展中具有举足轻重的地位,发挥着中流砥柱的作用。随着中国社会主义现代化强国目标的实现、中华民族的崛起,中国走近世界舞台中央,中国特色社会主义在世界的影响力、塑造力将前所未有地增强,世界社会主义和人类进步事业将迎来前所未有的发展机遇和光明前景。

第二节 "亲诚惠容" 推进周边外交新发展

我国周边外交的基本方针,就是坚持与邻为善、以邻为伴,坚持睦邻、安邻、富邻,突出体现亲、诚、惠、容的理念。中国提出的"一带一路"倡议和亚洲基础设施投资银行倡议,就是本着亲诚惠容的周边外交理念,致力于同亚洲其他国家一道,解决本地区面临的现实问题,共同发展。近年来,中国周边外交牢固秉持"亲诚惠容"的理念,呈现出一些新特征、取得了一些新成就。

---

① 马克思恩格斯文集:第10卷[M].北京:人民出版社,2009:560,665.

一、中俄关系：阔步向前

当今世界，由于美国的利己主义和霸凌思想严重，单边主义抬头，多边主义受到多重冲击，世界不确定性和不稳定性因素明显增多，人们对和平和发展的热切期待受到威胁。突如其来的疫情也使得国际形势更加变乱交织。在这样的时代当口，中国和俄罗斯敢于负责，敢于担当，决定致力于发展中俄新时代全面战略协作伙伴关系，加强政治、经济、安全等多领域的合作，这符合本身的利益，也符合世界的利益，是两国人民的呼唤，也是希望和平与发展的各国人民的呼唤。①

中俄两国于1996年建立战略协作伙伴关系，2001年签署《中俄睦邻友好合作条约》（简称《条约》），2011年建立平等信任、相互支持、共同繁荣、世代友好的全面战略协作伙伴关系，2019年提升为中俄新时代全面战略协作伙伴关系。2021年6月28日，中俄两国元首举行视频会晤，宣布发表联合声明，正式决定将《中俄睦邻友好合作条约》延期，并在更高起点、更大范围、更深层次上推进中俄合作达成重要共识，进一步明确了中俄关系的新目标、新任务。2021年7月11日，中国国务委员兼外长王毅在北京出席庆祝《中俄睦邻友好合作条约》签署20周年招待会时表示，"20年前，中俄在全面总结历史经验教训、把握世界大势基础上签署《中俄睦邻友好合作条约》，为两国关系确立'世代友好、互利合作'的主基调和'相互坚定支持'的核心价值，赋予双方'加强国际和平、稳定、发展、合作'的共同使命。当前，百年变局与世纪疫情相互交织，世界进入动荡变革期、人类发展遭遇多重危机，冷战思维、霸权主义、强权政治等早已被扫进历史垃圾堆的陈旧思维又在死灰复燃、蠢蠢欲动。但不管国际形势如何变化，中俄世代友好、合作共赢的初心不会改变，相互支持、相互成就的诚心不会改变，捍卫和平、守护正义的决心更不会改变。我们要进一步深化政治互信，始终做好彼此的坚强后盾。在两国元首的共同引领下，继续拓展各层级交往，巩固双方背靠背、肩并肩的战略协作，共同捍卫两国核心利益，共同促进两国发展振兴，共同维护两国周边安全稳定，把'不是盟友、胜似盟友'的新时代中俄全面战略协作伙伴关系不断推向新高。"20年实践充分证

---

① 中俄新时代全面战略协作伙伴关系意义深远［EB/OL］. 新华网，2019-06-09.

明,《条约》确立的不结盟、不对抗、不针对第三方的新型国家关系和"世代友好、永不为敌"理念符合两国根本利益,契合和平与发展的时代主题,是构建新型国际关系和人类命运共同体的生动实践。

当前,中俄关系处于历史最好时期。两国高层交往频繁,形成了元首年度互访的惯例,建立了总理定期会晤、议会合作委员会以及能源、投资、人文、经贸、地方、执法安全、战略安全等完备的各级别交往与合作机制。双方政治互信不断深化,在涉及国家主权、安全、领土完整、发展等核心利益问题上相互坚定支持。积极开展两国发展战略对接和"一带一路"建设同欧亚经济联盟对接,务实合作取得新的重要成果。两国人文交流蓬勃发展,世代友好的理念深入人心,两国人民之间的了解与友谊不断加深。中俄在国际和地区事务中保持密切战略协作,有力维护了地区及世界的和平稳定。[①] 在人文交流领域,中俄分别于2006年和2007年、2009年和2010年、2012年和2013年互办国家年、语言年、旅游年,2014—2015年举办青年友好交流年,2016—2017年举办中俄媒体交流年,2018—2019年举办中俄地方合作交流年。2020—2021年举办中俄科技创新年。2019年,两国间各类留学交流人员突破9万人。在经贸关系方面,2020年,中俄贸易额克服疫情带来的不利影响,继续保持超过1 000亿美元的水平,中国连续11年稳居俄第一大贸易伙伴国地位;2021年前5个月,双边贸易额更是大幅上升23.6%。在国际合作领域,中俄在一系列重大国际和地区问题上立场相同或相近,保持密切沟通和合作。共同推动成立了上海合作组织,建立了金砖国家、中俄印、中俄蒙合作等机制,在联合国、二十国集团、金砖国家、亚太经合组织、上合组织、亚洲相互协作与信任措施会议(亚信)等共同参与的多边机制框架内进行有效协调,就维护国际法和国际关系基本准则、联合国改革、打击恐怖主义、毒品走私等全球性问题保持密切沟通和协调,共同维护二战胜利成果和国际公平正义,推动构建新型国际关系和人类命运共同体,推动国际秩序向更加公正合理的方向发展。在科技合作方面,2021年3月,两国政府启动国际月球科研站的合作;5月,中俄核能合作项目——田湾核电站和徐大堡核电站开工仪式在两国元首的见证下举行。在抗击新冠疫情方面,中俄两国也开展了紧密高效的合作。我国外交部发言人赵立坚表示,新冠肺炎疫

---

① 中国同俄罗斯的关系[EB/OL]. 外交部网,2018-05-13.

情发生以来，以习近平同志为核心的党中央团结带领中国各族人民，取得抗击新冠肺炎疫情斗争重大战略成果。在此过程中，中俄双方守望相助，同舟共济，尽己所能提供援助，相互分享抗疫经验，合力抗击"政治病毒"，树立了国际抗疫合作典范。

中俄关系的优势是两国元首战略引领。两国元首定期深入沟通交流，不仅留下中俄友谊的段段佳话，更为两国关系不断迈上新台阶注入强劲动力。中俄关系的核心是高水平战略互信和相互支持。《条约》开创了国际关系崭新模式。两国互为战略依托，互为发展机遇，互为全球伙伴，秉持"四个相互坚定支持"共识，深刻诠释了新时代中俄关系的内涵。中俄关系的保障是完善的会晤合作机制。除元首互访、政府首脑会晤等高层定期交往机制外，两国在投资、能源、经贸、人文、军事、执法安全、战略安全、地方等各领域逐步建立起副总理级合作机制，就共同关心的重大问题坦诚交流。中俄关系的根基是坚实、广泛的民意和社会基础。两国始终把促进民心相通作为重要任务，鼓励加强智库、媒体、青年、地方等往来与合作，文化交流不断扩大和深化，是真正的志同道合者。[1]

中俄相互信任，互相促进合作，也必将共同为推动形成以平等互利、合作共赢原则为基础的国际新秩序承担起更大的责任。

时事链接

外交部：对新时代中俄关系的未来充满信心

7月16日是《中俄睦邻友好合作条约》签署20周年纪念日，外交部发言人赵立坚在当日例行记者会上说，《条约》为两国开展各领域友好合作确立了基本原则，中方对新时代中俄关系的未来充满信心。

赵立坚说，《条约》确立的世代友好理念和新型国际关系原则是国际关系一大创举，为迈入新世纪的中俄关系长期健康稳定发展奠定了坚实法律基础，为两国开展各领域友好合作确立了基本原则。如今的中俄关系百炼成金，坚如磐石，成为互信程度最高、协作水平最高、战略价值最高的一组大国、邻国关系。

赵立坚说，回望新世纪以来中俄关系发展之路，《条约》的签署无疑是具有

---

[1] 弘扬条约精神　再创新的辉煌［N］．人民日报，2021-07-19（03）．

重要里程碑意义的大事。国务委员兼外长王毅 16 日与俄罗斯外长拉夫罗夫共同在两国主流媒体刊发纪念文章，全面回顾总结中俄关系发展成果和历史经验，昭示坚守缔约初心的使命，唱响世代友好主旋律，为推动中俄新时代全面战略协作伙伴关系实现更高水平发展、为动荡变革的世界注入更多正能量贡献智慧和力量。

赵立坚指出，不管当前国际形势如何变幻，中俄致力于发展和深化新时代全面战略协作伙伴关系的决心不会变，双方相互助力、相互成就的诚心不会变，两国世代友好、合作共赢的初心不会变，双方将继续携手打造守望相助、互利共赢、民心相通、捍卫公平正义的典范。"我们对新时代中俄关系的未来充满信心。"

——来源：新华社，2021 年 7 月 16 日

二、中国与东盟关系：提质升级

2021 年，中国和东盟建立对话关系踏入"而立之年"。30 年间，中国东盟携手前行，关系实现跨越式发展，展现出蓬勃生机。2020 年 11 月 27 日，在第十七届中国—东盟博览会和中国—东盟商务与投资峰会开幕式上，习近平总书记指出，中国—东盟关系成为亚太区域合作中最为成功和最具活力的典范，成为推动构建人类命运共同体的生动例证。

（一）政治互信不断深化

中国和东盟始终把对方放在对外关系的首要位置，为彼此关系发展提供了政治引领。在东盟对话伙伴中，中国创造了多项"第一"：第一个加入《东南亚友好合作条约》，第一个同东盟建立战略伙伴关系，第一个同东盟商谈建立自贸区，第一个明确支持东盟在区域合作中的中心地位……习近平主席提出亲诚惠容的周边外交理念，提出愿同东盟国家共建 21 世纪海上丝绸之路，携手共建更为紧密的中国—东盟命运共同体，为深化中国与东盟国家关系注入了强大动力。中国和东盟致力于建立以规则为基础的地区秩序。[①] 从 20 世纪 90 年代初起，中国和东盟便开启制定南海地区规则的进程，并于 2002 年签署《南海各方行为宣

---

① 打造更高水平的中国东盟战略伙伴关系［N］. 人民日报，2021-6-10.

言》，目前"南海行为准则"磋商也已进入冲刺阶段。已有和即将出台的海上规则为管控南海争端国间海上分歧及双边关系的稳定长远发展创造了条件。① 2021年6月15日至16日，中国国务委员兼国防部长魏凤和出席第十二次中国-东盟国防部长非正式会晤（10+1）和第八届东盟防长扩大会（10+8）视频会议时表示，"中国-东盟建立伙伴关系30年来取得了丰硕的合作成果，中方将继续加强'一带一路'倡议同东盟发展战略对接，共同推动中国-东盟命运共同体建设。防务安全合作在中国-东盟战略伙伴关系中发挥了重要支撑作用。希望各方凝聚共识、管控分歧、推进合作，共同维护南海的和平安宁。"

（二）抗击疫情拉近距离

自2020年以来，面对新冠肺炎疫情冲击，中国与东盟同舟共济，守望相助，双方的关系得到了进一步升华。眼下，东盟抗疫形势依然严峻，传染力更强的变异毒株给东盟国家防疫带来更大压力；全球新冠疫苗分配不均，致使东盟国家迟迟无法快速提升接种率、建立免疫屏障。疫情发生以来，中国克服自身困难，积极向东盟国家提供抗疫物资和技术援助，已向东盟国家交付1亿多剂新冠病毒疫苗。中国疫苗已经成为东盟构筑"免疫长城"、弥合"免疫鸿沟"的重要依靠。中国已表示，将继续与东盟各国团结抗疫，根据东盟需要，向东盟国家提供更多疫苗，开展疫苗研产、采购、监管及接种合作。同时，将在疫苗投入使用后积极考虑东盟国家需求，为东盟抗疫基金提供资金支持，共同建设应急医疗物资储备库，建立中国—东盟公共卫生应急联络机制。中国愿实施好"中国—东盟健康丝绸之路人才培养项目（2020—2022）"，为东盟培养1000名卫生行政人员和专业技术人员，提高地区公共卫生服务水平。中国愿同包括东盟国家在内的国际社会加强团结合作，支持世界卫生组织发挥领导作用，共同构建人类卫生健康共同体。

（三）经贸合作不断加强

中国立足新发展阶段，推动高质量发展，加快构建以国内大循环为主体、国内国际双循环相互促进的新发展格局，这将为包括东盟国家在内的世界各国提供更大市场、更多机遇、更强发展动能。"一带一路"倡议同东盟互联互通总

---

① 破解中国东盟关系中的"南海困局[N].环球时报，2021-06-18.

体规划加快对接，大批接地气、惠民生的重点项目稳步实施，为双方人民带来了实实在在的利益。中国与东盟国家贸易畅通成效显著。2020年，中国和东盟首次互为最大贸易伙伴。泰国副总理兼商业部部长朱林通过中国电商平台，为泰国水果直播"带货"，一口气卖出近5 000个榴莲和2万个椰青，正是东盟国家挖掘中国市场机遇的生动例证。双向投资不断扩大并趋向均衡，累计突破2 000亿美元大关。《区域全面经济伙伴关系协定》（RCEP）成功签署，表明地区国家正成为维护自由贸易和多边主义、引领国际合作的重要力量。中国与东盟国家正努力推动RCEP尽早生效，地区国家将迎来更为广阔的合作空间。

知识链接

《区域全面经济伙伴关系协定》（RCEP）

RCEP由东盟10国发起，邀请中国、日本、韩国、澳大利亚、新西兰、印度6个对话伙伴国参加，旨在通过削减关税及非关税壁垒，建立一个16国统一市场的自由贸易协定。由于印度因"有重要问题尚未得到解决"而暂时没有加入协定。2020年11月15日，《区域全面经济伙伴关系协定》（RCEP）签署仪式以视频方式进行，15个成员国经贸部长正式签署该协定。该协定的签署标志着世界上人口数量最多、成员结构最多元、发展潜力最大的东亚自贸区建设成功启动。

——来源：《详解〈区域全面经济伙伴关系协定〉（RCEP）》，《财经杂志》，2020年11月15日

三、中韩关系：稳中有进

中韩两国人文相近，有着悠久的交往历史，互为重要近邻和主要贸易伙伴，两国建交以来关系发展迅速。明年将迎来中韩建交30周年，两国关系面临深化发展的重要机遇。

（一）政治互信不断

2020年以来，习近平主席与文在寅总统先后三次通话，为双边关系发展领航定向。中共中央政治局委员、中央外办主任杨洁篪和国务委员兼外长王毅相继访韩，与韩方达成多项共识，为两国关系发展注入活力。两国地方政府、友好省市等也通过视频等方式就共同关心的议题进行沟通，保证了双方互信"不

掉线"。2021年4月3日,韩国外长郑义溶就任后首次外访选择访华。中韩双方同意尽早建立中韩关系未来发展委员会,这是一个聚焦未来的中韩外交全新协调机制,将有助于双方合理管控分歧,聚焦共识与合作,让中韩友谊从长计议。无论是总统文在寅还是外长郑义溶均在不同程度上坚守了自身的立场,主谈朝鲜半岛局势,甚少随美国起舞操弄"中国话题"。郑义溶还当着美国国务卿布林肯的面谈道:让韩国在中美之间选择任何一方根本不可能,也不可取。

(二)经济互惠不停

中韩率先建立联防联控合作机制,率先建立便利人员往来的"快捷通道",率先开展复工复产合作。这不仅在国际上树立了一系列典范,有效助力两国抗疫合作,更为两国经济发展保驾护航。得益于此,两国互利互惠务实合作的基本面未受明显冲击,双边经贸关系逆势前行,为疫后携手复苏奠定了坚实基础。中国已经连续17年作为韩国第一大对外贸易伙伴。2021年1—4月中韩双边货物进出口总额为919.0亿美元,同比增长26.2%。其中,中国对韩国进口497.9亿美元,同比增长26.8%;中国对韩国出口421.1亿美元,同比增长25.6%。① 双方要保持各层级交往,深化务实合作,加快推进"一带一路"倡议同韩方国家发展战略对接,尽早达成中韩自贸协定第二阶段协议,加快出台《中韩经贸合作联合规划》(2021—2025),加强高新技术和新兴产业合作。

(三)人文互通不阻

2020年9月27日,中韩双方顺利实施第七批在韩中国人民志愿军烈士遗骸交接。此次共交接117具烈士遗骸和1 368件相关遗物,这些遗骸遗物是韩国军队2019年3月至11月在非军事区等地发掘的。这是除2014年韩国首次向中国移交400多名志愿军遗骸外,近年来向中方移交遗骸数量最多的一次。同时,两国人民守望相助,谱写了"道不远人,人无异国"的抗疫佳话。利用信息技术开拓"云"交流方式,促进两国媒体、智库、青年等各界广泛开展"云上"互动,拉近彼此心灵距离。

---

① 前瞻产业研究院:中国对外贸易行业市场前瞻与投资战略规划分析报告[EB/OL].前瞻经济学人,https://www.qianzhan.com/analyst/detail/220/210630-ce312109.html.

> **时事链接**

赵立坚：中韩关系"三十而立"

4月2日至3日，韩国外长郑义溶对中国进行访问，王毅国务委员兼外长与其举行了会谈。在4月6日的外交部例行记者会上，有记者请发言人赵立坚介绍和评价此次中韩外长会晤的情况。

赵立坚指出，中韩互为永久近邻和战略合作伙伴。今明两年是中韩文化交流年，明年将迎来中韩建交30周年，两国关系面临深化发展的重要机遇。此次两国外长会谈期间，双方商定要加强两国各层级交往，及时沟通，增强互信。今年上半年将启动中韩关系未来发展委员会进程，规划设计两国关系未来30年的发展蓝图。双方同意深化务实合作、打造高质量合作伙伴关系。

赵立坚介绍说，中韩双方支持将在本国的对方公民纳入疫苗接种范围，协商建立健康码互认机制。双方商定，将尽快召开人文交流促进委员会会议，统筹谋划丰富多彩的中韩文化交流年活动。双方还将一道推动区域全面经济伙伴关系协定尽早生效，就加入全面与进步跨太平洋伙伴关系协定问题加强沟通。双方重申，应不懈推进半岛问题政治解决进程。

赵立坚总结说："中国有句古话叫'三十而立'，中方愿同韩方一道努力，在近30年双边关系良好发展的基础上，不断增进两国互信友好与合作，加强双方在国际地区问题上的沟通协调，推动中韩关系不断迈上新台阶。"

——来源：《中国青年报》，2021年4月16日

四、中巴关系：持续深化

巴基斯坦是世界上第一个与中国建交的伊斯兰国家，中巴关系历经国际风云考验，愈发紧密深化，已成为新中国外交的一面旗帜。中国民间亲切地称巴基斯坦为"巴铁"。

（一）中巴友好，历史悠久

1951年5月21日，中巴两国正式建立外交关系。建交以来，两国在和平共处五项原则的基础上发展睦邻友好和互利合作关系，进展顺利。1957年至1969年期间两国关系发生了历史性转变，拉开了中巴关系的新篇章。70—90年代，中巴关系稳定发展，两国政府和人民间的友好合作不断加深。21世纪以来，中巴全

面合作伙伴关系进一步深入发展。双方高层接触频繁，政治互信不断增强。2015年4月，习近平主席应邀对巴基斯坦进行正式访问，中巴双方发表了《中华人民共和国和巴基斯坦伊斯兰共和国关于建立全天候战略合作伙伴关系的联合声明》。

（二）交流合作，助力发展

中巴建交70年来，无论国际风云和国内形势如何变幻，两国始终肝胆相照、荣辱与共，在涉及彼此核心利益问题上相互理解、相互支持。中巴关系始终走在时代的前列，成为国与国友好相处的典范。2015年，习近平主席对巴进行历史性国事访问，两国领导人将中巴关系提升为全天候战略合作伙伴关系，赋予中巴传统友谊新内涵，引领中巴关系迈上新台阶。伊姆兰·汗总理就任以来三次访华，与习近平主席四次会晤，双方政治互信不断巩固。"一带一路"倡议同"新巴基斯坦"发展战略对接，中巴经济走廊顺利推进，两国在经贸、科教、防务、文化等各领域交流合作持续深化，成果造福两国人民。据巴基斯坦方面统计，中国自2015财年起连续六年保持巴最大贸易伙伴、第一大进口来源国和第二大出口目的地。① 2021年1月14日，巴基斯坦总理伊姆兰·汗在伊斯兰堡接受中国媒体采访时表示，中巴经济走廊对于巴基斯坦至关重要，中国的经验和帮助将有力推动巴基斯坦工业化和农业化发展。

中国和巴基斯坦一直友好相处，保持着密切的文化往来。建交后，两国即互派文化团组访问和举办展览。1965年3月，中巴两国政府代表在拉瓦尔品第签订了文化协定，并于该年第一次签署了年度文化交流执行计划。迄今双方共签署14个执行计划。2010年，双方就互设文化中心签署谅解备忘录。2013年李克强总理访巴期间，双方共同将2015年确定为"中巴友好交流年"。2015年习近平主席访巴期间，中方宣布在伊斯兰堡设立中国文化中心，双方宣布成都市和拉合尔市、珠海市和瓜达尔市、克拉玛依市和瓜达尔市分别结为友好城市。双方宣布中国中央电视台英语新闻、纪录频道在巴落地，中国国际广播电台在巴设立"FM98中巴友谊台"工作室。

2020年，新冠肺炎疫情暴发后，中巴两国守望相助，树立了国际抗疫合作典范。2020年4月，中国驻巴基斯坦大使姚敬表示："巴基斯坦是目前得到中国援助最多的国家。"巴基斯坦国家灾害管理局也回应称，在疫情暴发期间，中国

---

① 中国同巴基斯坦关系［EB/OL］. 外交部网，2021-05-21.

在向巴基斯坦提供医疗救助方面做出了巨大贡献，中国提供的援助占巴基斯坦援助总额的80%。正如习近平主席所说，中巴两国是患难与共的真朋友，同甘共苦的好兄弟。

> **时事链接**
>
> ### 习近平：祝中巴友谊万古长青
>
> 5月21日，国家主席习近平同巴基斯坦总统阿尔维就中巴建交70周年互致贺电。
>
> 习近平在贺电中指出，中国和巴基斯坦是全天候战略合作伙伴，在涉及彼此核心利益和重大关切问题上相互坚定支持。两国互信和友谊历经70年国际风云变幻考验，始终坚如磐石。近年来，在双方共同努力下，中巴经济走廊建设取得显著成效，给两国人民带来重要福祉，为地区繁荣增添强劲动力。新冠肺炎疫情面前，中国和巴基斯坦患难与共、真诚互助，两国"铁杆"情谊得到进一步升华。
>
> 习近平强调，我高度重视中巴关系发展，愿同你一道努力，深化两国战略沟通和务实合作，推动中巴经济走廊高质量运行，携手构建新时代更加紧密的中巴命运共同体，造福两国和两国人民。祝中巴友谊万古长青。
>
> 阿尔维在贺电中表示，70年来，巴中两国始终团结一致，相互信任，相互尊重，相互支持，同甘共苦。在习近平主席的坚强领导下，巴中关系比以往任何时候都更加强大、牢固和生机勃勃。巴方非常感谢中方为巴抗击新冠肺炎疫情提供的宝贵支持，愿同中方密切协调办好庆祝建交70周年庆祝活动，增进两国人民对巴中关系深度、广度和生命力的理解，努力将中巴经济走廊建设成为"一带一路"高质量发展的示范工程，打造新时代更加紧密的巴中命运共同体。
>
> 同日，国务院总理李克强同巴基斯坦总理伊姆兰互致贺电。李克强在贺电中说，中方始终将巴基斯坦置于外交政策的优先方向，愿同巴方共同努力，推动中巴全天候战略合作伙伴关系在下一个70年里迈上更高水平。
>
> 伊姆兰在贺电中说，巴基斯坦政府坚定致力于加快推进中巴经济走廊建设，愿同中方共同努力推动巴中全天候战略合作伙伴关系不断深入发展，为两国人民创造更加美好的未来。
>
> ——来源：海外网，2021年5月21日

五、中印关系：波动发展

近年来，中印两国关系发展极不稳定，因两国边界暂未划定，两国边防部队曾发生多次对峙，甚至出现过边防军人死伤的严重事件。2017年爆发的洞朗危机，中印两国在边界地区对峙长达73天，严重危害彼此的互信基础。两国领导人武汉非正式会晤后，中印关系一扫"洞朗危机"阴霾，在孟中印缅经济走廊合作、军事交流、边界谈判以及高级别人文交流机制等问题上取得了积极而富有意义的成果。2019年10月，习近平主席访问印度，出席中印领导人第二次非正式会晤，双方在国际形势、国际秩序、全球治理、双边政治、经贸、文化等交流领域达成了诸多共识。但随后印度挑起的一系列事件，再次将中印关系推向低谷，直至加勒万河谷冲突事件，印度掀起大规模"反华"浪潮。2020年5月，印度在两国西段边界的加勒万河谷地区实控线附近抵边越界修路，中印双方发生激烈肢体冲突。

随后，印度又发起了针对中国的经济战，2020年6月29日，印度政府宣布禁用59款中国APP。7月23日，印度政府发布消息称修订《2017年财务通则》，以国家安全为由，禁止印度所有政府机构从中国等邻国采购商品和服务。8月12日，印度宣称将提议禁止华为和中兴参与印度5G网络建设。11月24日，印度再次对来自中国的43款应用程序颁布禁令。

2021年，印度成功当选为联合国安理会非常任理事国。2021年7月14日，国务委员兼外长王毅在杜尚别会见印度外长苏杰生，表示去年9月两国外长莫斯科会晤以来，两军一线部队在加勒万河谷和班公湖地区脱离接触，中印边境地区形势总体趋向缓和。同时，中印关系仍在低谷徘徊，这不符合任何一方利益。中印关系的本质是两个相邻发展中大国如何看待彼此、如何和睦相处、如何相互成就的问题。中方对中印关系的战略判断没有变化。中印关系定位仍应是互不构成威胁、互为发展机遇，两国是伙伴，而非对手，更不是敌人。中印关系原则仍应是互相尊重主权和领土完整、互不侵犯、互不干涉内政，相互尊重彼此核心利益。中印互动模式仍应以合作为主导，互利互补，良性竞争，避免对抗。当前，中印两国无论对各自地区还是世界和平与繁荣都承担着更加重要的责任，应更加重视双方共同战略利益，更好造福两国人民。去年中印边境事态是非曲直清楚，责任不在中方。中方愿意同印方通过谈判磋商，就需应急处置的问题寻求双方都接受的解决方案。双方应该将边界问题放在双边关系适当位置,通过扩大双边合作积极面,为谈判解决分歧创造有利条件。要巩固已取得的脱离接触成果,严格依照双方协议和共识,不在敏感争议区采取任何单方面行动,避免因误解误判导致局势反复。要着眼长远,从应急处置逐步转向常态化管控,防止涉边事件对双边关系造成不必要干扰。印方赞同中方对中印关系的基本判断,表示作为两个发展中大国,双方有很多共同点,在很多领域都应加强合作。印方没有也不希望改变对印中关系的战略判断,愿同中方共同努力,推动双边关系走出低谷。印中应当通过对话和磋商找到符合双方利益的边界问题解决方案,同时都应确保不采取单边行动,避免局势复杂化。①

时事链接

赵立坚介绍加勒万河谷冲突事件

加勒万河谷位于中印边界西段实际控制线中方一侧。多年来,中国边防部队一直在此正常巡逻执勤。今年4月以来,印度边防部队单方面在加勒万河谷地区持续抵边修建道路、桥梁等设施。中方多次就此提出交涉和抗议,但印方反而变本加厉越线滋事。5月6日凌晨,印度边防部队乘夜色在加勒万河谷地区越线进入中国领土、构工设障,阻拦中方边防部队正常巡逻,蓄意挑起事端,试图单方面改变边境管控现状。中方边防部队不得不采取必要措施,加强现场应对和边境地区管控。

为缓和边境地区局势,中印双方通过军事和外交渠道保持密切沟通。在中方强烈要求下,印方同意并撤出越线人员,拆除越线设施。6月6日,两国边防部队举行军长级会晤,就缓和边境地区局势达成共识。印方承诺不越过加勒万河口巡逻和修建设施,双方通过现地指挥官会晤商定分批撤军事宜。

但令人震惊的是,6月15日晚,印方一线边防部队公然打破双方军长级会晤达成的共识,在加勒万河谷现地局势已经趋缓情况下,再次跨越实控线蓄意挑衅,甚至暴力攻击中方前往现地交涉的官兵,进而引发激烈肢体冲突,造成人员伤亡。印军的冒险行径严重破坏边境地区稳定,严重威胁中方人员生命安

---

① 王毅会晤印度外长:严格依照双方协议和共识,不在敏感于议区采取任何单方面行动[EB/OL]. 中国新闻网,2021-07-15.

全,严重违背两国有关边境问题达成的协议,严重违反国际关系基本准则。中方已就此向印方提出严正交涉和强烈抗议。

——来源:《人民日报》,2020 年 6 月 20 日

六、中日关系:变中维稳

进入 21 世纪后,中日之间曾因钓鱼岛问题、历史教科书问题、参拜靖国神社等问题多次陷入困境。但是,在 2020 年这场突如其来的疫情中,中日之间却彼此感受到邻邦的温暖。在中国疫情较为严重的时候,日本多次向中国捐赠口罩等防疫物资,物资上还出现了"山川异域 风月同天","青山一道同云雨,明月何曾是两乡"这样暖心的话语。日本疫情告急时,中国也及时送去了防疫物资。疫情之下,中日之间互相传递着友好。2020 年 9 月 25 日,中日两国元首互通电话,就持续改善中日关系,不断增进政治互信,深化互利合作,扩大人文交流,推动日中关系迈上新台阶达成共识。2020 年 11 月,中国国务委员兼外交部长王毅访问日本。双方就合作领域、共同关心的国际和地区问题深入交换意见,达成了 5 点重要共识和 6 项具体成果。在新形势下,中国愿同日本一道,以更加宽阔的视野、更加有效的行动,在更加广泛的领域共同肩负责任,积极推进合作,让中日关系更好惠及两国人民和国际社会。王毅在会见日本首相菅义伟时表示:"经过多年努力,中日关系终于重回正轨,双方应珍惜这一来之不易局面,为迎接 2022 年中日邦交正常化 50 周年打下坚实基础。"2021 年 3 月 7 日,国务委员兼外交部长王毅在十三届全国人大四次会议记者会中,就"中国外交政策和对外关系"相关问题回答中外记者提问中表示"中日关系要走向成熟稳定,需要保持定力,不受一时一事的影响"。

2020 年世界经济受到新冠疫情的严重冲击,出现了大幅度的下滑,但该年的中日贸易总额仅仅比前一年下降了 0.2%,显示了高度的稳定性。进入 2021 年以来,两国贸易出现了大幅度的反弹。据日本财务省公布的贸易统计数据,1—4 月日本对华出口额达到 606.705 9 万亿美元,同比增长 27.1%;自中国进口额为 608.647 6 万亿美元,同比增长 18.3%。5 月份仍然继续保持较高增长,出口和进口同比增长率分别为 23.6% 和 4.8%。在中日进出口贸易稳定向好发展的过程中,中国在日本对外贸易中的地位越来越重要。在日本出口对象国中,

2017年以来日本对中国出口已经接近对美国的出口水平。中美两国在日本的出口总额中所占的份额均接近20%。2020年这一份额出现了变化，对华出口占比达到了22.1%，对美出口则下降至18.4%。中国一直是日本最大的进口对象国，因此在贸易总额方面，中国也是日本最大的贸易伙伴国。2020年日本对华贸易在日本对外贸易总额中所占比重达到了23.9%。[①]

但中日关系重回正轨没多久，2021年4月13日，日本决定将福岛核电站的核废水排放入海。中国外交部对这一事件表示严重关切。认为日本在未穷尽安全处置手段的情况下，不顾国内外质疑和反对，未经与周边国家和国际社会充分协商，单方面决定以排海方式处置福岛核电站事故核废水，这种做法极其不负责任，将严重损害国际公共健康安全和周边国家人民切身利益。2021年4月16日，美日举行外长防长"2+2"会晤并发表《新时代美日国际伙伴关系》的联合声明，粗暴地对中国香港、新疆和台湾地区等事务予以评判和干涉，并鲜明表示将"共同应对中国带来的挑战"。中国外交部发言人督促美日立即停止干涉中国内政。中日双方加强合作努力形成合作的国际治理结构，是各国应该努力的大方向。日本政府近期的政策有些偏离了上述的大方向。日本政府不仅在政治安全领域加紧靠拢美国，对华动作频繁，甚至在经济上加强与美国的合作，在半导体等高科技产业围堵中国。当今中日经济进入战略竞争的阶段，日本追求已经过时的"政经分离"路线，一方面在对华经济合作中获取巨大的利益，另一方面紧跟美国对中国形成围堵之势，这是非常投机和危险的，也是不能持续和成功的。"当前中日关系复杂因素有所增多，但中日友好合作的主流、互利共赢的本质没有改变。"中国驻日本大使孔铉佑在日中文化交流协会发行的2021年7月号刊物上发表署名文章写道，双方应以迎接明年邦交正常化50周年为契机，重温初心，夯实基础，排除干扰，共同开辟两国关系美好未来。

时事链接

赵立坚回应美日《新时代美日国际伙伴关系》联合声明

美日4月16日举行外长防长"2+2"会晤并发表联合声明，称中方行为与现行国际秩序不符，对国际社会构成挑战，声明还就台湾、涉海、涉疆等问题

---

① 崔岩. 日方需认清中日经济关系大局 推进双方务实合作[EB/OL]. 中国网，2021-06-27.

表示关切。对此,赵立坚表示,美日联合声明恶意攻击中方对外政策、严重干涉中国内政、妄图损害中方利益,中方对此强烈不满、坚决反对。我们已分别向美日双方提出严正交涉。

赵立坚指出:"世界上只有一个体系,就是以联合国为核心的国际体系;只有一套规则,就是以联合国宪章宗旨为基础的国际关系基本准则。美日没有资格单方面定义国际体系,更没有资格将自己的标准强加于人。台湾、涉港、涉疆问题都是中国内政,不容任何外国干涉。美日联合声明无视有关问题的历史经纬,罔顾事实和真相,不过是美日狼狈为奸、干涉中国内政的又一明证和诬蔑抹黑中国的恶劣例证。"

赵立坚强调,美日固守冷战思维,蓄意搞集团对抗,试图打造反华"包围圈",这完全是逆时代潮流而动,同本地区和世界绝大多数国家求和平、谋发展、促合作的共同期待背道而驰。"日本为满足阻遏中国崛起复兴的一己之私,甘愿仰人鼻息,充当美国战略附庸,不惜背信弃义、破坏中日关系,不惜引狼入室、出卖本地区整体利益。这种做法令人不齿,不得人心。我们强烈敦促美日立即停止干涉中国内政,立即停止搞针对中国的'小圈子',立即停止破坏地区和平稳定大局。中方将采取一切必要措施,坚决捍卫自身主权、安全和发展利益。"

——来源:央广网,2021 年 3 月 17 日

第三节　大道同行　构建人类命运共同体

习近平总书记指出:危和机总是同生并存的,克服了危即是机。世界百年未有之变局和新冠肺炎疫情的叠加冲击,给中国带来的机遇与挑战并存。

一、应对挑战:共促和平发展

大变革带来大挑战,我们必须因势而谋、应势而动、顺势而为,正确认识挑战,积极应对挑战。

(一)应对西方国家普遍焦虑的政治反弹

近年来,非西方世界的整体崛起让西方国家深感焦虑,中国的快速发展更

是让一些西方国家感到如骨鲠在喉。例如,在美国国际关系理论界,"修昔底德陷阱""即将到来的中美冲突""中美注定一战"等说法不绝于耳。西方从自身历史经验中强调"国强必霸",因此,并不相信可以与正在崛起的非西方国家和平互利共赢,一起发展。这恰恰反映出一些西方国家特别是美国不愿意放弃既有地位的真实心态。这种心态会付诸实践,表现为以美国为代表的一些西方国家升级对中国的施压。从美国国内反映的情况看,尽管美国精英仍然相信美国建立的世界秩序还未被打破,但从整体趋势来看,国际主要行为体之间的力量对比正发生重大变化。于是,所谓"中国威胁论"的各种说法一再出现。一些西方国家认为,中国崛起本身就是对它们的威胁和挑战。例如,美国民主党和共和党、智库和媒体日益认为"中国威胁迫在眉睫,必须立即遏制,否则后患无穷"。正是基于这种外交领域的所谓"政治正确性",美国全方位多领域向中国施压。未来一个时期,双方利益协调难度会持续上升,两国体制层面的矛盾将进一步凸显。进而表现为美国在涉及中国重要利益的议题上不断挑衅。在经贸领域,美国企图用关税手段迫使中国全面让步;在政治领域,美国试图在涉疆、涉港、涉台等问题上,挑起民族矛盾、代际矛盾和认同矛盾,搅乱和阻挠中国的发展;在外交安全领域,美国不断言语挑衅,无端指责,恶意捏造,颠倒黑白。所有这些都是需要我们面对的来自外部的挑战。

面对这些外部挑战,一方面我们要增强忧患意识,重视百年未有之大变局孕育的风险考验。习近平总书记指出,"在前进道路上我们面临的风险考验只会越来越复杂,甚至会遇到难以想象的惊涛骇浪。我们面临的各种斗争不是短期的而是长期的,至少要伴随我们实现第二个百年奋斗目标全过程"。这是冷静观察国内外形势得出的科学判断,对我们理解当前国际形势具有极为重要的指导意义。另一方面是要坚持奋进,善于斗争,积极应对各项挑战。习近平总书记强调,伟大的事业之所以伟大,不仅因为这种事业是正义的、宏大的,而且因为这种事业不是一帆风顺的。"什么时候都不要想象可以敲锣打鼓、顺顺当当实现我们的奋斗目标"。我们必须"冷静审视深刻复杂变化的国际形势",同时敢于迎难而上,积极面对并化解风险,开创中华民族伟大复兴新局面。

(二)携手应对全球性挑战

我们生活在一个互联互通、休戚与共的地球村里。疫情的全球蔓延,迅速扩散，让我们明白谁也不能独善其身。究竟是精诚合作、共渡难关，还是无端指责他人、企图转嫁责任，不仅事关人类道义，而且事关人类前途命运。习近平主席强调："我们要树立你中有我、我中有你的命运共同体意识。"各国只有跳出小圈子和零和博弈思维，树立合作共赢理念，摒弃意识形态争论，跨越文明冲突陷阱，相互尊重自主选择的发展道路和模式，世界才能更加多样、人类文明才会更加多姿多彩。中国作为一个负责任的大国，在新冠疫情的抗击过程中，第一时间向世卫组织公布病毒基因序列，向别国提供医疗建议和派驻医疗队，付出了巨大的代价，为全球换来宝贵的窗口期。中国迅速研制出了疫苗，同时坚决反对"疫苗民族主义"、不搞本国优先，以实际行动积极推进疫苗国家合作，助力各国构筑抗疫防线。截至 2021 年 7 月 14 日，中国已向全球 100 多个国家和国际组织提供了 5 亿多剂疫苗和原液，是向发展中国家提供疫苗数量最多的国家。

以国际恐怖主义、网络安全等为代表的非传统安全问题的出现，使中国的发展面临着更为复杂的国际安全环境。与国际社会一道反对恐怖主义，是与我国打击宗教极端势力和国家分裂势力相辅相成的。国际恐怖主义势力泛滥对我国边疆地区社会稳定产生恶劣的影响。因此，中国不仅要维护自身国家安全，确保国内稳定的发展环境不被破坏，也应承担更多的国际安全责任，确保国家发展所依赖的稳定外部环境得以维持。在非传统安全问题成为人类社会和平发展共同威胁的背景下，对这一问题的克服与解决，需要世界各国间的协力与合作。今后，以国际社会共同面对的非传统安全等课题为中心，探索国际社会在全球治理体系中的合作模式，是中国谋求合作共赢新范式的重要着力点。

随着经济社会的发展，人类对美好生活的需要日益增长，同时也产生了生态破坏、资源过度开发利用等问题。建设生态文明和美丽地球，人类需要一场自我革命，需要加快形成绿色发展方式和生活方式。习近平主席强调："应对气候变化《巴黎协定》代表了全球绿色低碳转型的大方向，是保护地球家园需要采取的最低限度行动，各国必须迈出决定性步伐。"近年来，我国坚持创新、协调、绿色、开放、共享的新发展理念，加大生态文明建设力度，取得举世瞩目的成就。未来将采取更加有力的政策和措施，二氧化碳排放力争于 2030 年前达到峰值，努力争取 2060 年前实现碳中和，为营造良好的生态环境贡献力量。

二、把握机遇：助力民族复兴

中国已深度嵌入世界，世界与中国不可分割。世界百年未有之大变局和中华民族伟大复兴是相互叠加、交织同步的。站在"两个一百年"奋斗目标的历史交汇点上，我们既要树立强烈的历史机遇意识和风险忧患意识，也要坚定保持战略定力、战略自信、战略耐心，集中精力做好自己的事，在大变局中奋力谱写中华民族伟大复兴新篇章。

（一）为中国经济提供战略机遇

一些国家逆全球化思潮泛起导致我国外需增长放缓，但也带来倒逼我国转变发展方式的机遇，中国成功开启供给侧结构性改革、大力推动高质量发展，以中国为代表的新兴市场国家快速发展正使国际力量对比发生近代以来最具革命性的积极变化；虽然全球科技创新速度有所回落，但中国创新发展的脚步正在加快，特别是世界新一轮科技革命和产业变革与我国加快转变经济发展方式形成历史性交汇，中国利用广阔的国内市场和丰富的创新人力资源，可以更快缩短与发达国家的技术差距，在新技术创新浪潮中实现弯道超车甚至变道超车；全球治理体系深刻重塑，为中国参与全球治理体系变革提供了新空间，中国的国际话语权正在得到提升，完善全球治理离不开中国智慧、中国方案、中国力量。①

（二）为中华民族伟大复兴提供战略机遇

一百年来，中国发生了天翻地覆的变化。中国共产党在成立后的一个世纪里，带领全国各族人民不懈奋斗，推动我国经济实力、科技实力、国防实力、综合国力进入世界前列，推动我国国际地位实现前所未有的提升，迎来了从站起来、富起来到强起来的伟大飞跃。中国特色社会主义进入了新时代，党的面貌、国家的面貌、人民的面貌、军队的面貌、中华民族的面貌发生了前所未有的变化，中华民族正以崭新姿态屹立于世界的东方。今天，我们前所未有地靠近世界舞台中心，前所未有地接近实现中华民族伟大复兴的目标，前所未有地具有实现这个目标的能力和信心。世界百年未有之大变局为中华民族提供了实现伟大复兴的战略机遇。

---

① 王俊生，秦升. 从"百年未有之变局"中把握机遇 [EB/OL]. 求是网，2019-04-10.

中国发展速度之快，影响之深远百年未有。我国主要农产品产量跃居世界前列，建立了世界上最完整的现代工业体系，科技创新和重大工程捷报频传。我国是世界第二大经济体、制造业第一大国、货物贸易第一大国、商品消费第二大国、外资流入第二大国，我国外汇储备连续多年位居世界第一。我国还是世界上增长最快的主要出口市场和能源资源产品的主要进口国，同时也是最被看好的主要投资目的地。中国在新一轮科技革命浪潮中正在迎头赶上。党的十八大以来，中国高度重视新一轮科技革命发展。2017年11月，习近平总书记在出席越南岘港举行的亚太经合组织工商领导人峰会发表演讲时，多次提及科技革命和科技创新，强调我们正迎来新一轮科技和产业革命，增长动能将被科技深刻改变。在18世纪蒸汽机和机械革命与19世纪电力和运输革命中，中国没有参与；在20世纪电子和信息革命中，中国部分参与；在目前正酝酿的以人工智能、物联网、能源互联网、生命创制等为核心的科技革命上，中国正在"弯道超车"。百年来，中国首次处在科技创新的风口浪尖。中国已成为现行国际体系的参与者、建设者、贡献者，积极推动国际体系朝着更加公正合理的方向发展。

2013年3月，习近平总书记在莫斯科国际关系学院演讲中，首次提到人类命运共同体的概念。2015年9月28日，习近平总书记在联大一般性辩论时指出："大道之行也，天下为公。和平、发展、公平、正义、民主、自由，是全人类的共同价值，也是联合国的崇高目标。"在2017年12月举行的中国共产党与世界政党高层对话会上，习近平总书记强调："中国共产党所做的一切，就是为中国人民谋幸福、为中华民族谋复兴、为人类谋和平与发展。"2018年4月8日，习近平总书记在会见联合国秘书长古特雷斯时指出，我们所做的一切都是"为人民谋幸福，为民族谋复兴，为世界谋大同"。这些理念表明，中国的发展强大和民族复兴与世界的发展与和平紧密相连。随着中国综合国力的增加，国际社会对中国的期待也日益增大，中国在实现中华民族伟大复兴的征程中，定能承担起更多的国际责任，为世界发展做出更大贡献。

思考题

1. 结合所学知识，谈谈如何把握百年未有之大变局的机遇。
2. 作为新时代青年，我们应该如何助力民族复兴？

附录一

在庆祝中国共产党成立100周年大会上的讲话

（2021年7月1日）

习近平

同志们，朋友们：

今天，在中国共产党历史上，在中华民族历史上，都是一个十分重大而庄严的日子。我们在这里隆重集会，同全党全国各族人民一道，庆祝中国共产党成立一百周年，回顾中国共产党百年奋斗的光辉历程，展望中华民族伟大复兴的光明前景。

首先，我代表党中央，向全体中国共产党员致以节日的热烈祝贺！

在这里，我代表党和人民庄严宣告，经过全党全国各族人民持续奋斗，我们实现了第一个百年奋斗目标，在中华大地上全面建成了小康社会，历史性地解决了绝对贫困问题，正在意气风发向着全面建成社会主义现代化强国的第二个百年奋斗目标迈进。这是中华民族的伟大光荣！这是中国人民的伟大光荣！这是中国共产党的伟大光荣！

同志们、朋友们！

中华民族是世界上伟大的民族，有着5 000多年源远流长的文明历史，为人类文明进步作出了不可磨灭的贡献。1840年鸦片战争以后，中国逐步成为半殖民地半封建社会，国家蒙辱、人民蒙难、文明蒙尘，中华民族遭受了前所未有的劫难。从那时起，实现中华民族伟大复兴，就成为中国人民和中华民族最伟大的梦想。

为了拯救民族危亡，中国人民奋起反抗，仁人志士奔走呐喊，太平天国运动、戊戌变法、义和团运动、辛亥革命接连而起，各种救国方案轮番出台，但都以失败而告终。中国迫切需要新的思想引领救亡运动,迫切需要新的组织凝聚革命力量。

十月革命一声炮响,给中国送来了马克思列宁主义。在中国人民和中华民族的伟大觉醒中,在马克思列宁主义同中国工人运动的紧密结合中,中国共产党应运而生。中国产生了共产党,这是开天辟地的大事变,深刻改变了近代以后中华民族发展的方向和进程,深刻改变了中国人民和中华民族的前途和命运,深刻改变了世界发展的趋势和格局。

中国共产党一经诞生,就把为中国人民谋幸福、为中华民族谋复兴确立为自己的初心使命。一百年来,中国共产党团结带领中国人民进行的一切奋斗、一切牺牲、一切创造,归结起来就是一个主题:实现中华民族伟大复兴。

——为了实现中华民族伟大复兴,中国共产党团结带领中国人民,浴血奋战、百折不挠,创造了新民主主义革命的伟大成就。我们经过北伐战争、土地革命战争、抗日战争、解放战争,以武装的革命反对武装的反革命,推翻帝国主义、封建主义、官僚资本主义三座大山,建立了人民当家作主的中华人民共和国,实现了民族独立、人民解放。新民主主义革命的胜利,彻底结束了旧中国半殖民地半封建社会的历史,彻底结束了旧中国一盘散沙的局面,彻底废除了列强强加给中国的不平等条约和帝国主义在中国的一切特权,为实现中华民族伟大复兴创造了根本社会条件。中国共产党和中国人民以英勇顽强的奋斗向世界庄严宣告,中国人民站起来了,中华民族任人宰割、饱受欺凌的时代一去不复返了!

——为了实现中华民族伟大复兴,中国共产党团结带领中国人民,自力更生、发愤图强,创造了社会主义革命和建设的伟大成就。我们进行社会主义革命,消灭在中国延续几千年的封建剥削压迫制度,确立社会主义基本制度,推进社会主义建设,战胜帝国主义、霸权主义的颠覆破坏和武装挑衅,实现了中华民族有史以来最为广泛而深刻的社会变革,实现了一穷二白、人口众多的东方大国大步迈进社会主义社会的伟大飞跃,为实现中华民族伟大复兴奠定了根本政治前提和制度基础。中国共产党和中国人民以英勇顽强的奋斗向世界庄严宣告,中国人民不但善于破坏一个旧世界,也善于建设一个新世界,只有社会主义才能救中国,只有社会主义才能发展中国!

——为了实现中华民族伟大复兴,中国共产党团结带领中国人民,解放思想、锐意进取,创造了改革开放和社会主义现代化建设的伟大成就。我们实现新中国成立以来党的历史上具有深远意义的伟大转折,确立党在社会主义初级阶段的基本路线,坚定不移推进改革开放,战胜来自各方面的风险挑战,开创、坚持、捍卫、发展中国特色社会主义,实现了从高度集中的计划经济体制到充满活力的社会主义市场经济体制、从封闭半封闭到全方位开放的历史性转变,实现了从生产力相对落后的状况到经济总量跃居世界第二的历史性突破,实现了人民生活从温饱不足到总体小康、奔向全面小康的历史性跨越,为实现中华民族伟大复兴提供了充满新的活力的体制保证和快速发展的物质条件。中国共产党和中国人民以英勇顽强的奋斗向世界庄严宣告,改革开放是决定当代中国前途命运的关键一招,中国大踏步赶上了时代!

——为了实现中华民族伟大复兴,中国共产党团结带领中国人民,自信自强、守正创新,统揽伟大斗争、伟大工程、伟大事业、伟大梦想,创造了新时代中国特色社会主义的伟大成就。党的十八大以来,中国特色社会主义进入新时代,我们坚持和加强党的全面领导,统筹推进"五位一体"总体布局、协调推进"四个全面"战略布局,坚持和完善中国特色社会主义制度、推进国家治理体系和治理能力现代化,坚持依规治党、形成比较完善的党内法规体系,战胜一系列重大风险挑战,实现第一个百年奋斗目标,明确实现第二个百年奋斗目标的战略安排,党和国家事业取得历史性成就、发生历史性变革,为实现中华民族伟大复兴提供了更为完善的制度保证、更为坚实的物质基础、更为主动的精神力量。中国共产党和中国人民以英勇顽强的奋斗向世界庄严宣告,中华民族迎来了从站起来、富起来到强起来的伟大飞跃,实现中华民族伟大复兴进入了不可逆转的历史进程!

一百年来,中国共产党团结带领中国人民,以"为有牺牲多壮志,敢教日月换新天"的大无畏气概,书写了中华民族几千年历史上最恢宏的史诗。这一百年来开辟的伟大道路、创造的伟大事业、取得的伟大成就,必将载入中华民族发展史册、人类文明发展史册!

同志们、朋友们!

一百年前,中国共产党的先驱们创建了中国共产党,形成了坚持真理、坚守理想,践行初心、担当使命,不怕牺牲、英勇斗争,对党忠诚、不负人民的伟大建党精神,这是中国共产党的精神之源。

一百年来，中国共产党弘扬伟大建党精神，在长期奋斗中构建起中国共产党人的精神谱系，锤炼出鲜明的政治品格。历史川流不息，精神代代相传。我们要继续弘扬光荣传统、赓续红色血脉，永远把伟大建党精神继承下去、发扬光大！

同志们、朋友们！

一百年来，我们取得的一切成就，是中国共产党人、中国人民、中华民族团结奋斗的结果。以毛泽东同志、邓小平同志、江泽民同志、胡锦涛同志为主要代表的中国共产党人，为中华民族伟大复兴建立了彪炳史册的伟大功勋！我们向他们表示崇高的敬意！

此时此刻，我们深切怀念为中国革命、建设、改革，为中国共产党建立、巩固、发展作出重大贡献的毛泽东、周恩来、刘少奇、朱德、邓小平、陈云同志等老一辈革命家，深切怀念为建立、捍卫、建设新中国英勇牺牲的革命先烈，深切怀念为改革开放和社会主义现代化建设英勇献身的革命烈士，深切怀念近代以来为民族独立和人民解放顽强奋斗的所有仁人志士。他们为祖国和民族建立的丰功伟绩永载史册！他们的崇高精神永远铭记在人民心中！

人民是历史的创造者，是真正的英雄。我代表党中央，向全国广大工人、农民、知识分子，向各民主党派和无党派人士、各人民团体、各界爱国人士，向人民解放军指战员、武警部队官兵、公安干警和消防救援队伍指战员，向全体社会主义劳动者，向统一战线广大成员，致以崇高的敬意！向香港特别行政区同胞、澳门特别行政区同胞和台湾同胞以及广大侨胞，致以诚挚的问候！向一切同中国人民友好相处，关心和支持中国革命、建设、改革事业的各国人民和朋友，致以衷心的谢意！

同志们、朋友们！

初心易得，始终难守。以史为鉴，可以知兴替。我们要用历史映照现实、远观未来，从中国共产党的百年奋斗中看清楚过去我们为什么能够成功、弄明白未来我们怎样才能继续成功，从而在新的征程上更加坚定、更加自觉地牢记初心使命、开创美好未来。

——以史为鉴、开创未来，必须坚持中国共产党坚强领导。办好中国的事情，关键在党。中华民族近代以来180多年的历史、中国共产党成立以来100年的历史、中华人民共和国成立以来70多年的历史都充分证明，没有中国共产党,就没有新中国,就没有中华民族伟大复兴。历史和人民选择了中国共产党。中国共产党领导是中国特色社会主义最本质的特征,是中国特色社会主义制度的最大优势,是党和国家的根本所在、命脉所在,是全国各族人民的利益所系、命运所系。

新的征程上,我们必须坚持党的全面领导,不断完善党的领导,增强"四个意识"、坚定"四个自信"、做到"两个维护",牢记"国之大者",不断提高党科学执政、民主执政、依法执政水平,充分发挥党总揽全局、协调各方的领导核心作用!

——以史为鉴、开创未来,必须团结带领中国人民不断为美好生活而奋斗。江山就是人民、人民就是江山,打江山、守江山,守的是人民的心。中国共产党根基在人民、血脉在人民、力量在人民。中国共产党始终代表最广大人民根本利益,与人民休戚与共、生死相依,没有任何自己特殊的利益,从来不代表任何利益集团、任何权势团体、任何特权阶层的利益。任何想把中国共产党同中国人民分割开来、对立起来的企图,都是绝不会得逞的!9 500多万中国共产党人不答应!14亿多中国人民也不答应!

新的征程上,我们必须紧紧依靠人民创造历史,坚持全心全意为人民服务的根本宗旨,站稳人民立场,贯彻党的群众路线,尊重人民首创精神,践行以人民为中心的发展思想,发展全过程人民民主,维护社会公平正义,着力解决发展不平衡不充分问题和人民群众急难愁盼问题,推动人的全面发展、全体人民共同富裕取得更为明显的实质性进展!

——以史为鉴、开创未来,必须继续推进马克思主义中国化。马克思主义是我们立党立国的根本指导思想,是我们党的灵魂和旗帜。中国共产党坚持马克思主义基本原理,坚持实事求是,从中国实际出发,洞察时代大势,把握历史主动,进行艰辛探索,不断推进马克思主义中国化时代化,指导中国人民不断推进伟大社会革命。中国共产党为什么能,中国特色社会主义为什么好,归根到底是因为马克思主义行!

新的征程上,我们必须坚持马克思列宁主义、毛泽东思想、邓小平理论、"三个代表"重要思想、科学发展观,全面贯彻新时代中国特色社会主义思想,坚持把马克思主义基本原理同中国具体实际相结合、同中华优秀传统文化相结合,用马克思主义观察时代、把握时代、引领时代,继续发展当代中国马克思主义、21世纪马克思主义!

——以史为鉴、开创未来,必须坚持和发展中国特色社会主义。走自己的路,是党的全部理论和实践立足点,更是党百年奋斗得出的历史结论。中国特色社会主义是党和人民历经千辛万苦、付出巨大代价取得的根本成就,是实现中华民族伟大复兴的正确道路。我们坚持和发展中国特色社会主义,推动物质文明、政治文明、精神文明、社会文明、生态文明协调发展,创造了中国式现代化新道路,创造了人类文明新形态。

新的征程上,我们必须坚持党的基本理论、基本路线、基本方略,统筹推进"五位一体"总体布局、协调推进"四个全面"战略布局,全面深化改革开放,立足新发展阶段,完整、准确、全面贯彻新发展理念,构建新发展格局,推动高质量发展,推进科技自立自强,保证人民当家作主,坚持依法治国,坚持社会主义核心价值体系,坚持在发展中保障和改善民生,坚持人与自然和谐共生,协同推进人民富裕、国家强盛、中国美丽。

中华民族拥有在5 000多年历史演进中形成的灿烂文明,中国共产党拥有百年奋斗实践和70多年执政兴国经验,我们积极学习借鉴人类文明的一切有益成果,欢迎一切有益的建议和善意的批评,但我们绝不接受"教师爷"般颐指气使的说教!中国共产党和中国人民将在自己选择的道路上昂首阔步走下去,把中国发展进步的命运牢牢掌握在自己手中!

——以史为鉴、开创未来,必须加快国防和军队现代化。强国必须强军,军强才能国安。坚持党指挥枪、建设自己的人民军队,是党在血与火的斗争中得出的颠扑不破的真理。人民军队为党和人民建立了不朽功勋,是保卫红色江山、维护民族尊严的坚强柱石,也是维护地区和世界和平的强大力量。

新的征程上,我们必须全面贯彻新时代党的强军思想,贯彻新时代军事战略方针,坚持党对人民军队的绝对领导,坚持走中国特色强军之路,全面推进政治建军、改革强军、科技强军、人才强军、依法治军,把人民军队建设成为世界一流军队,以更强大的能力、更可靠的手段捍卫国家主权、安全、发展利益!

——以史为鉴、开创未来,必须不断推动构建人类命运共同体。和平、和睦、和谐是中华民族5 000多年来一直追求和传承的理念,中华民族的血液中没有侵略他人、称王称霸的基因。中国共产党关注人类前途命运,同世界上一切进步力量携手前进，中国始终是世界和平的建设者、全球发展的贡献者、国际秩序的维护者！

新的征程上，我们必须高举和平、发展、合作、共赢旗帜，奉行独立自主的和平外交政策，坚持走和平发展道路，推动建设新型国际关系，推动构建人类命运共同体，推动共建"一带一路"高质量发展，以中国的新发展为世界提供新机遇。中国共产党将继续同一切爱好和平的国家和人民一道，弘扬和平、发展、公平、正义、民主、自由的全人类共同价值，坚持合作、不搞对抗，坚持开放、不搞封闭，坚持互利共赢、不搞零和博弈，反对霸权主义和强权政治，推动历史车轮向着光明的目标前进！

中国人民是崇尚正义、不畏强暴的人民，中华民族是具有强烈民族自豪感和自信心的民族。中国人民从来没有欺负、压迫、奴役过其他国家人民，过去没有，现在没有，将来也不会有。同时，中国人民也绝不允许任何外来势力欺负、压迫、奴役我们，谁妄想这样干，必将在14亿多中国人民用血肉筑成的钢铁长城面前碰得头破血流！

——以史为鉴、开创未来，必须进行具有许多新的历史特点的伟大斗争。敢于斗争、敢于胜利，是中国共产党不可战胜的强大精神力量。实现伟大梦想就要顽强拼搏、不懈奋斗。今天，我们比历史上任何时期都更接近、更有信心和能力实现中华民族伟大复兴的目标，同时必须准备付出更为艰巨、更为艰苦的努力。

新的征程上，我们必须增强忧患意识、始终居安思危，贯彻总体国家安全观，统筹发展和安全，统筹中华民族伟大复兴战略全局和世界百年未有之大变局，深刻认识我国社会主要矛盾变化带来的新特征新要求，深刻认识错综复杂的国际环境带来的新矛盾新挑战，敢于斗争，善于斗争，逢山开道、遇水架桥，勇于战胜一切风险挑战！

——以史为鉴、开创未来，必须加强中华儿女大团结。在百年奋斗历程中，中国共产党始终把统一战线摆在重要位置，不断巩固和发展最广泛的统一战线，团结一切可以团结的力量、调动一切可以调动的积极因素，最大限度凝聚起共同奋斗的力量。爱国统一战线是中国共产党团结海内外全体中华儿女实现中华民族伟大复兴的重要法宝。

新的征程上，我们必须坚持大团结大联合，坚持一致性和多样性统一，加强思想政治引领,广泛凝聚共识,广聚天下英才,努力寻求最大公约数、画出最大同心圆,形成海内外全体中华儿女心往一处想、劲往一处使的生动局面,汇聚起实现民族复兴的磅礴力量!

——以史为鉴、开创未来,必须不断推进党的建设新的伟大工程。勇于自我革命是中国共产党区别于其他政党的显著标志。我们党历经千锤百炼而朝气蓬勃,一个很重要的原因就是我们始终坚持党要管党、全面从严治党,不断应对好自身在各个历史时期面临的风险考验,确保我们党在世界形势深刻变化的历史进程中始终走在时代前列,在应对国内外各种风险挑战的历史进程中始终成为全国人民的主心骨!

新的征程上,我们要牢记打铁必须自身硬的道理,增强全面从严治党永远在路上的政治自觉,以党的政治建设为统领,继续推进新时代党的建设新的伟大工程,不断严密党的组织体系,着力建设德才兼备的高素质干部队伍,坚定不移推进党风廉政建设和反腐败斗争,坚决清除一切损害党的先进性和纯洁性的因素,清除一切侵蚀党的健康肌体的病毒,确保党不变质、不变色、不变味,确保党在新时代坚持和发展中国特色社会主义的历史进程中始终成为坚强领导核心!

同志们、朋友们!

我们要全面准确贯彻"一国两制"、"港人治港"、"澳人治澳"、高度自治的方针,落实中央对香港、澳门特别行政区全面管治权,落实特别行政区维护国家安全的法律制度和执行机制,维护国家主权、安全、发展利益,维护特别行政区社会大局稳定,保持香港、澳门长期繁荣稳定。

解决台湾问题、实现祖国完全统一,是中国共产党矢志不渝的历史任务,是全体中华儿女的共同愿望。要坚持一个中国原则和"九二共识",推进祖国和平统一进程。包括两岸同胞在内的所有中华儿女,要和衷共济、团结向前,坚决粉碎任何"台独"图谋,共创民族复兴美好未来。任何人都不要低估中国人民捍卫国家主权和领土完整的坚强决心、坚定意志、强大能力!

同志们、朋友们!

未来属于青年,希望寄予青年。一百年前,一群新青年高举马克思主义思想火炬,在风雨如晦的中国苦苦探寻民族复兴的前途。一百年来,在中国共产党的旗帜下,一代代中国青年把青春奋斗融入党和人民事业,成为实现中华民族伟大复兴的先锋力量。新时代的中国青年要以实现中华民族伟大复兴为己任，增强做中国人的志气、骨气、底气，不负时代，不负韶华，不负党和人民的殷切期望！

同志们、朋友们！

一百年前，中国共产党成立时只有 50 多名党员，今天已经成为拥有 9 500 多万名党员、领导着 14 亿多人口大国、具有重大全球影响力的世界第一大执政党。

一百年前，中华民族呈现在世界面前的是一派衰败凋零的景象。今天，中华民族向世界展现的是一派欣欣向荣的气象，正以不可阻挡的步伐迈向伟大复兴。

过去一百年，中国共产党向人民、向历史交出了一份优异的答卷。现在，中国共产党团结带领中国人民又踏上了实现第二个百年奋斗目标新的赶考之路。

全体中国共产党员！党中央号召你们，牢记初心使命，坚定理想信念，践行党的宗旨，永远保持同人民群众的血肉联系，始终同人民想在一起、干在一起，风雨同舟、同甘共苦，继续为实现人民对美好生活的向往不懈努力，努力为党和人民争取更大光荣！

同志们、朋友们！

中国共产党立志于中华民族千秋伟业，百年恰是风华正茂！回首过去，展望未来，有中国共产党的坚强领导，有全国各族人民的紧密团结，全面建成社会主义现代化强国的目标一定能够实现，中华民族伟大复兴的中国梦一定能够实现！

伟大、光荣、正确的中国共产党万岁！

伟大、光荣、英雄的中国人民万岁！

附录二

中共中央关于制定国民经济和社会发展第十四个五年规划和二〇三五年远景目标的建议

（2020年10月29日中国共产党第十九届中央委员会第五次全体会议通过）

"十四五"时期是我国全面建成小康社会、实现第一个百年奋斗目标之后，乘势而上开启全面建设社会主义现代化国家新征程、向第二个百年奋斗目标进军的第一个五年。中国共产党第十九届中央委员会第五次全体会议深入分析国际国内形势，就制定国民经济和社会发展"十四五"规划和二〇三五年远景目标提出以下建议。

一、全面建成小康社会，开启全面建设社会主义现代化国家新征程

1. 决胜全面建成小康社会取得决定性成就。"十三五"时期是全面建成小康社会决胜阶段。面对错综复杂的国际形势、艰巨繁重的国内改革发展稳定任务特别是新冠肺炎疫情严重冲击，以习近平同志为核心的党中央不忘初心、牢记使命，团结带领全党全国各族人民砥砺前行、开拓创新，奋发有为推进党和国家各项事业。全面深化改革取得重大突破，全面依法治国取得重大进展，全面从严治党取得重大成果，国家治理体系和治理能力现代化加快推进，中国共产党领导和我国社会主义制度优势进一步彰显；经济实力、科技实力、综合国力跃上新的大台阶，经济运行总体平稳，经济结构持续优化，预计二〇二〇年国内生产总值突破一百万亿元；脱贫攻坚成果举世瞩目，五千五百七十五万农村贫困人口实现脱贫；粮食年产量连续五年稳定在一万三千亿斤以上；污染防治力度加大，生态环境明显改善；对外开放持续扩大，共建"一带一路"成果丰硕；人民生活水平显著提高，高等教育进入普及化阶段，城镇新增就业超过六千万人,建成世界上规模最大的社会保障体系,基本医疗保险覆盖超过十三亿人,基本养老保险覆盖近十亿人,新冠肺炎疫情防控取得重大战略成果;文化事业和文化产业繁荣发展;国防和军队建设水平大幅提升,军队组织形态实现重大变革;国家安全全面加强,社会保持和谐稳定。"十三五"规划目标任务即将完成,全面建成小康社会胜利在望,中华民族伟大复兴向前迈出了新的一大步,社会主义中国以更加雄伟的身姿屹立于世界东方。全党全国各族人民要再接再厉、一鼓作气,确保如期打赢脱贫攻坚战,确保如期全面建成小康社会、实现第一个百年奋斗目标,为开启全面建设社会主义现代化国家新征程奠定坚实基础。

2. 我国发展环境面临深刻复杂变化。当前和今后一个时期,我国发展仍然处于重要战略机遇期,但机遇和挑战都有新的发展变化。当今世界正经历百年未有之大变局,新一轮科技革命和产业变革深入发展,国际力量对比深刻调整,和平与发展仍然是时代主题,人类命运共同体理念深入人心,同时国际环境日趋复杂,不稳定性不确定性明显增加,新冠肺炎疫情影响广泛深远,经济全球化遭遇逆流,世界进入动荡变革期,单边主义、保护主义、霸权主义对世界和平与发展构成威胁。我国已转向高质量发展阶段,制度优势显著,治理效能提升,经济长期向好,物质基础雄厚,人力资源丰富,市场空间广阔,发展韧性强劲,社会大局稳定,继续发展具有多方面优势和条件,同时我国发展不平衡不充分问题仍然突出,重点领域关键环节改革任务仍然艰巨,创新能力不适应高质量发展要求,农业基础还不稳固,城乡区域发展和收入分配差距较大,生态环保任重道远,民生保障存在短板,社会治理还有弱项。全党要统筹中华民族伟大复兴战略全局和世界百年未有之大变局,深刻认识我国社会主要矛盾变化带来的新特征新要求,深刻认识错综复杂的国际环境带来的新矛盾新挑战,增强机遇意识和风险意识,立足社会主义初级阶段基本国情,保持战略定力,办好自己的事,认识和把握发展规律,发扬斗争精神,树立底线思维,准确识变、科学应变、主动求变,善于在危机中育先机、于变局中开新局,抓住机遇,应对挑战,趋利避害,奋勇前进。

3. 到二〇三五年基本实现社会主义现代化远景目标。党的十九大对实现第二个百年奋斗目标作出分两个阶段推进的战略安排,即到二〇三五年基本实现社会主义现代化,到本世纪中叶把我国建成富强民主文明和谐美丽的社会主现代化强国。展望二〇三五年，我国经济实力、科技实力、综合国力将大幅跃升，经济总量和城乡居民人均收入将再迈上新的大台阶，关键核心技术实现重大突破，进入创新型国家前列；基本实现新型工业化、信息化、城镇化、农业现代化，建成现代化经济体系；基本实现国家治理体系和治理能力现代化，人民平等参与、平等发展权利得到充分保障，基本建成法治国家、法治政府、法治社会；建成文化强国、教育强国、人才强国、体育强国、健康中国，国民素质和社会文明程度达到新高度，国家文化软实力显著增强；广泛形成绿色生产生活方式，碳排放达峰后稳中有降，生态环境根本好转，美丽中国建设目标基本实现；形成对外开放新格局，参与国际经济合作和竞争新优势明显增强；人均国内生产总值达到中等发达国家水平，中等收入群体显著扩大，基本公共服务实现均等化，城乡区域发展差距和居民生活水平差距显著缩小；平安中国建设达到更高水平，基本实现国防和军队现代化；人民生活更加美好，人的全面发展、全体人民共同富裕取得更为明显的实质性进展。

二、"十四五"时期经济社会发展指导方针和主要目标

4. "十四五"时期经济社会发展指导思想。高举中国特色社会主义伟大旗帜，深入贯彻党的十九大和十九届二中、三中、四中、五中全会精神，坚持以马克思列宁主义、毛泽东思想、邓小平理论、"三个代表"重要思想、科学发展观、习近平新时代中国特色社会主义思想为指导，全面贯彻党的基本理论、基本路线、基本方略，统筹推进经济建设、政治建设、文化建设、社会建设、生态文明建设的总体布局，协调推进全面建设社会主义现代化国家、全面深化改革、全面依法治国、全面从严治党的战略布局，坚定不移贯彻创新、协调、绿色、开放、共享的新发展理念，坚持稳中求进工作总基调，以推动高质量发展为主题，以深化供给侧结构性改革为主线，以改革创新为根本动力，以满足人民日益增长的美好生活需要为根本目的，统筹发展和安全，加快建设现代化经济体系，加快构建以国内大循环为主体、国内国际双循环相互促进的新发展格局，推进国家治理体系和治理能力现代化，实现经济行稳致远、社会安定和谐，为全面建设社会主义现代化国家开好局、起好步。

5. "十四五"时期经济社会发展必须遵循的原则。

——坚持党的全面领导。坚持和完善党领导经济社会发展的体制机制，坚持和完善中国特色社会主义制度，不断提高贯彻新发展理念、构建新发展格局能力和水平，为实现高质量发展提供根本保证。

——坚持以人民为中心。坚持人民主体地位，坚持共同富裕方向，始终做到发展为了人民、发展依靠人民、发展成果由人民共享，维护人民根本利益，激发全体人民积极性、主动性、创造性，促进社会公平，增进民生福祉，不断实现人民对美好生活的向往。

——坚持新发展理念。把新发展理念贯穿发展全过程和各领域，构建新发展格局，切实转变发展方式，推动质量变革、效率变革、动力变革，实现更高质量、更有效率、更加公平、更可持续、更为安全的发展。

——坚持深化改革开放。坚定不移推进改革，坚定不移扩大开放，加强国家治理体系和治理能力现代化建设，破除制约高质量发展、高品质生活的体制机制障碍，强化有利于提高资源配置效率、有利于调动全社会积极性的重大改革开放举措，持续增强发展动力和活力。

——坚持系统观念。加强前瞻性思考、全局性谋划、战略性布局、整体性推进，统筹国内国际两个大局，办好发展安全两件大事，坚持全国一盘棋，更好发挥中央、地方和各方面积极性，着力固根基、扬优势、补短板、强弱项，注重防范化解重大风险挑战，实现发展质量、结构、规模、速度、效益、安全相统一。

6."十四五"时期经济社会发展主要目标。锚定二〇三五年远景目标，综合考虑国内外发展趋势和我国发展条件，坚持目标导向和问题导向相结合，坚持守正和创新相统一，今后五年经济社会发展要努力实现以下主要目标。

——经济发展取得新成效。发展是解决我国一切问题的基础和关键，发展必须坚持新发展理念，在质量效益明显提升的基础上实现经济持续健康发展，增长潜力充分发挥，国内市场更加强大，经济结构更加优化，创新能力显著提升，产业基础高级化、产业链现代化水平明显提高，农业基础更加稳固，城乡区域发展协调性明显增强，现代化经济体系建设取得重大进展。

——改革开放迈出新步伐。社会主义市场经济体制更加完善，高标准市场体系基本建成，市场主体更加充满活力，产权制度改革和要素市场化配置改革取得重大进展，公平竞争制度更加健全，更高水平开放型经济新体制基本形成。

——社会文明程度得到新提高。社会主义核心价值观深入人心，人民思想道德素质、科学文化素质和身心健康素质明显提高，公共文化服务体系和文化产业体系更加健全，人民精神文化生活日益丰富，中华文化影响力进一步提升，中华民族凝聚力进一步增强。

——生态文明建设实现新进步。国土空间开发保护格局得到优化，生产生活方式绿色转型成效显著，能源资源配置更加合理、利用效率大幅提高，主要污染物排放总量持续减少，生态环境持续改善，生态安全屏障更加牢固，城乡人居环境明显改善。

——民生福祉达到新水平。实现更加充分更高质量就业，居民收入增长和经济增长基本同步，分配结构明显改善，基本公共服务均等化水平明显提高，全民受教育程度不断提升，多层次社会保障体系更加健全，卫生健康体系更加完善，脱贫攻坚成果巩固拓展，乡村振兴战略全面推进。

——国家治理效能得到新提升。社会主义民主法治更加健全，社会公平正义进一步彰显，国家行政体系更加完善，政府作用更好发挥，行政效率和公信力显著提升，社会治理特别是基层治理水平明显提高，防范化解重大风险体制机制不断健全，突发公共事件应急能力显著增强，自然灾害防御水平明显提升，发展安全保障更加有力，国防和军队现代化迈出重大步伐。

三、坚持创新驱动发展，全面塑造发展新优势

坚持创新在我国现代化建设全局中的核心地位，把科技自立自强作为国家发展的战略支撑，面向世界科技前沿、面向经济主战场、面向国家重大需求、面向人民生命健康，深入实施科教兴国战略、人才强国战略、创新驱动发展战略，完善国家创新体系，加快建设科技强国。

7. 强化国家战略科技力量。制定科技强国行动纲要，健全社会主义市场经济条件下新型举国体制，打好关键核心技术攻坚战，提高创新链整体效能。加强基础研究、注重原始创新，优化学科布局和研发布局，推进学科交叉融合，完善共性基础技术供给体系。瞄准人工智能、量子信息、集成电路、生命健康、脑科学、生物育种、空天科技、深地深海等前沿领域，实施一批具有前瞻性、战略性的国家重大科技项目。制定实施战略性科学计划和科学工程，推进科研院所、高校、企业科研力量优化配置和资源共享。推进国家实验室建设，重组国家重点实验室体系。布局建设综合性国家科学中心和区域性创新高地，支持北京、上海、粤港澳大湾区形成国际科技创新中心。构建国家科研论文和科技信息高端交流平台。

8. 提升企业技术创新能力。强化企业创新主体地位，促进各类创新要素向企业集聚。推进产学研深度融合，支持企业牵头组建创新联合体，承担国家重大科技项目。发挥企业家在技术创新中的重要作用，鼓励企业加大研发投入，对企业投入基础研究实行税收优惠。发挥大企业引领支撑作用，支持创新型中小微企业成长为创新重要发源地，加强共性技术平台建设，推动产业链上中下游、大中小企业融通创新。

9. 激发人才创新活力。贯彻尊重劳动、尊重知识、尊重人才、尊重创造方针，深化人才发展体制机制改革，全方位培养、引进、用好人才，造就更多国际一流的科技领军人才和创新团队，培养具有国际竞争力的青年科技人才后备军。健全以创新能力、质量、实效、贡献为导向的科技人才评价体系。加强学风建设，坚守学术诚信。深化院士制度改革。健全创新激励和保障机制，构建充分体现知识、技术等创新要素价值的收益分配机制，完善科研人员职务发明成果权益分享机制。加强创新型、应用型、技能型人才培养，实施知识更新工程、技能提升行动，壮大高水平工程师和高技能人才队伍。支持发展高水平研究型大学，加强基础研究人才培养。实行更加开放的人才政策，构筑集聚国内外优秀人才的科研创新高地。

10. 完善科技创新体制机制。深入推进科技体制改革，完善国家科技治理体系，优化国家科技规划体系和运行机制，推动重点领域项目、基地、人才、资金一体化配置。改进科技项目组织管理方式，实行"揭榜挂帅"等制度。完善科技评价机制，优化科技奖励项目。加快科研院所改革，扩大科研自主权。加强知识产权保护，大幅提高科技成果转移转化成效。加大研发投入，健全政府投入为主、社会多渠道投入机制，加大对基础前沿研究支持。完善金融支持创新体系，促进新技术产业化规模化应用。弘扬科学精神和工匠精神，加强科普工作，营造崇尚创新的社会氛围。健全科技伦理体系。促进科技开放合作，研究设立面向全球的科学研究基金。

四、加快发展现代产业体系，推动经济体系优化升级

坚持把发展经济着力点放在实体经济上，坚定不移建设制造强国、质量强国、网络强国、数字中国，推进产业基础高级化、产业链现代化，提高经济质量效益和核心竞争力。

11. 提升产业链供应链现代化水平。保持制造业比重基本稳定，巩固壮大实体经济根基。坚持自主可控、安全高效，分行业做好供应链战略设计和精准施策，推动全产业链优化升级。锻造产业链供应链长板，立足我国产业规模优势、配套优势和部分领域先发优势，打造新兴产业链，推动传统产业高端化、智能化、绿色化，发展服务型制造。完善国家质量基础设施，加强标准、计量、专利等体系和能力建设，深入开展质量提升行动。促进产业在国内有序转移，优化区域产业链布局，支持老工业基地转型发展。补齐产业链供应链短板，实施产业基础再造工程，加大重要产品和关键核心技术攻关力度，发展先进适用技术，推动产业链供应链多元化。优化产业链供应链发展环境，强化要素支撑。加强国际产业安全合作，形成具有更强创新力、更高附加值、更安全可靠的产业链供应链。

12. 发展战略性新兴产业。加快壮大新一代信息技术、生物技术、新能源、新材料、高端装备、新能源汽车、绿色环保以及航空航天、海洋装备等产业。推动互联网、大数据、人工智能等同各产业深度融合，推动先进制造业集群发展，构建一批各具特色、优势互补、结构合理的战略性新兴产业增长引擎，培育新技术、新产品、新业态、新模式。促进平台经济、共享经济健康发展。鼓励企业兼并重组，防止低水平重复建设。

13. 加快发展现代服务业。推动生产性服务业向专业化和价值链高端延伸，推动各类市场主体参与服务供给，加快发展研发设计、现代物流、法律服务等服务业，推动现代服务业同先进制造业、现代农业深度融合，加快推进服务业数字化。推动生活性服务业向高品质和多样化升级，加快发展健康、养老、育幼、文化、旅游、体育、家政、物业等服务业，加强公益性、基础性服务业供给。推进服务业标准化、品牌化建设。

14. 统筹推进基础设施建设。构建系统完备、高效实用、智能绿色、安全可靠的现代化基础设施体系。系统布局新型基础设施，加快第五代移动通信、工业互联网、大数据中心等建设。加快建设交通强国，完善综合运输大通道、综合交通枢纽和物流网络，加快城市群和都市圈轨道交通网络化，提高农村和边境地区交通通达深度。推进能源革命，完善能源产供储销体系，加强国内油气勘探开发，加快油气储备设施建设，加快全国干线油气管道建设，建设智慧能源系统，优化电力生产和输送通道布局，提升新能源消纳和存储能力，提升向边远地区输配电能力。加强水利基础设施建设，提升水资源优化配置和水旱灾害防御能力。

15. 加快数字化发展。发展数字经济，推进数字产业化和产业数字化，推动数字经济和实体经济深度融合，打造具有国际竞争力的数字产业集群。加强数字社会、数字政府建设，提升公共服务、社会治理等数字化智能化水平。建立数据资源产权、交易流通、跨境传输和安全保护等基础制度和标准规范，推动数据资源开发利用。扩大基础公共信息数据有序开放，建设国家数据统一共享开放平台。保障国家数据安全，加强个人信息保护。提升全民数字技能，实现信息服务全覆盖。积极参与数字领域国际规则和标准制定。

五、形成强大国内市场，构建新发展格局

坚持扩大内需这个战略基点，加快培育完整内需体系，把实施扩大内需战略同深化供给侧结构性改革有机结合起来，以创新驱动、高质量供给引领和创造新需求。

16. 畅通国内大循环。依托强大国内市场，贯通生产、分配、流通、消费各环节，打破行业垄断和地方保护，形成国民经济良性循环。优化供给结构，改善供给质量，提升供给体系对国内需求的适配性。推动金融、房地产同实体经济均衡发展，实现上下游、产供销有效衔接，促进农业、制造业、服务业、能源资源等产业门类关系协调。破除妨碍生产要素市场化配置和商品服务流通的体制机制障碍，降低全社会交易成本。完善扩大内需的政策支撑体系，形成需求牵引供给、供给创造需求的更高水平动态平衡。

17. 促进国内国际双循环。立足国内大循环，发挥比较优势，协同推进强大国内市场和贸易强国建设，以国内大循环吸引全球资源要素，充分利用国内国际两个市场两种资源，积极促进内需和外需、进口和出口、引进外资和对外投资协调发展，促进国际收支基本平衡。完善内外贸一体化调控体系，促进内外贸法律法规、监管体制、经营资质、质量标准、检验检疫、认证认可等相衔接，推进同线同标同质。优化国内国际市场布局、商品结构、贸易方式，提升出口质量，增加优质产品进口，实施贸易投资融合工程，构建现代物流体系。

18. 全面促进消费。增强消费对经济发展的基础性作用，顺应消费升级趋势，提升传统消费，培育新型消费，适当增加公共消费。以质量品牌为重点，促进消费向绿色、健康、安全发展，鼓励消费新模式新业态发展。推动汽车等消费品由购买管理向使用管理转变，促进住房消费健康发展。健全现代流通体系，发展无接触交易服务，降低企业流通成本，促进线上线下消费融合发展，开拓城乡消费市场。发展服务消费，放宽服务消费领域市场准入。完善节假日制度，落实带薪休假制度，扩大节假日消费。培育国际消费中心城市。改善消费环境，强化消费者权益保护。

19. 拓展投资空间。优化投资结构，保持投资合理增长，发挥投资对优化供给结构的关键作用。加快补齐基础设施、市政工程、农业农村、公共安全、生态环保、公共卫生、物资储备、防灾减灾、民生保障等领域短板，推动企业设备更新和技术改造，扩大战略性新兴产业投资。推进新型基础设施、新型城镇化、交通水利等重大工程建设，支持有利于城乡区域协调发展的重大项目建设。实施川藏铁路、西部陆海新通道、国家水网、雅鲁藏布江下游水电开发、星际探测、北斗产业化等重大工程，推进重大科研设施、重大生态系统保护修复、公共卫生应急保障、重大引调水、防洪减灾、送电输气、沿边沿江沿海交通等一批强基础、增功能、利长远的重大项目建设。发挥政府投资撬动作用，激发民间投资活力，形成市场主导的投资内生增长机制。

六、全面深化改革，构建高水平社会主义市场经济体制

坚持和完善社会主义基本经济制度，充分发挥市场在资源配置中的决定性作用，更好发挥政府作用，推动有效市场和有为政府更好结合。

20. 激发各类市场主体活力。毫不动摇巩固和发展公有制经济，毫不动摇鼓励、支持、引导非公有制经济发展。深化国资国企改革，做强做优做大国有资本和国有企业。加快国有经济布局优化和结构调整，发挥国有经济战略支撑作用。加快完善中国特色现代企业制度，深化国有企业混合所有制改革。健全管资本为主的国有资产监管体制，深化国有资本投资、运营公司改革。推进能源、铁路、电信、公用事业等行业竞争性环节市场化改革。优化民营经济发展环境，构建亲清政商关系，促进非公有制经济健康发展和非公有制经济人士健康成长，依法平等保护民营企业产权和企业家权益，破除制约民营企业发展的各种壁垒，完善促进中小微企业和个体工商户发展的法律环境和政策体系。弘扬企业家精神，加快建设世界一流企业。

21. 完善宏观经济治理。健全以国家发展规划为战略导向，以财政政策和货币政策为主要手段，就业、产业、投资、消费、环保、区域等政策紧密配合，目标优化、分工合理、高效协同的宏观经济治理体系。完善宏观经济政策制定和执行机制,重视预期管理,提高调控的科学性。加强国际宏观经济政策协调,搞好跨周期政策设计,提高逆周期调节能力,促进经济总量平衡、结构优化、内外均衡。加强宏观经济治理数据库等建设,提升大数据等现代技术手段辅助治理能力。推进统计现代化改革。

22. 建立现代财税金融体制。加强财政资源统筹,加强中期财政规划管理,增强国家重大战略任务财力保障。深化预算管理制度改革,强化对预算编制的宏观指导。推进财政支出标准化,强化预算约束和绩效管理。明确中央和地方政府事权与支出责任,健全省以下财政体制,增强基层公共服务保障能力。完善现代税收制度,健全地方税、直接税体系,优化税制结构,适当提高直接税比重,深化税收征管制度改革。健全政府债务管理制度。建设现代中央银行制度,完善货币供应调控机制,稳妥推进数字货币研发,健全市场化利率形成和传导机制。构建金融有效支持实体经济的体制机制,提升金融科技水平,增强金融普惠性。深化国有商业银行改革,支持中小银行和农村信用社持续健康发展,改革优化政策性金融。全面实行股票发行注册制,建立常态化退市机制,提高直接融资比重。推进金融双向开放。完善现代金融监管体系,提高金融监管透明度和法治化水平,完善存款保险制度,健全金融风险预防、预警、处置、问责制度体系,对违法违规行为零容忍。

23. 建设高标准市场体系。健全市场体系基础制度,坚持平等准入、公正监管、开放有序、诚信守法,形成高效规范、公平竞争的国内统一市场。实施高标准市场体系建设行动。健全产权执法司法保护制度。实施统一的市场准入负面清单制度。继续放宽准入限制。健全公平竞争审查机制,加强反垄断和反不正当竞争执法司法,提升市场综合监管能力。深化土地管理制度改革。推进土地、劳动力、资本、技术、数据等要素市场化改革。健全要素市场运行机制,完善要素交易规则和服务体系。

24. 加快转变政府职能。建设职责明确、依法行政的政府治理体系。深化简政放权、放管结合、优化服务改革,全面实行政府权责清单制度。持续优化市场化法治化国际化营商环境。实施涉企经营许可事项清单管理,加强事中事后监管,对新产业新业态实行包容审慎监管。健全重大政策事前评估和事后评价制度,畅通参与政策制定的渠道,提高决策科学化、民主化、法治化水平。推进政务服务标准化、规范化、便利化,深化政务公开。深化行业协会、商会和中介机构改革。

七、优先发展农业农村，全面推进乡村振兴

坚持把解决好"三农"问题作为全党工作重中之重，走中国特色社会主义乡村振兴道路，全面实施乡村振兴战略，强化以工补农、以城带乡，推动形成工农互促、城乡互补、协调发展、共同繁荣的新型工农城乡关系，加快农业农村现代化。

25. 提高农业质量效益和竞争力。适应确保国计民生要求，以保障国家粮食安全为底线，健全农业支持保护制度。坚持最严格的耕地保护制度，深入实施藏粮于地、藏粮于技战略，加大农业水利设施建设力度，实施高标准农田建设工程，强化农业科技和装备支撑，提高农业良种化水平，健全动物防疫和农作物病虫害防治体系，建设智慧农业。强化绿色导向、标准引领和质量安全监管，建设农业现代化示范区。推动农业供给侧结构性改革，优化农业生产结构和区域布局，加强粮食生产功能区、重要农产品生产保护区和特色农产品优势区建设，推进优质粮食工程。完善粮食主产区利益补偿机制。保障粮、棉、油、糖、肉等重要农产品供给安全，提升收储调控能力。开展粮食节约行动。发展县域经济，推动农村一二三产业融合发展，丰富乡村经济业态，拓展农民增收空间。

26. 实施乡村建设行动。把乡村建设摆在社会主义现代化建设的重要位置。强化县城综合服务能力，把乡镇建成服务农民的区域中心。统筹县域城镇和村庄规划建设，保护传统村落和乡村风貌。完善乡村水、电、路、气、通信、广播电视、物流等基础设施，提升农房建设质量。因地制宜推进农村改厕、生活垃圾处理和污水治理，实施河湖水系综合整治，改善农村人居环境。提高农民科技文化素质，推动乡村人才振兴。

27. 深化农村改革。健全城乡融合发展机制，推动城乡要素平等交换、双向流动，增强农业农村发展活力。落实第二轮土地承包到期后再延长三十年政策，加快培育农民合作社、家庭农场等新型农业经营主体，健全农业专业化社会化服务体系，发展多种形式适度规模经营，实现小农户和现代农业有机衔接。健全城乡统一的建设用地市场，积极探索实施农村集体经营性建设用地入市制度。建立土地征收公共利益用地认定机制，缩小土地征收范围。探索宅基地所有权、资格权、使用权分置实现形式。保障进城落户农民土地承包权、宅基地使用权、集体收益分配权，鼓励依法自愿有偿转让。深化农村集体产权制度改革，发展新型农村集体经济。健全农村金融服务体系，发展农业保险。

28. 实现巩固拓展脱贫攻坚成果同乡村振兴有效衔接。建立农村低收入人口和欠发达地区帮扶机制，保持财政投入力度总体稳定，接续推进脱贫地区发展。健全防止返贫监测和帮扶机制，做好易地扶贫搬迁后续帮扶工作，加强扶贫项目资金资产管理和监督，推动特色产业可持续发展。健全农村社会保障和救助制度。在西部地区脱贫县中集中支持一批乡村振兴重点帮扶县，增强其巩固脱贫成果及内生发展能力。坚持和完善东西部协作和对口支援、社会力量参与帮扶等机制。

八、优化国土空间布局，推进区域协调发展和新型城镇化

坚持实施区域重大战略、区域协调发展战略、主体功能区战略，健全区域协调发展体制机制，完善新型城镇化战略，构建高质量发展的国土空间布局和支撑体系。

29. 构建国土空间开发保护新格局。立足资源环境承载能力，发挥各地比较优势，逐步形成城市化地区、农产品主产区、生态功能区三大空间格局，优化重大基础设施、重大生产力和公共资源布局。支持城市化地区高效集聚经济和人口、保护基本农田和生态空间，支持农产品主产区增强农业生产能力，支持生态功能区把发展重点放到保护生态环境、提供生态产品上，支持生态功能区的人口逐步有序转移，形成主体功能明显、优势互补、高质量发展的国土空间开发保护新格局。

30. 推动区域协调发展。推动西部大开发形成新格局，推动东北振兴取得新突破，促进中部地区加快崛起，鼓励东部地区加快推进现代化。支持革命老区、民族地区加快发展，加强边疆地区建设，推进兴边富民、稳边固边。推进京津冀协同发展、长江经济带发展、粤港澳大湾区建设、长三角一体化发展，打造创新平台和新增长极。推动黄河流域生态保护和高质量发展。高标准、高质量建设雄安新区。坚持陆海统筹，发展海洋经济，建设海洋强国。健全区域战略统筹、市场一体化发展、区域合作互助、区际利益补偿等机制，更好促进发达地区和欠发达地区、东中西部和东北地区共同发展。完善转移支付制度，加大对欠发达地区财力支持，逐步实现基本公共服务均等化。

31. 推进以人为核心的新型城镇化。实施城市更新行动，推进城市生态修复、功能完善工程，统筹城市规划、建设、管理，合理确定城市规模、人口密度、空间结构，促进大中小城市和小城镇协调发展。强化历史文化保护、塑造城市风貌，加强城镇老旧小区改造和社区建设，增强城市防洪排涝能力，建设海绵城市、韧性城市。提高城市治理水平，加强特大城市治理中的风险防控。坚持房子是用来住的、不是用来炒的定位，租购并举、因城施策，促进房地产市场平稳健康发展。有效增加保障性住房供给，完善土地出让收入分配机制，探索支持利用集体建设用地按照规划建设租赁住房，完善长租房政策，扩大保障性租赁住房供给。深化户籍制度改革，完善财政转移支付和城镇新增建设用地规模与农业转移人口市民化挂钩政策，强化基本公共服务保障，加快农业转移人口市民化。优化行政区划设置，发挥中心城市和城市群带动作用，建设现代化都市圈。推进成渝地区双城经济圈建设。推进以县城为重要载体的城镇化建设。

九、繁荣发展文化事业和文化产业，提高国家文化软实力

坚持马克思主义在意识形态领域的指导地位，坚定文化自信，坚持以社会主义核心价值观引领文化建设，加强社会主义精神文明建设，围绕举旗帜、聚民心、育新人、兴文化、展形象的使命任务，促进满足人民文化需求和增强人民精神力量相统一，推进社会主义文化强国建设。

32. 提高社会文明程度。推动形成适应新时代要求的思想观念、精神面貌、文明风尚、行为规范。深入开展习近平新时代中国特色社会主义思想学习教育，推进马克思主义理论研究和建设工程。推动理想信念教育常态化制度化，加强党史、新中国史、改革开放史、社会主义发展史教育，加强爱国主义、集体主义、社会主义教育，弘扬党和人民在各个历史时期奋斗中形成的伟大精神，推进公民道德建设，实施文明创建工程，拓展新时代文明实践中心建设。健全志愿服务体系，广泛开展志愿服务关爱行动。弘扬诚信文化，推进诚信建设。提倡艰苦奋斗、勤俭节约，开展以劳动创造幸福为主题的宣传教育。加强家庭、家教、家风建设。加强网络文明建设，发展积极健康的网络文化。

33. 提升公共文化服务水平。全面繁荣新闻出版、广播影视、文学艺术、哲学社会科学事业。实施文艺作品质量提升工程，加强现实题材创作生产，不断推出反映时代新气象、讴歌人民新创造的文艺精品。推进媒体深度融合，实施全媒体传播工程，做强新型主流媒体，建强用好县级融媒体中心。推进城乡公共文化服务体系一体建设，创新实施文化惠民工程，广泛开展群众性文化活动，推动公共文化数字化建设。加强国家重大文化设施和文化项目建设，推进国家版本馆、国家文献储备库、智慧广电等工程。传承弘扬中华优秀传统文化，加强文物古籍保护、研究、利用，强化重要文化和自然遗产、非物质文化遗产系统性保护，加强各民族优秀传统手工艺保护和传承，建设长城、大运河、长征、黄河等国家文化公园。广泛开展全民健身运动，增强人民体质。筹办好北京冬奥会、冬残奥会。

34. 健全现代文化产业体系。坚持把社会效益放在首位、社会效益和经济效益相统一，深化文化体制改革，完善文化产业规划和政策，加强文化市场体系建设，扩大优质文化产品供给。实施文化产业数字化战略，加快发展新型文化企业、文化业态、文化消费模式。规范发展文化产业园区，推动区域文化产业带建设。推动文化和旅游融合发展，建设一批富有文化底蕴的世界级旅游景区和度假区，打造一批文化特色鲜明的国家级旅游休闲城市和街区，发展红色旅游和乡村旅游。以讲好中国故事为着力点，创新推进国际传播，加强对外文化交流和多层次文明对话。

十、推动绿色发展，促进人与自然和谐共生

坚持绿水青山就是金山银山理念，坚持尊重自然、顺应自然、保护自然，坚持节约优先、保护优先、自然恢复为主，守住自然生态安全边界。深入实施可持续发展战略，完善生态文明领域统筹协调机制，构建生态文明体系，促进经济社会发展全面绿色转型，建设人与自然和谐共生的现代化。

35. 加快推动绿色低碳发展。强化国土空间规划和用途管控，落实生态保护、基本农田、城镇开发等空间管控边界，减少人类活动对自然空间的占用。强化绿色发展的法律和政策保障，发展绿色金融，支持绿色技术创新，推进清洁生产，发展环保产业，推进重点行业和重要领域绿色化改造。推动能源清洁低碳安全高效利用。发展绿色建筑。开展绿色生活创建活动。降低碳排放强度，支持有条件的地方率先达到碳排放峰值，制定二〇三〇年前碳排放达峰行动方案。

36. 持续改善环境质量。增强全社会生态环保意识，深入打好污染防治攻坚战。继续开展污染防治行动，建立地上地下、陆海统筹的生态环境治理制度。强化多污染物协同控制和区域协同治理，加强细颗粒物和臭氧协同控制，基本消除重污染天气。治理城乡生活环境，推进城镇污水管网全覆盖，基本消除城市黑臭水体。推进化肥农药减量化和土壤污染治理，加强白色污染治理。加强危险废物医疗废物收集处理。完成重点地区危险化学品生产企业搬迁改造。重视新污染物治理。全面实行排污许可制，推进排污权、用能权、用水权、碳排放权市场化交易。完善环境保护、节能减排约束性指标管理。完善中央生态环境保护督察制度。积极参与和引领应对气候变化等生态环保国际合作。

37. 提升生态系统质量和稳定性。坚持山水林田湖草系统治理，构建以国家公园为主体的自然保护地体系。实施生物多样性保护重大工程。加强外来物种管控。强化河湖长制，加强大江大河和重要湖泊湿地生态保护治理，实施好长江十年禁渔。科学推进荒漠化、石漠化、水土流失综合治理，开展大规模国土绿化行动，推行林长制。推行草原森林河流湖泊休养生息，加强黑土地保护，健全耕地休耕轮作制度。加强全球气候变暖对我国承受力脆弱地区影响的观测，完善自然保护地、生态保护红线监管制度，开展生态系统保护成效监测评估。

38. 全面提高资源利用效率。健全自然资源资产产权制度和法律法规，加强自然资源调查评价监测和确权登记，建立生态产品价值实现机制，完善市场化、多元化生态补偿，推进资源总量管理、科学配置、全面节约、循环利用。实施国家节水行动，建立水资源刚性约束制度。提高海洋资源、矿产资源开发保护水平。完善资源价格形成机制。推行垃圾分类和减量化、资源化。加快构建废旧物资循环利用体系。

十一、实行高水平对外开放，开拓合作共赢新局面

坚持实施更大范围、更宽领域、更深层次对外开放，依托我国大市场优势，促进国际合作，实现互利共赢。

39. 建设更高水平开放型经济新体制。全面提高对外开放水平，推动贸易和投资自由化便利化，推进贸易创新发展，增强对外贸易综合竞争力。完善外商投资准入前国民待遇加负面清单管理制度，有序扩大服务业对外开放，依法保护外资企业合法权益，健全促进和保障境外投资的法律、政策和服务体系，坚定维护中国企业海外合法权益，实现高质量引进来和高水平走出去。完善自由贸易试验区布局，赋予其更大改革自主权，稳步推进海南自由贸易港建设，建设对外开放新高地。稳慎推进人民币国际化，坚持市场驱动和企业自主选择，营造以人民币自由使用为基础的新型互利合作关系。发挥好中国国际进口博览会等重要展会平台作用。

40. 推动共建"一带一路"高质量发展。坚持共商共建共享原则,秉持绿色、开放、廉洁理念,深化务实合作,加强安全保障,促进共同发展。推进基础设施互联互通,拓展第三方市场合作。构筑互利共赢的产业链供应链合作体系,深化国际产能合作,扩大双向贸易和投资。坚持以企业为主体,以市场为导向,遵循国际惯例和债务可持续原则,健全多元化投融资体系。推进战略、规划、机制对接,加强政策、规则、标准联通。深化公共卫生、数字经济、绿色发展、科技教育合作,促进人文交流。

41. 积极参与全球经济治理体系改革。坚持平等协商、互利共赢,推动二十国集团等发挥国际经济合作功能。维护多边贸易体制,积极参与世界贸易组织改革,推动完善更加公正合理的全球经济治理体系。积极参与多双边区域投资贸易合作机制,推动新兴领域经济治理规则制定,提高参与国际金融治理能力。实施自由贸易区提升战略,构建面向全球的高标准自由贸易区网络。

十二、改善人民生活品质,提高社会建设水平

坚持把实现好、维护好、发展好最广大人民根本利益作为发展的出发点和落脚点,尽力而为、量力而行,健全基本公共服务体系,完善共建共治共享的社会治理制度,扎实推动共同富裕,不断增强人民群众获得感、幸福感、安全感,促进人的全面发展和社会全面进步。

42. 提高人民收入水平。坚持按劳分配为主体、多种分配方式并存,提高劳动报酬在初次分配中的比重,完善工资制度,健全工资合理增长机制,着力提高低收入群体收入,扩大中等收入群体。完善按要素分配政策制度,健全各类生产要素由市场决定报酬的机制,探索通过土地、资本等要素使用权、收益权增加中低收入群体要素收入。多渠道增加城乡居民财产性收入。完善再分配机制,加大税收、社保、转移支付等调节力度和精准性,合理调节过高收入,取缔非法收入。发挥第三次分配作用,发展慈善事业,改善收入和财富分配格局。

43. 强化就业优先政策。千方百计稳定和扩大就业,坚持经济发展就业导向,扩大就业容量,提升就业质量,促进充分就业,保障劳动者待遇和权益。健全就业公共服务体系、劳动关系协调机制、终身职业技能培训制度。更加注重缓解结构性就业矛盾,加快提升劳动者技能素质,完善重点群体就业支持体系,统筹城乡就业政策体系。扩大公益性岗位安置,帮扶残疾人、零就业家庭成员就业。完善促进创业带动就业、多渠道灵活就业的保障制度,支持和规范发展新就业形态,健全就业需求调查和失业监测预警机制。

44. 建设高质量教育体系。全面贯彻党的教育方针,坚持立德树人,加强师德师风建设,培养德智体美劳全面发展的社会主义建设者和接班人。健全学校家庭社会协同育人机制,提升教师教书育人能力素质,增强学生文明素养、社会责任意识、实践本领,重视青少年身体素质和心理健康教育。坚持教育公益性原则,深化教育改革,促进教育公平,推动义务教育均衡发展和城乡一体化,完善普惠性学前教育和特殊教育、专门教育保障机制,鼓励高中阶段学校多样化发展。加大人力资本投入,增强职业技术教育适应性,深化职普融通、产教融合、校企合作,探索中国特色学徒制,大力培养技术技能人才。提高高等教育质量,分类建设一流大学和一流学科,加快培养理工农医类专业紧缺人才。提高民族地区教育质量和水平,加大国家通用语言文字推广力度。支持和规范民办教育发展,规范校外培训机构。发挥在线教育优势,完善终身学习体系,建设学习型社会。

45. 健全多层次社会保障体系。健全覆盖全民、统筹城乡、公平统一、可持续的多层次社会保障体系。推进社保转移接续,健全基本养老、基本医疗保险筹资和待遇调整机制。实现基本养老保险全国统筹,实施渐进式延迟法定退休年龄。发展多层次、多支柱养老保险体系。推动基本医疗保险、失业保险、工伤保险省级统筹,健全重大疾病医疗保险和救助制度,落实异地就医结算,稳步建立长期护理保险制度,积极发展商业医疗保险。健全灵活就业人员社保制度。健全退役军人工作体系和保障制度。健全分层分类的社会救助体系。坚持男女平等基本国策,保障妇女儿童合法权益。健全老年人、残疾人关爱服务体系和设施,完善帮扶残疾人、孤儿等社会福利制度。完善全国统一的社会保险公共服务平台。

46. 全面推进健康中国建设。把保障人民健康放在优先发展的战略位置,坚持预防为主的方针,深入实施健康中国行动,完善国民健康促进政策,织牢国家公共卫生防护网,为人民提供全方位全周期健康服务。改革疾病预防控制体系,强化监测预警、风险评估、流行病学调查、检验检测、应急处置等职能。建立稳定的公共卫生事业投入机制,加强人才队伍建设,改善疾控基础条件,完善公共卫生服务项目,强化基层公共卫生体系。落实医疗机构公共卫生责任,创新医防协同机制。完善突发公共卫生事件监测预警处置机制,健全医疗救治、科技支撑、物资保障体系，提高应对突发公共卫生事件能力。坚持基本医疗卫生事业公益属性，深化医药卫生体制改革，加快优质医疗资源扩容和区域均衡布局，加快建设分级诊疗体系，加强公立医院建设和管理考核，推进国家组织药品和耗材集中采购使用改革，发展高端医疗设备。支持社会办医，推广远程医疗。坚持中西医并重，大力发展中医药事业。提升健康教育、慢病管理和残疾康复服务质量，重视精神卫生和心理健康。深入开展爱国卫生运动，促进全民养成文明健康生活方式。完善全民健身公共服务体系。加快发展健康产业。

47. 实施积极应对人口老龄化国家战略。制定人口长期发展战略，优化生育政策，增强生育政策包容性，提高优生优育服务水平，发展普惠托育服务体系，降低生育、养育、教育成本，促进人口长期均衡发展，提高人口素质。积极开发老龄人力资源，发展银发经济。推动养老事业和养老产业协同发展，健全基本养老服务体系，发展普惠型养老服务和互助性养老，支持家庭承担养老功能，培育养老新业态，构建居家社区机构相协调、医养康养相结合的养老服务体系，健全养老服务综合监管制度。

48. 加强和创新社会治理。完善社会治理体系，健全党组织领导的自治、法治、德治相结合的城乡基层治理体系，完善基层民主协商制度，实现政府治理同社会调节、居民自治良性互动，建设人人有责、人人尽责、人人享有的社会治理共同体。发挥群团组织和社会组织在社会治理中的作用，畅通和规范市场主体、新社会阶层、社会工作者和志愿者等参与社会治理的途径。推动社会治理重心向基层下移，向基层放权赋能，加强城乡社区治理和服务体系建设，减轻基层特别是村级组织负担，加强基层社会治理队伍建设，构建网格化管理、精细化服务、信息化支撑、开放共享的基层管理服务平台。加强和创新市域社会治理，推进市域社会治理现代化。

十三、统筹发展和安全，建设更高水平的平安中国

坚持总体国家安全观，实施国家安全战略，维护和塑造国家安全，统筹传统安全和非传统安全，把安全发展贯穿国家发展各领域和全过程，防范和化解影响我国现代化进程的各种风险，筑牢国家安全屏障。

49. 加强国家安全体系和能力建设。完善集中统一、高效权威的国家安全领导体制，健全国家安全法治体系、战略体系、政策体系、人才体系和运行机制，完善重要领域国家安全立法、制度、政策。健全国家安全审查和监管制度，加强国家安全执法。加强国家安全宣传教育,增强全民国家安全意识,巩固国家安全人民防线。坚定维护国家政权安全、制度安全、意识形态安全,全面加强网络安全保障体系和能力建设。严密防范和严厉打击敌对势力渗透、破坏、颠覆、分裂活动。

50. 确保国家经济安全。加强经济安全风险预警、防控机制和能力建设,实现重要产业、基础设施、战略资源、重大科技等关键领域安全可控。实施产业竞争力调查和评价工程,增强产业体系抗冲击能力。确保粮食安全,保障能源和战略性矿产资源安全。维护水利、电力、供水、油气、交通、通信、网络、金融等重要基础设施安全,提高水资源集约安全利用水平。维护金融安全,守住不发生系统性风险底线。确保生态安全,加强核安全监管,维护新型领域安全。构建海外利益保护和风险预警防范体系。

51. 保障人民生命安全。坚持人民至上、生命至上,把保护人民生命安全摆在首位,全面提高公共安全保障能力。完善和落实安全生产责任制,加强安全生产监管执法,有效遏制危险化学品、矿山、建筑施工、交通等重特大安全事故。强化生物安全保护,提高食品药品等关系人民健康产品和服务的安全保障水平。提升洪涝干旱、森林草原火灾、地质灾害、地震等自然灾害防御工程标准,加快江河控制性工程建设,加快病险水库除险加固,全面推进堤防和蓄滞洪区建设。完善国家应急管理体系,加强应急物资保障体系建设,发展巨灾保险,提高防灾、减灾、抗灾、救灾能力。

52. 维护社会稳定和安全。正确处理新形势下人民内部矛盾,坚持和发展新时代"枫桥经验",畅通和规范群众诉求表达、利益协调、权益保障通道,完善信访制度,完善各类调解联动工作体系,构建源头防控、排查梳理、纠纷化解、应急处置的社会矛盾综合治理机制。健全社会心理服务体系和危机干预机制。坚持专群结合、群防群治,加强社会治安防控体系建设,坚决防范和打击暴力恐怖、黑恶势力、新型网络犯罪和跨国犯罪,保持社会和谐稳定。

十四、加快国防和军队现代化,实现富国和强军相统一

贯彻习近平强军思想,贯彻新时代军事战略方针,坚持党对人民军队的绝对领导,坚持政治建军、改革强军、科技强军、人才强军、依法治军,加快机械化信息化智能化融合发展,全面加强练兵备战,提高捍卫国家主权、安全、发展利益的战略能力,确保二〇二七年实现建军百年奋斗目标。

53. 提高国防和军队现代化质量效益。加快军事理论现代化,与时俱进创新战争和战略指导,健全新时代军事战略体系,发展先进作战理论。加快军队组织形态现代化,深化国防和军队改革,推进军事管理革命,加快军兵种和武警部队转型建设,壮大战略力量和新域新质作战力量,打造高水平战略威慑和联合作战体系,加强军事力量联合训练、联合保障、联合运用。加快军事人员现代化,贯彻新时代军事教育方针,完善三位一体新型军事人才培养体系,锻造高素质专业化军事人才方阵。加快武器装备现代化,聚力国防科技自主创新、原始创新,加速战略性前沿性颠覆性技术发展,加速武器装备升级换代和智能化武器装备发展。

54. 促进国防实力和经济实力同步提升。同国家现代化发展相协调,搞好战略层面筹划,深化资源要素共享,强化政策制度协调,构建一体化国家战略体系和能力。推动重点区域、重点领域、新兴领域协调发展,集中力量实施国防领域重大工程。优化国防科技工业布局,加快标准化通用化进程。完善国防动员体系,健全强边固防机制,强化全民国防教育,巩固军政军民团结。

十五、全党全国各族人民团结起来,为实现"十四五"规划和二〇三五年远景目标而奋斗

实现"十四五"规划和二〇三五年远景目标,必须坚持党的全面领导,充分调动一切积极因素,广泛团结一切可以团结的力量,形成推动发展的强大合力。

55. 加强党中央集中统一领导。贯彻党把方向、谋大局、定政策、促改革的要求,推动全党深入学习贯彻习近平新时代中国特色社会主义思想,增强"四个意识"、坚定"四个自信"、做到"两个维护",完善上下贯通、执行有力的组织体系,确保党中央决策部署有效落实。落实全面从严治党主体责任、监督责任,提高党的建设质量。深入总结和学习运用中国共产党一百年的宝贵经验,教育引导广大党员、干部坚持共产主义远大理想和中国特色社会主义共同理想,不忘初心、牢记使命,为党和人民事业不懈奋斗。全面贯彻新时代党的组织路线,加强干部队伍建设,落实好干部标准,提高各级领导班子和干部适应新时代新要求抓改革、促发展、保稳定水平和专业化能力,加强对敢担当善作为干部的激励保护,以正确用人导向引领干事创业导向。完善人才工作体系,培养造就大批德才兼备的高素质人才。把严的主基调长期坚持下去,不断增强党自我净化、自我完善、自我革新、自我提高能力。锲而不舍落实中央八项规定精神，持续纠治形式主义、官僚主义，切实为基层减负。完善党和国家监督体系，加强政治监督，强化对公权力运行的制约和监督。坚持无禁区、全覆盖、零容忍，一体推进不敢腐、不能腐、不想腐，营造风清气正的良好政治生态。

56. 推进社会主义政治建设。坚持党的领导、人民当家作主、依法治国有机统一，推进中国特色社会主义政治制度自我完善和发展。坚持和完善人民代表大会制度，加强人大对"一府一委两院"的监督，保障人民依法通过各种途径和形式管理国家事务、管理经济文化事业、管理社会事务。坚持和完善中国共产党领导的多党合作和政治协商制度，加强人民政协专门协商机构建设，发挥社会主义协商民主独特优势，提高建言资政和凝聚共识水平。坚持和完善民族区域自治制度，全面贯彻党的民族政策，铸牢中华民族共同体意识，促进各民族共同团结奋斗、共同繁荣发展。全面贯彻党的宗教工作基本方针，积极引导宗教与社会主义社会相适应。健全基层群众自治制度，增强群众自我管理、自我服务、自我教育、自我监督实效。发挥工会、共青团、妇联等人民团体作用，把各自联系的群众紧紧凝聚在党的周围。完善大统战工作格局，促进政党关系、民族关系、宗教关系、阶层关系、海内外同胞关系和谐，巩固和发展大团结大联合局面。全面贯彻党的侨务政策，凝聚侨心、服务大局。坚持法治国家、法治政府、法治社会一体建设，完善以宪法为核心的中国特色社会主义法律体系，加强重点领域、新兴领域、涉外领域立法，提高依法行政水平，完善监察权、审判权、检察权运行和监督机制，促进司法公正，深入开展法治宣传教育，有效发挥法治固根本、稳预期、利长远的保障作用，推进法治中国建设。促进人权事业全面发展。

57. 保持香港、澳门长期繁荣稳定。全面准确贯彻"一国两制"、"港人治港"、"澳人治澳"、高度自治的方针，坚持依法治港治澳，维护宪法和基本法确定的特别行政区宪制秩序，落实中央对特别行政区全面管治权，落实特别行政区维护国家安全的法律制度和执行机制，维护国家主权、安全、发展利益和特别行政区社会大局稳定。支持特别行政区巩固提升竞争优势，建设国际创新科技中心，打造"一带一路"功能平台，实现经济多元可持续发展。支持香港、澳门更好融入国家发展大局，高质量建设粤港澳大湾区，完善便利港澳居民在内地发展政策措施。增强港澳同胞国家意识和爱国精神。支持香港、澳门同各国各地区开展交流合作。坚决防范和遏制外部势力干预港澳事务。

58. 推进两岸关系和平发展和祖国统一。坚持一个中国原则和"九二共识",以两岸同胞福祉为依归,推动两岸关系和平发展、融合发展,加强两岸产业合作,打造两岸共同市场,壮大中华民族经济,共同弘扬中华文化。完善保障台湾同胞福祉和在大陆享受同等待遇的制度和政策,支持台商台企参与"一带一路"建设和国家区域协调发展战略,支持符合条件的台资企业在大陆上市,支持福建探索海峡两岸融合发展新路。加强两岸基层和青少年交流。高度警惕和坚决遏制"台独"分裂活动。

59. 积极营造良好外部环境。高举和平、发展、合作、共赢旗帜,坚持独立自主的和平外交政策,推进各领域各层级对外交往,推动构建新型国际关系和人类命运共同体。推进大国协调和合作,深化同周边国家关系,加强同发展中国家团结合作,积极发展全球伙伴关系。坚持多边主义和共商共建共享原则,积极参与全球治理体系改革和建设,加强涉外法治体系建设,加强国际法运用,维护以联合国为核心的国际体系和以国际法为基础的国际秩序,共同应对全球性挑战。积极参与重大传染病防控国际合作,推动构建人类卫生健康共同体。

60. 健全规划制定和落实机制。按照本次全会精神,制定国家和地方"十四五"规划纲要和专项规划,形成定位准确、边界清晰、功能互补、统一衔接的国家规划体系。健全政策协调和工作协同机制,完善规划实施监测评估机制,确保党中央关于"十四五"发展的决策部署落到实处。

实现"十四五"规划和二〇三五年远景目标,意义重大,任务艰巨,前景光明。全党全国各族人民要紧密团结在以习近平同志为核心的党中央周围,同心同德,顽强奋斗,夺取全面建设社会主义现代化国家新胜利!

参 考 文 献

著作类：

［1］马克思.资本论:第一卷[M].中共中央马克思恩格斯列宁斯大林著作编译局，译.北京：人民出版社,2004.

［2］马克思恩格斯选集：第1卷[M].北京：人民出版社,2012.

［3］习近平.携手建设更加美好的世界——在中国共产党与世界政党高层对话会上的主旨讲话[M].北京：人民出版社,2017.

［4］习近平.治国理政（第三卷）[M].北京：外文出版社,2020.

［5］习近平关于"不忘初心、牢记使命"论述摘编[M].北京：中央文献出版社，党建读物出版社,2019.

［6］中共中央文献研究室.十八大以来重要文献选编（中）[M].北京：中央文献出版社,2016.

［7］吕红波，马代绍俊.开启现代化国家新征程[M].北京：人民日报出版社,2021.

［8］中央宣传部.习近平新时代中国特色社会主义思想学习问答[M].北京：学习出版社,人民出版社,2021.

［9］傅莹.看世界2——百年变局下的挑战和抉择[M].北京：中信出版集团,2021.

期刊类：

［1］韩冬雪,胡晓迪.论中国共产党领导地位形成的历史逻辑——基于使命型政党特质与中国现代化进程的分析[J].湖南大学学报（社会科学版）,2020,34(3):1-8.

［2］陈井安,赵小波.使命型政党:价值取向、使命践履与历史经验[J].中国特色社会主义研究,2019(1):92-98.

［3］刘伟,顾海良,洪银兴,等.学习党的十九届五中全会精神笔谈[J].经济学动

态,2021(1):3-26.

[4] 李玲,江宇.有为政府、有效市场、有机社会——中国道路与国家治理现代化[J].经济导刊,2014(4):15-22.

[5] 国家发展改革委.习近平:着眼长远把握大势开门问策集思广益研究新情况作出新规划[J].经济管理文摘,2020(17):3-6.

[6] 张强,肖金成,陶一桃,等."学习贯彻党的十九届五中全会精神"笔谈(续前)[J].河北经贸大学学报,2021,42(2):1-11.

[7] 李军鹏.面向2035年的国家治理体系和治理能力现代化远景战略[J].中国行政管理,2020(11):47-51,150.

[8] 李景治.准确把握"新发展阶段"的历史方位和科学内涵[J].学术界,2021(05):5-13.

[9] 李军鹏.国家治理体系现代化视域下的现代政府建设[J].中共天津市委党校学报,2015,17(2):58-68.

[10] 王遐见,叶一鸣.辩证看待"十四五"时期新机遇新挑战[J].观察与思考,2021(1):58-66.

[11] 李春华.完整准确全面贯彻新发展理念[J].人民论坛,2021(7):28-32.

[12] 王玉堂.准确把握党的十九届五中全会的核心要义[J].支部建设,2021(1):14-15.

[13] 李军鹏."十四五"时期政府治理体系建设总体思路研究[J].行政论坛,2021,28(2):41-47.

[14] 邓纯东.伟大规划与2035年远景目标之相互关系[J].人民论坛,2020(31):14-18.

[15] 王勇.自贸区建设背景下两岸共建"21世纪海上丝绸之路"探讨[J].台湾研究,2016(3):52-58.

[16] 习近平.为实现民族伟大复兴 推进祖国和平统一而共同奋斗——在《告台湾同胞书》发表40周年纪念会上的讲话[J].台声,2019(1):6-9.

[17] 彭韬.伟大的时代命题:顺大势、承大任、行大道、担大义、促大业——纪念习近平总书记在《告台湾同胞书》发表40周年纪念会上讲话发表两周年[J].统一论坛,2021(2):3-5.

[18] 任琳."百年未有之大变局"下的全球治理体系改革[J].当代世界,2020(3):

60-65.

[19] 王怀超.当代世界社会主义的现状及发展态势[J].科学社会主义,2018(2):142-152.

[20] 汪亭友,杨戏戏.新中国70年对世界社会主义发展的伟大贡献[J].马克思主义与现实,2019(5):7-16.

[21] 郭俊华,卢京宇.乡村振兴:一个文献述评[J].西北大学学报(哲学社会科学版),2020,50(2):130-138.

[22] 刘伟,陈彦斌."两个一百年"奋斗目标之间的经济发展:任务、挑战与应对方略[J].中国社会科学,2021(3):86-102.

报纸类:

[1] 继承弘扬伟大建党精神[N].经济日报,2021-07-21.

[2] 任仲平.继往开来的世纪伟业——写在全面建成小康社会的历史时刻[N].人民日报,2021-07-05.

[3] 任仲平.百年辉煌,砥砺初心向复兴——写在中国共产党成立100周年之际[N].人民日报,2021-06-28.

[4] 龚维斌,赵秋雁,尉建文."十四五"时期社会治理:抓重点领域强薄弱环节[N].光明日报,2020-10-26.

[5] 曾巧.创新基层治理让每个社会细胞都健康活跃[N].学习日报,2020-12-02.

[6] 习近平.深入学习坚决贯彻党的十九届五中全会精神 确保全面建设社会主义现代化国家开好局[N].人民日报,2021-01-12.

[7] 习近平.在全国抗击新冠肺炎疫情表彰大会上的讲话[N].人民日报,2020-09-09.

[8] 习近平.关于《中共中央关于制定国民经济和社会发展第十四个五年规划和二〇三五年远景目标的建议》的说明[N].人民日报,2020-11-04.

[9] 张军扩,龙海波.把发展理念贯穿发展全过程、各领域[N].人民日报,2020-10-14.

[10] 习近平.在浦东开发开放30周年庆祝大会上的讲话[N].人民日报,2020-11-13.

[11] 王昌林.以推动高质量发展为主题[N].人民日报,2020-11-17.

[12] 樊秀萍.以新的精神状态开启新征程[N].学习时报,2020-11-04.

[13] 娄勤俭.深入贯彻党的十九届五中全会精神 谱写"强富美高"新江苏的现代化篇章[N].新华日报,2020-11-10.

[14] 韩文秀.建设更高水平开放型经济新体制[N].经济日报,2019-12-11.

[15] 中央文明办.大力提高社会文明程度[N].人民日报,2021-01-06.

[16] 李培林.推动高质量发展 创造高品质生活[N].人民日报,2021-01-12.

[17] 庄程.全面把握党的十九届五中全会精神的科学内涵[N].淮北日报,2020-12-14.

[18] 香港国安法是一部良法善法[N].人民日报,2021-06-30.

[19] 骆惠宁.推动香港"一国两制"事业行稳致远[N].人民日报,2020-01-20.

[20] 为什么要完善香港选举制度?怎么完善?这份说明讲清楚了[N].人民日报,2021-03-05.

[21] "十四五机遇",香港不能等也等不起[N].人民日报,2020-10-27.

[22] "十四五"规划为香港法律界带来多重机遇(声音)[N].人民日报海外版,2021-04-17.

[23] 促进和平发展 实现和平统一——学习习近平总书记会见连战的重要讲话[N].光明日报,2014-04-22.

[24] 陈向阳.百年未有之大变局,"变"在哪?[N].人民日报(海外版),2019-11-06.

[25] 大变局下,世界期待中美携手为世界担当[N].人民日报,2020-12-24.

[26] 弘扬条约精神 再创新的辉煌[N].人民日报,2021-07-19(03).

[27] 破解中国东盟关系中的"南海困局"[N].环球时报,2021-06-18.

[28] 李杰.深刻理解把握世界"百年未有之大变局"[N].学习时报,2018-09-03(2).

[29] 韩庆祥.历史的结论 人民的选择[N].人民日报,2021-05-26(13).

[30] 张君荣.推进新时代中国周边外交发展[N].中国社会科学报.2019-12-18.

[31] 打造更高水平的中国东盟战略伙伴关系[N].人民日报,2021-06-10(3).

[32] 王玮.应对"百年未有之大变局"的机遇与挑战[N].中国社会科学报,2019-12-17(8).

[33] 张春燕.携手应对全球性挑战[N].人民日报,2020-10-15.

网站类：

[1]《求是》杂志评论员.在历史纵深处看全面小康伟大成就[EB/OL].求是网,2021-07-15.

[2]陈远章."站起来"的历史溯源——关于站起来富起来强起来的思考(一)[EB/OL].中国共产党新闻网,2017-11-03.

[3]从百年党史看自我革命[EB/OL].中国网,2021-04-06.

[4]任仲平.恢宏史诗的力量之源——论弘扬伟大建党精神[EB/OL].人民网,2021-07-20.

[5]精神之源 精神标识——中国共产党的伟大建党精神启示录[EB/OL].新华社,2021-07-20.

[6]伟大成就 恢弘史诗——中国共产党百年奋斗光辉历程综述[EB/OL].新华社,2021-07-19.

[7]伟大的精神之源,奋进的磅礴力量——论伟大建党精神[EB/OL].新华社,2021-07-18.

[8]而今迈步从头越——中国共产党成立100周年庆典启示[EB/OL].新华社,2021-07-15.

[9]共迎全球挑战 共谋人类福祉——中国共产党百年华诞的世界期待[EB/OL].新华社,2021-01-11.

[10]宣言:社会主义没有辜负中国[EB/OL].新华社,2021-06-06.

[11]宣言:中国没有辜负社会主义[EB/OL].新华社,2021-06-07.

[12]中共中央关于加快建立健全绿色低碳循环发展经济体系的指导意见[EB/OL].人民网,2021-02-02.

[13]中共中央国务院关于全面推进乡村振兴加快农业农村现代化的意见[EB/OL].新华网,2021-02-21.

[14]习近平:在全国脱贫攻坚总结表彰大会上的讲话[EB/OL].共产党员网,2021-02-25.

[15]脱贫攻坚:彰显制度优势的伟大实践[EB/OL].中国青年网,2021-03-22.

[16]书写高质量脱贫精彩答卷[EB/OL].陕西法制网,2021-01-20.

[17]人民日报:脱贫攻坚,让老百姓过上好日子[EB/OL].人民日报网,2021-02-25.

[18] 中国纪检监察杂志社论｜决胜脱贫攻坚 擦亮"人民至上"鲜明底色[EB/OL].中央纪委国家监委网,2020-10-19.

[19] 从脱贫攻坚全面胜利感悟党的坚强领导力[EB/OL].中国小康建设研究会,2021-05-11.

[20] 脱贫攻坚成就彰显强大政治优势(人民要论)[EB/OL].人民网,2021-02-18.

[21] 加强对口帮扶 助推脱贫攻坚[EB/OL].新华网,2020-04-30.

[22] 平台经济为脱贫攻坚注入新动能[EB/OL].新华社,2020-08-19.

[23] 如期完成了新时代脱贫攻坚目标任务凸显"人民至上、以人为本"[EB/OL].搜狐网,2020-12-12.

[24] 弘扬脱贫攻坚精神 全面推进乡村振兴[EB/OL].央广网,2021-02-27.

[25] 全面推进乡村振兴[EB/OL].中国青年网,2021-01-07.

[26] 人民网评:民族要复兴,乡村必振兴[EB/OL].人民网,2021-01-04.

[27] 再读《乡土中国》,终于领悟如何振兴乡村![EB/OL].搜狐网,2018-05-09.

[28] 【大公观察】补齐短板,让乡村振兴更美丽[EB/OL].搜狐网,2021-07-08.

[29] 乡村振兴战略的时代意义[EB/OL].中国共产党新闻网,2018-02-27.

[30] 当前乡村振兴的障碍因素及对策分析[EB/OL].中国社会科学网,2018-05-23.

[31] 小乡村美丽蝶变:产业兴旺富百姓 特色田园留乡愁[EB/OL].荔枝网,2021-07-18.

[32] 中华民族伟大复兴新的一大步[EB/OL].新华网,2021-07-20.

[33] 应变局开新局要夯实"三农"基础[EB/OL].贵州政协报网络版,2021-01-09.

[34] 党的领导是实施乡村振兴战略的根本保证[EB/OL].中国领导网,2020-11-23.

[35] 坚持以人民为中心推进乡村振兴[EB/OL].新华网,2018-05-18.

[36] 农业农村部:加强和改进乡村治理是乡村振兴的重要保障[EB/OL].光明网,2021-01-13.

[37] 人民论坛网评｜让人才为乡村振兴赋能[EB/OL].央广网,2021-02-25.

[38] 乡村振兴扬帆起航,广阔天地大有作为[EB/OL].鲁网,2020-09-18.

[39] 让乡村新职业激发新动能[EB/OL].中国经济网,2020-09-11.

[40] 用好乡村振兴人才"引擎"[EB/OL].中国网,2021-01-21.

[41] 乡村振兴 青年在行动[EB/OL].广州青年报网络版,2021-01-15.

[42] 刘东洋:用青年力量绘制乡村振兴美好画卷[EB/OL].2020-10-30.

[43] 习近平谈"一国两制"[EB/OL].中国新闻网,2021-01-11.

[44] 香港国安法实施一周年:市民满意成效 社会重归安宁[EB/OL].中国新闻网,2021-07-08.

[45] 关于《全国人大关于完善香港特区选举制度的决定(草案)》的说明[EB/OL].澎湃新闻,2021-03-05.

[46] "十四五"香港的样子[EB/OL].共青团中央,2021-03-10.

[47] 港媒转发央视快评:支持香港成为国际创科中心[EB/OL].央视新闻客户端,2018-05-16.

[48] 香港法律界:"十四五"规划为业界发展带来多重机遇[EB/OL].新华网,2021-04-12.

[49] 融入发展大局,共享祖国荣光——港澳各界人士热议中共十九大报告[EB/OL].新华网,2017-10-19.

[50] 香港"大湾区青年就业计划"已收到逾1.8万个求职申请[EB/OL].新华网,2021-07-13.

[51] "香港高考"放榜 报考内地高校人数[EB/OL].新华网,2021-07-21.

[52] "一国两制"香港实践的新时代印记[EB/OL].新华网,2021-06-26.

[53] 习近平强调,坚持"一国两制",推进祖国统一[EB/OL].新华网,2017-10-18.

[54] 一图读懂!香港特区选举制度改革解读[EB/OL].共青团中央,2021-03-31.

[55] 大湾区之声热评:香港教育正本清源已刻不容缓[EB/OL].央视新闻客户端,2020-07-14.

[56] 香港再有教师因专业失德被取消教师注册资格[EB/OL].中国新闻网,2021-04-30.

[57] 盛力.回归后的澳门经济发展:成就、经验与展望[EB/OL].人民论坛,2020-01-13.

[58] 澳门2019年总体失业率维持在1.7%的低水平[EB/OL].新华网,2020-02-03.

[59] 2020年第四季度澳门本地居民失业率降至3.8%[EB/OL].央视新闻客户端,2021-01-29.

[60] 澳门特色"一国两制"成功实践的历史基因[EB/OL].新华网,2021-06-12.

[61] 大湾区之声热评:筑牢爱国爱澳根基,确保"一国两制"成功实践行稳致远[EB/OL].央视新闻客户端,2021-07-15.

[62] "一国两制"实践的最美盛景[EB/OL].央广网,2021-06-09.

[63] 熊兴.促进两岸融合发展,"农林22条措施"带来"春暖"[EB/OL].中国网,2021-03-19.

[64] "一带一路"背景下的两岸经贸合作与台湾发展[EB/OL].台湾网,2020-05-23.

[65] 中俄新时代全面战略协作伙伴关系意义深远[EB/OL].新华网,2019-06-09.

[66] 中国同俄罗斯的关系[EB/OL].外交部网,2019-05-13.

[67] 中国同巴基斯坦关系[EB/OL].外交部网,2021-05-21.

[68] 崔岩.日方需认清中日经济关系大局 推进双方务实合作[EB/OL].中国网,2021-06-27.

[69] 王俊生,秦升.从"百年未有之变局"中把握机遇[EB/OL].求是网,2019-04-10.